心一堂易學術數古籍整理叢刊
京氏易六親占法古籍校注系列

《斷易天機》校注

【明】劉世傑　原著
虎易　校注

書名：《新鍥纂集諸家全書大成斷易天機》校註
系列：心一堂易學術數古籍整理叢刊　京氏易六親占法古籍校注系列
原著：【明】劉世傑
校注：虎易
編輯：陳劍聰

出版：心一堂有限公司
通訊地址：香港九龍旺角彌敦道610號荷李活商業中心十八樓05-06室
深港讀者服務中心：中國深圳市羅湖區立新路六號羅湖商業大厦負一層008室
電話號碼：(852)90277110
網址：publish.sunyata.cc
電郵：sunyatabook@gmail.com
網店：http：//book.sunyata.cc
淘宝店地址：https：//sunyata.taobao.com
微店地址：https：//weidian.com/s/1212826297
臉書：https：//www.facebook.com/sunyatabook
讀者論壇：http：//bbs.sunyata.cc

版次：二零二二年五月初版

平裝

定價：港幣　六百八十八元正
　　　新台幣　二千八百八十元正

國際書號　978-988-8582-77-8

香港發行：香港聯合書刊物流有限公司
地址：香港新界荃灣德士古道220～248號荃灣工業中心16樓
電話：(852) 2150 2100　傳真：(852) 2407 3062
電郵：info@suplogistics.com.hk
網址：http://www.suplogistics.com.hk

台灣發行：秀威資訊科技股份有限公司
地址：台灣台北市內湖區瑞光路七十六巷六十五號一樓
電話號碼：+886-2-2796-3638　傳真號碼：+886-2-2796-1377
網絡書店：www.bodbooks.com.tw
台灣秀威書店讀者服務中心：
地址：台灣台北市中山區松江路二0九號1樓
電話號碼：+886-2-2518-0207
傳真號碼：+886-2-2518-0778
網址：www.govbooks.com.tw

中國大陸發行 零售：深圳心一堂文化傳播有限公司
地址：深圳市羅湖區立新路六號羅湖商業大厦負一層008室
電話號碼：(86)0755-82224934

心一堂微店二維碼

心一堂淘寶店二維碼

•占家宅第四

鬼谷辨爻法				
宗廟	家地	六爻	棟宇	奴婢
路	井灶	五爻	人身	子孫
大門	內門	四爻	門戶	妻財
中門	門	三爻	床席	兄弟
宅	人	二爻	灶	宅母
宅基	宅	初爻	井	宅長

郭璞占宅歌

凡占家宅之凶吉㊀，

起頭一句，但包含起，故不言吉凶。

初井二灶三床席。

井乃在內之物，故初爻見之。灶又在井之外，故二爻見之。床席又在灶之外，故於三爻見之。

四為門戶五為人，

門戶又在床席之外，故於四爻見之。人乃屋之主，故五爻見之㈡。

六為棟宇兼牆壁。

棟宇牆壁，至外之物，故六爻見之。

六爻俱靜人宅安，

占家宅，若得六爻安靜，未論其他吉凶，居住定然安穩㈢。

好與隨爻仔細看。

若值卦中有一爻變動，隨其所動，仔細推之，則吉凶不逃藻鑑①矣。

鬼臨門戶家不寧，

門戶乃第四爻也。若官鬼臨於門戶爻，定主家有官災口舌，不寧之事。

騰蛇妖怪夢魂驚。

騰蛇本主怪異、邪魔之事，若在四爻門戶發動，定主家中主妖怪出現，人口夢寐不寧也㈣。

殺爻旺相官災起，

占宅最怕勾陳動。

鬼谷②起勾陳殺例云：正月起辰二月卯，每月逆行一位。

如正月占宅，辰爻動，便㊄是殺旺，若值有此，主官災起也。

殺遇休囚疾病生。

旺主官非，衰主疾病㊅，惟無殺最吉。若有殺爻上卦，即便休囚，亦主家有疾病。

六爻動多帶土木，

《艮》外卦四爻、六爻是土木，《震》內卦二爻、三爻是土木。若遇《山雷頤》卦，二、三爻發動，及四爻、六爻發動：

則是動多土木也。

若非起造即修營。

若值卦中多土木爻動，定主其家起造，否則修補墻壁也。

《新鍥斷易天機》教例：033

巽宮：山雷頤（遊魂）				坤宮：雷天大壯（六沖）		
本　　卦				**變　　卦**		
兄弟丙寅木	▅▅▅▅▅		○→	妻財庚戌土	▅▅　▅▅	
父母丙子水	▅▅　▅▅			官鬼庚申金	▅▅　▅▅	
妻財丙戌土	▅▅　▅▅	世	╳→	子孫庚午火	▅▅▅▅▅	世
妻財庚辰土	▅▅　▅▅		╳→	妻財甲辰土	▅▅▅▅▅	
兄弟庚寅木	▅▅　▅▅		╳→	兄弟甲寅木	▅▅▅▅▅	
父母庚子水	▅▅▅▅▅	應		父母甲子水	▅▅▅▅▅	應

六爻動多帶水火，

卦中水火爻動㊆，如《乾》卦初爻動及四爻動：則是六爻動多帶水火也。

水火之災不暫停。

若值所占之卦多水火爻動，定主時有水火不虞③之厄也。

更被空亡並殺害，

更被空亡，並前勾陳殺為害，定主不吉也。

狼藉破敗少人丁。

既被空亡殺害，主狼藉破敗，損害人丁也。

初為小口二妻妾，

小口至卑，故在初爻見之。妻妾又處小口之上，故在二爻見之㊇。

三為次長弟連兄。

次長，乃伯叔兄弟也。兄弟伯叔又處妻妾之上，故三爻見之。

四為母位五為父，

《新鍥斷易天機》教例：034

乾宮：乾為天（六沖）				巽宮：巽為風（六沖）		
本	卦			變	卦	
父母壬戌土	▅▅▅▅▅	世		妻財辛卯木	▅▅▅▅▅	世
兄弟壬申金	▅▅▅▅▅			官鬼辛巳火	▅▅▅▅▅	
官鬼壬午火	▅▅▅▅▅		○→	父母辛未土	▅▅　▅▅	
父母甲辰土	▅▅▅▅▅	應		兄弟辛酉金	▅▅▅▅▅	應
妻財甲寅木	▅▅▅▅▅			子孫辛亥水	▅▅▅▅▅	
子孫甲子水	▅▅▅▅▅		○→	父母辛丑土	▅▅　▅▅	

四近於五爻至尊之位，母本從父而行，故以四爻為母，而五爻為父也㊈。

六為祖宅及墳塋㊉。

六爻又在尊位⑪之上，舍祖宅墳塋⑫之外，他非所尊矣，故六爻見之。

五行親屬更取用，

五行，金木水火土也。以親戚本命所屬，合卦渾天甲④所屬取用也。

一家禍福自然明。

若依上法取用，則一家內外親眷，禍福瞭然⑤可知也。

大凡欲要論血財，

血財者，乃六畜也。

卦中仔細與推排。

卦中造化，當仔細與推詳也⑬。

一爻數至四五六，

若遇問六畜，亦當次第論之⑭，又不可以前辨爻法用之，其鬼谷又別有爻法也。

雞犬豬羊牛馬畜。

鬼谷辨爻法云：「占六畜，初雞、二犬、三豬、四羊、五牛、六馬。如看所占何畜，以其爻有氣無氣斷之」。

鬼谷辨爻法	
六爻	馬
五爻	牛
四爻	羊
三爻	豬
二爻	犬
初爻	雞

有形無氣即傷殘，
當看所屬爻，分有無形氣。形即畜之生肖是也，氣即看其衰旺耳[十五]。
如立春後甲戌旬占雞？遇八純《坤》：
則為有形無氣，值此定主傷殘也。

虎易按：本卦子孫酉金，酉屬雞，卦中見酉為有形，酉值旬空而無氣，所以稱為「有形無氣」。《易•說卦傳》曰：「乾為馬，坤為牛，震為龍，巽為雞，坎為豕，離為雉，艮為狗，兌為羊」。下面附「八卦與生肖對照表」和「十二地支與十二生肖對照表」，供讀者對照參考。

《新鍥斷易天機》教例：035
時間：立春後　甲戌旬（旬空：申酉）
占事：占雞？
坤宮：坤為地（六沖） **本　　卦** 子孫癸酉金 ▅▅ ▅▅ 世 妻財癸亥水 ▅▅ ▅▅ 兄弟癸丑土 ▅▅ ▅▅ 官鬼乙卯木 ▅▅ ▅▅ 應 父母乙巳火 ▅▅ ▅▅ 兄弟乙未土 ▅▅ ▅▅

八卦與生肖對照表

八卦	乾	坤	震	巽	坎	離	艮	兌
生肖	馬	牛	龍	雞	豕	雉	狗	羊

十二地支與十二生肖對照表

地支	子	丑	寅	卯	辰	巳	午	未	申	酉	戌	亥
屬相	鼠	牛	虎	兔	龍	蛇	馬	羊	猴	雞	狗	豬

有氣無形即生育。

若值本肖不上卦，但得本屬爻有氣，即主生育。假如占羊，第四爻是財，有氣無形，為吉兆也㊅。

虎易按：「假如占羊，第四爻是財，有氣無形」，按鬼谷辯爻法，第四爻是羊位，現在不是羊肖的未，所以稱為「無形」。

仍于十二肖中求，
既六畜各有生肖，當與求之，依前法斷也。
未為羊兮丑為牛。
未為羊爻，丑為牛爻，他可類推㈦。
坤牛乾馬卦中取，
《說卦》、《坤》為牛，《乾》為馬，此但舉其大概。若以《說卦》考之，雖萬殊可知㈧。
更論旺相與休囚。
以上所占六畜，要看旺相休囚，以斷凶吉㈨。值旺則吉，值休囚則無氣。
乾兌休囚鼎鐺⑥破，
《乾》、《兌》二卦皆屬金，若遇休囚，主鼎鐺破碎不全㈩。
卦如死氣分明課。
大凡卦值死氣，豈能為好，當分明與占也。
坎衰古井及枯池，
《坎》卦本屬水，若值入衰宮，水象休囚，主人家有涸井⑦及枯池㈪。
離衰灶鬼將興禍㈫。
《離》為火，若值休囚，主人家灶神欲為禍患矣。

震巽傷兮棟樑摧，

《震》、《巽》屬木，若值得《震》、《巽》卦，或有殺臨及死休囚卦，定主棟樑傾摧也。

坤艮傷兮土動來。

《坤》、《艮》屬土，若值《坤》、《艮》二卦有殺及休囚死廢，定主家有土動也。若被沖剋及休囚，必主牆坍土陷也[23]。

卦中震巽重重旺，

《震》、《巽》重重旺者，如立春得《雷風恒》卦，內外六爻俱動是也：

兩宮旺相，乃木象興隆也[24]。

虎易按：《恒》卦變《益》卦，《恒》外卦《震》，內卦《巽》；《益》外卦《巽》，內卦《震》，兩卦內外都是《震》、《巽》，逢立春後旺相，所以稱為「震巽重重旺」。

興工欲造新樓臺。

《新鍥斷易天機》教例：036						
時間：立春						
震宮：雷風恒				巽宮：風雷益		
本　　卦				**變　　卦**		
妻財庚戌土	▅▅　▅▅	應	×→	兄弟辛卯木	▅▅▅▅▅	應
官鬼庚申金	▅▅　▅▅		×→	子孫辛巳火	▅▅▅▅▅	
子孫庚午火	▅▅▅▅▅		○→	妻財辛未土	▅▅　▅▅	
官鬼辛酉金	▅▅▅▅▅	世	○→	妻財庚辰土	▅▅　▅▅	世
父母辛亥水	▅▅▅▅▅		○→	兄弟庚寅木	▅▅　▅▅	
妻財辛丑土	▅▅　▅▅		×→	父母庚子水	▅▅▅▅▅	

若值《震》、《巽》二卦重重發旺，主人家欲造新樓臺亭館也。木爻大發，宜其建造宏麗也㉕。

卦中坤艮殺兼鬼，

如六月丙丁日，得《地山謙》卦：二爻是鬼，又是勾陳殺，則是《坤》、《艮》殺兼鬼也㉖。

因知墳墓欲為災。

若值鬼殺臨於《坤》、《艮》卦，主人家墳墓不安，欲為災害也。

內卦為宅外為人，

先有宅，後有人，故以宅為內，人為外。曾記孫臏有一訣云：「若占宅，未住以外為人，若住以外為宅」。其說亦有理，姑兩存之。

《新鍥斷易天機》教例：037

時間：未月　丙丁日

兌宮：地山謙			
六神	本	卦	
青龍	兄弟癸酉金	▅▅　▅▅	
玄武	子孫癸亥水	▅▅　▅▅	世
白虎	父母癸丑土	▅▅　▅▅	
騰蛇	兄弟丙申金	▅▅▅▅▅	
勾陳	官鬼丙午火	▅▅　▅▅	應
朱雀	父母丙辰土	▅▅　▅▅	

內外相生宅可親。

若內卦生外卦，則其宅可以相親。如《天山遯》是也[37]：

虎易按：「若內卦生外卦，則其宅可以相親」，即內卦宅生外卦人，因此是吉利的。原本所附《山天大畜》卦，外卦《艮》土生內卦《乾》金，是外卦人生內卦宅，與「若內卦生外卦」文意不符。現改作《天山遯》卦，則是內卦《艮》土生外卦《乾》金，與「若內卦生外卦」文意相符，供讀者參考。

虎易附例：009			《新鍥斷易天機》教例：038		
乾宮：天山遯			艮宮：山天大畜		
本　　卦			本　　卦		
父母壬戌土	▅▅▅▅▅		官鬼丙寅木	▅▅▅▅▅	
兄弟壬申金	▅▅▅▅▅	應	妻財丙子水	▅▅　▅▅	應
官鬼壬午火	▅▅▅▅▅		兄弟丙戌土	▅▅　▅▅	
兄弟丙申金	▅▅▅▅▅		兄弟甲辰土	▅▅▅▅▅	
官鬼丙午火	▅▅　▅▅	世	官鬼甲寅木	▅▅▅▅▅	世
父母丙辰土	▅▅　▅▅		妻財甲子水	▅▅▅▅▅	

宅若剋人居不穩，

若內剋外，則人口迍邅⑧，是非疾病，主人居處不穩㉘。如《風天小畜》卦是也㉙：

虎易按：「若內剋外」，即內卦宅剋外卦人，因此是不吉利的。原本所附《天風姤》卦，外卦《乾》金剋內卦《巽》木，與「若內剋外」文意不符。現改作《風天小畜》卦，則是內卦《乾》金剋外卦《巽》木，與「若內剋外」文意相符，供讀者參考。

虎易附例：010		
巽宮：風天小畜		
本　卦		
兄弟辛卯木	▅▅▅▅▅	
子孫辛巳火	▅▅▅▅▅	
妻財辛未土	▅▅　▅▅	應
妻財甲辰土	▅▅▅▅▅	
兄弟甲寅木	▅▅▅▅▅	
父母甲子水	▅▅▅▅▅	世

《新鍥斷易天機》教例：039		
乾宮：天風姤		
本　卦		
父母壬戌土	▅▅▅▅▅	
兄弟壬申金	▅▅▅▅▅	
官鬼壬午火	▅▅▅▅▅	應
兄弟辛酉金	▅▅▅▅▅	
子孫辛亥水	▅▅▅▅▅	
父母辛丑土	▅▅　▅▅	世

人能剋宅住無迍。

若外剋內則吉，乃能整舊鼎新，修營創造[20]。如《澤風大過》卦是也[21]：

虎易按：「若外剋內則吉」，即外卦人剋內卦宅，因此是吉利的。原本所附《風天小畜》、《風澤中孚》兩卦，是內卦《乾》、《兌》金剋外卦《巽》木，與「若外剋內則吉」文意不符。現改作《澤風大過》卦，則是外卦《兌》金剋內卦《巽》木，與「若外剋內則吉」文意相符，供讀者參考。

虎易附例：011			《新鍥斷易天機》教例：040		
震宮：澤風大過（遊魂）			艮宮：風澤中孚（遊魂）		
本　　卦			**本　　卦**		
妻財丁未土	▅▅　▅▅		官鬼辛卯木	▅▅▅▅▅	
官鬼丁酉金	▅▅▅▅▅		父母辛巳火	▅▅▅▅▅	
父母丁亥水	▅▅▅▅▅	世	兄弟辛未土	▅▅　▅▅	世
官鬼辛酉金	▅▅▅▅▅		兄弟丁丑土	▅▅　▅▅	
父母辛亥水	▅▅▅▅▅		官鬼丁卯木	▅▅▅▅▅	
妻財辛丑土	▅▅　▅▅	應	父母丁巳火	▅▅▅▅▅	應

災衰鬼殺交重惡，

鬼殺動，故人家陵替⑨災傷也⑪。正如前所謂六月得《地山謙》卦是也。若值爻多變動，定不吉也。

禍患遊魂及八純。

凡占宅，得遊魂及八純卦，主人家連歲有禍患也。

世在二三為大吉，

占宅⑫，若得世在二爻、三爻為大吉。如《風火家人》、《風雷益》卦是也：

《新鍥斷易天機》教例：041		
巽宮：風火家人		
本　　卦		
兄弟辛卯木	▅▅▅	
子孫辛巳火	▅▅▅	應
妻財辛未土	▅ ▅	
父母己亥水	▅▅▅	
妻財己丑土	▅ ▅	世
兄弟己卯木	▅▅▅	

《新鍥斷易天機》教例：042		
巽宮：風雷益		
本　　卦		
兄弟辛卯木	▅▅▅	應
子孫辛巳火	▅▅▅	
妻財辛未土	▅ ▅	
妻財庚辰土	▅ ▅	世
兄弟庚寅木	▅ ▅	
父母庚子水	▅▅▅	

身居三四守常倫。

身居在三爻、四爻，但可守常而已。如《風地觀》㊹、《雷風恒》卦是也：

虎易按：「身居三四守常倫」，此「身」是指「世爻」而言。原本所附《天澤履》卦，其世爻在五爻位，與「身居三四守常倫」文意不符。現改作《風地觀》卦，其世爻在四爻位，與「身居三四守常倫」文意相符，供讀者參考。

《新鍥斷易天機》教例：043			虎易附例：012		
震宮：雷風恒			乾宮：風地觀		
本　　卦			本　　卦		
妻財庚戌土	▅▅　▅▅	應	妻財辛卯木	▅▅▅▅▅	
官鬼庚申金	▅▅　▅▅		官鬼辛巳火	▅▅▅▅▅	
子孫庚午火	▅▅▅▅▅		父母辛未土	▅▅　▅▅	世
官鬼辛酉金	▅▅▅▅▅	世	妻財乙卯木	▅▅　▅▅	
父母辛亥水	▅▅▅▅▅		官鬼乙巳火	▅▅　▅▅	
妻財辛丑土	▅▅　▅▅		父母乙未土	▅▅　▅▅	應

世辰剋應那能好，

若遇世辰剋于應爻，極不吉。如《水澤節》卦是也：

世應相生福可臻⑩。

若遇世應相生，則其福立至。如《雷地豫》卦是也：

本宮旺相宅堪居，

立春則《艮》旺《震》相，如占宅得《艮》宮八卦，《震》宮八卦，則其宅可以居住也。

卦內休囚禍未除。

立春《坤》死㉟《兌》因，如占宅得《坤》宮八卦，《兌》宮八卦，則家宅原有災禍尚未除也。

財若動時妻有疾，

若值妻財發動，主妻有疾病也。

空亡死氣主兒孤。

若卦值空亡及死氣，此人家子息必孤。

《新鍥斷易天機》教例：044		
坎宮：水澤節（六合）		
本　　卦		
兄弟戊子水	▅▅　▅▅	
官鬼戊戌土	▅▅▅▅▅	
父母戊申金	▅▅　▅▅	應
官鬼丁丑土	▅▅　▅▅	
子孫丁卯木	▅▅▅▅▅	
妻財丁巳火	▅▅▅▅▅	世

《新鍥斷易天機》教例：045		
震宮：雷地豫（六合）		
本　　卦		
妻財庚戌土	▅▅　▅▅	
官鬼庚申金	▅▅　▅▅	
子孫庚午火	▅▅▅▅▅	應
兄弟乙卯木	▅▅　▅▅	
子孫乙巳火	▅▅　▅▅	
妻財乙未土	▅▅　▅▅	世

忽逢白虎家防哭，

鬼谷論白虎殺例云：「正月起申二月酉，順行十二位」。若遇此爻動，其家防有哭聲也。

更值喪門暴病殂⑪㊱。

鬼谷論喪門殺例云：「正月未，二月辰，三月丑，四月戌，只此四位，輪十二月」。若遇此殺在內三爻，更發動，斷主其家有人暴病死也㊲。

陰化為陽憂女子，

值陰卦有殺，變為陽卦，其家須防女子有災也。

陽化為陰損丈夫。

值陽卦有殺，變為陰卦，其家主損男子也。

世間占卜能推類，

占卜不可一言以盡，但當融通活變，一切事機，以例而推㊳。

天地神明可感孚⑫。

通一而萬事畢，既能類推，則天地神明自然可感格㊴也，可不敬哉。

虎易按：此歌訣描述了占家宅分爻的方法，六親分爻的方法，六畜分爻的方法，並指出六爻俱靜人宅安，內外相生宅可親，鬼殺蛇動臨，官災疾病生等基本分析方法。讀者可根據其基本分析方法，舉一反三，結合具體的事理，去分析判斷吉凶。

注釋

①藻鑑（zǎo jiàn）：亦作「藻鑒」。品藻和鑒別。

②鬼谷：指戰國楚人鬼谷子。因隱於鬼谷，故自號鬼谷子。

③不虞：意料不到。

④渾天甲：即八卦渾天納甲。參閱「渾天甲子定局」。

⑤瞭（liǎo）然：明白，清楚。

⑥鼎鐺（dǐng chēng）：鼎：古代烹煮用的器物。鐺：烙餅或做菜用的平底淺鍋。鼎和鐺。泛指煮器。

⑦涸（hé）井：乾枯的井。

⑧迍邅（zhūn zhān）：處境艱險，前進困難。形容境遇困頓不順。

⑨陵替：衰落；衰敗。

⑩臻（zhēn）：到；到達。

⑪殂（cú）：死亡。

⑫感孚：使人感動信服。

⑬感格：感動，感化。

校勘記

㊀「凡占家宅之凶吉」，原本作「若解有人占家宅」，疑誤，據《卜筮全書•闡奧歌章•住居宅第章》原文改。

㊁「故五爻見之」，原本作「故五尊爻見之」，疑誤，據《卜筮全書•闡奧歌章•住居宅第章》原文改。

㊂「居住定然安穩」，原本作「居住定主安穩」，疑誤，據《卜筮全書•闡奧歌章•住居宅第章》原文改。

㊃「騰蛇本主怪異、邪魔之事，若在四爻門戶發動，定主家中主妖怪出現，人口夢寐不寧也」，原本作「騰蛇本主怪夢、邪魔之事，若臨四門戶爻，定主家中妖怪變現，人口夢寐不寧也」，疑誤，據《卜筮全書•闡奧歌章•住居宅第章》原文改。

㊄「便」，原本脱漏，據《卜筮全書•闡奧歌章•住居宅第章》原文補入。

㊅「旺主官非，衰主疾病」，原本脱漏，據《卜筮全書•闡奧歌章•住居宅第章》原文補入。

㊆「卦中水火爻動」，原本脱漏，據《卜筮全書•闡奧歌章•住居宅第章》原文補入。

㊇「小口至卑，故在初爻見之。妻妾又處小口之上，故在二爻見之」，原本作「小口至卑，小口初爻見之。妻妾又處小口之上，故二爻見之」，疑誤，據《卜筮全書•闡奧歌章•住居宅第章》原文改。

㊈「四近於五爻至尊之位，母本從父而行，故以四爻為母，而五爻為父也」，原本作「四近於五至尊之位，母本從父而行，故四爻為母，而五爻父也」，疑誤，據《卜筮全書•闡奧歌章•住居宅第章》原文改。

⑫「塋」，原本作「營」，疑誤，據《卜筮全書•闡奧歌章•住居宅第章》原文改。

⑪「位」，原本作「值」，疑誤，據《卜筮全書•闡奧歌章•住居宅第章》原文改。

⑬「當仔細與推詳也」，原本作「當仔細與推排也」，疑誤，據《卜筮全書•闡奧歌章•住居宅第章》原文改。

⑭「亦當次第論之」，原本脫漏，據《卜筮全書•闡奧歌章•住居宅第章》原文補入。

⑮「當看所屬爻，分有無形氣。形即畜之生肖是也，氣即看其衰旺耳」，原本作「當看所屬爻，分有形無氣，日者本屬生肖是也，氣即論其休旺」，疑誤，據《卜筮全書•闡奧歌章•住居宅第章》原文改。

⑯「假如占羊，第四爻是財，有氣無形，為吉兆也」，原本脫漏，據《卜筮全書•闡奧歌章•住居宅第章》原文補入。

⑰「他可類推」。原本脫漏，據《卜筮全書•闡奧歌章•住居宅第章》原文補入。

⑱「《說卦》、《坤》為牛，《乾》為馬，此但舉其大概。若以《說卦》考之，雖萬殊可知」，原本作「《說卦》坤為牛，乾為馬」，疑誤，據《卜筮全書•闡奧歌章•住居宅第

章》原文改。

⑲「以斷凶吉」，原本脫漏，據《卜筮全書·闡奧歌章·住居宅第章》原文補入。

⑳「《乾》、《兌》二卦皆屬金，若遇休囚，主鼎鐺破碎不全」，原本作「《乾》、《兌》二卦皆屬金，若遇在休囚宮，主鼎與鐺破碎也」，疑誤，據《卜筮全書·闡奧歌章·住居宅第章》原文改。

㉑「《坎》卦本屬水，若值入衰宮，水象休囚，主人家有涸井及枯池」，原本作「《坎》卦本屬水，若值入衰宮，主人家有古井及旱池也」，疑誤，據《卜筮全書·闡奧歌章·住居宅第章》原文改。

㉒「離衰灶鬼將興禍」，原本作「離衰灶鬼將欲禍」，疑誤，據《卜筮全書·闡奧歌章·住居宅第章》原文改。

㉓「若被沖剋及休囚，必主牆坍土陷也」，原本脫漏，據《卜筮全書·闡奧歌章·住居宅第章》原文補入。

㉔「兩宮旺相，乃木象興隆也」，原本脫漏，據《卜筮全書·闡奧歌章·住居宅第章》原文補入。

㉕「木爻大發，宜其建造宏麗也」，原本脫漏，據《卜筮全書·闡奧歌章·住居宅第章》原文補入。

㉖「如六月丙丁日，得《地山謙》卦，二爻是鬼，又是勾陳殺，則是《坤》、《艮》殺兼鬼也」，原本作「如六月，得《地山謙》卦，二爻是鬼，又是勾陳殺，是《坤》、《艮》殺兼鬼也」，疑誤，據《卜筮全書•闡奧歌章•住居宅第章》原文改。

㉗「如《天山遯》是也」，原本作「如《山天大畜》是也」，疑誤，據其卦理及文意改。

㉘「若內剋外，則人口迍邅，是非疾病，主人居處不穩」，原本作「若內卦受剋於外卦，則主人居處不穩」，疑誤，據《卜筮全書•闡奧歌章•住居宅第章》原文改。

㉙「如《風天小畜》卦是也」，原本作「如《天風姤》卦是也」，疑誤，據其卦理及文意改。

㉚「若外剋內則吉，乃能整舊鼎新，修營創造」，原本作「若內卦能剋於外卦則吉」，疑誤，據《卜筮全書•闡奧歌章•住居宅第章》原文改。

㉛「如《澤風大過》卦是也」，原本作「如《風天小畜》、《風澤中孚》是也」，疑誤，據其卦理及文意改。

㉜「鬼殺動，故人家陵替災傷也」，原本脫漏，據《卜筮全書•闡奧歌章•住居宅第章》原文補入。

㉝「占宅」，原本脫漏，據《卜筮全書•闡奧歌章•住居宅第章》原文補入。

㉞「如《風地觀》」，原本作「如《天澤履》」，疑誤，據其卦理及文意改。

㉕「立春《坤》死」，原本作「立春《坤》休」，疑誤，據《推八卦八節旺廢圖》原文改。

㉖「更值喪門暴病殂」，原本作「更值喪門疾病殂」，疑誤，據《卜筮全書•闡奧歌章•住居宅第章》原文改。

㉗「若遇此殺在內三爻，更發動，斷主其家有人暴病死也」，原本作「若遇此殺在內爻，更發動，斷主其家有人暴疾死也」，疑誤，據《卜筮全書•闡奧歌章•住居宅第章》原文改。

㉘「占卜不可一言以盡，但當融通活變，一切事機，以例而推」，原本作「大凡占卦，但舉其一隅則三隅，當自反也。假如引起一卦，則他卦當類推。引起一月，則他月亦當類推也」，疑誤，據《卜筮全書•闡奧歌章•住居宅第章》原文改。

㉙「格」，原本作「孚」，疑誤，據《卜筮全書•闡奧歌章•住居宅第章》原文改。

天玄賦云

要察卦爻內外，可知人宅興衰。

內象三爻為宅，外象三爻為人。

宅若剋人，主病患連年，擊括事多端㊀。人去剋宅，主修居創屋，整舊更新。內卦旺，屋宅多。外卦旺，人丁盛。

且如《風天小畜》：

不可言《小畜》、《大畜》錢財滿屋。豈知內剋外，宅剋人，住居不安。

又如《既濟》：

不可言無財。豈知外剋內，人剋宅，年年清安獲福。

凡遇世應相生吉，相剋凶。一二三世卦皆吉，四世五世八純遊魂皆凶。

初觀住宅之根基，相連井位。

初爻住宅基址，井亦相連[二]。帶財福吉，帶兄弟無產業。空亡，他人財物。帶四墓鬼，地基有伏屍。帶水鬼剋世，地基出水、地濕。

虎易按：「四墓鬼」，大約指鬼爻臨丑、未、辰、戌四墓。供讀者參考。

初爻為井，帶庚子水，屋下井。帶甲子水，門

《新鍥斷易天機》教例：046		
巽宮：風天小畜		
本卦		
兄弟辛卯木	━━━━	
子孫辛巳火	━━━━	
妻財辛未土	━━　━━	應
妻財甲辰土	━━━━	
兄弟甲寅木	━━━━	
父母甲子水	━━━━	世

《新鍥斷易天機》教例：047		
坎宮：水火既濟		
本卦		
兄弟戊子水	━━　━━	應
官鬼戊戌土	━━━━	
父母戊申金	━━　━━	
兄弟己亥水	━━━━	世
官鬼己丑土	━━　━━	
子孫己卯木	━━━━	

前井。四爻丁亥水，屋後井。六爻無水，必無井。

初爻屬土，井水渾濁，不可向口。加穢汙殺，有穢氣。二爻空亡，井上無欄。初爻屬木，井邊有花果樹。火則泉水常乾，金則沉瑩香潔㊂。父化兄，承祖留下井。兄化兄，與他人相合井。加天河殺，主小兒墮井。初爻屬水㊃帶子孫，則㊄井水清冷盈溢。帶鬼逢空，必廢井。

次睹華堂之境界，兼接灶司。

二爻為堂屋，生旺則深沉廣闊，無氣則窄狹低猥①。帶青龍龍德貴人，必新創整齊㊅。加白虎刑沖剋害，必舊居破敗。

二爻空亡，更無父母，必無堂屋。帶財福者，宅必宜人。加父帶殺發動者，難為少丁，必與親房合居。或外宮兄弟來剋，或化兄弟，當與外人㊆同居。

二爻又為灶，旺相新灶，休囚舊灶。生旺則灶修爨②鬧，休囚則灶冷無煙㊇。帶吉神則家安，帶凶殺灶不安。加穢汙殺並咸池者，原有污濁磚石泥土在內，主人家生瘡，血氣之疾。加朱雀官鬼，灶下有呪咀③。動加騰蛇鬼殺，灶必漏煙。白虎鬼，崩損破敗，須防膿血淋漓㊈。勾陳鬼，欠土修葺。空亡無煙樓，或無大灶，或有廢灶。

三門若值官爻，不離五行分剖。

三爻為大門，與太歲日辰生合者，其向大利。與太歲日辰刑沖，其向不吉㊉。帶財福、青龍吉神，動來生合者，決主門(十一)庭清吉，人口康寧(十二)，家有餘慶。加官鬼、白虎凶神動者，多招口舌官非，迍邅惱聒④(十三)。加兄弟者，決主破耗多端，資財不聚。加父母化父母者，一合兩樣門扇，逢刑沖或加破軍，必有破壞(十四)。

以上動者甚，靜者輕。若三四爻相沖，有兩門相穿，不生財(十五)。財空亡，無大門，不然，決主外戶不閉，或有左無右，有右無左。

大凡三爻但遇官爻，其中便有話說。

金鬼：主門無環或環重釘，或環腳門上動，不然必被切傷。

木鬼：主門從別處來，或破損。木鬼又化鬼，兩處湊合來。

水鬼：當門屋漏，或閘外有凶水朝。

火鬼：主門被火燒，或開門動香火。

土鬼：門上有土書，或手書記，或泥土塗汙。

所述不盡者，又在乎自己推詳之。

四戶倘臨鬼殺，須加六獸參(十六)詳。

第四爻為門戶，即中門，帶吉神動吉，連凶殺動凶(十七)。

帶子孫、妻財、青龍，天貴動者吉。

加官鬼、官符、朱雀動者，必有官非口舌。更加官符，必招獄訟。若鬼加騰蛇動，必有牽連不了之事，或被連累。

兄弟加朱雀動者，官非破財。

若⑱卦象內財帶白虎動者，主毀折房屋之兆。

五為道路之爻，

第五爻為門前路。與世合，路則委曲有情⑲。與世沖，路必直來。帶吉神則吉，加凶殺則凶也。世在五爻，路傍正屋。應在五爻，路經面前。五爻被日辰刑沖者，路必然破損。

六為⑳棟樑之位。

第六爻為棟樑㉑牆壁。加青龍並天喜者，乃新創整齊。加白虎破軍者，舊居破敗。若逢日辰刑沖，雖有青龍等刑沖，新創亦當崩損。六爻若臨騰蛇動，決主屋漏水。

雖辨其中之奧妙，須㉒詳就裡之精微。搜索六爻，總是家庭小事。推明一語，可驚王公大人。

月建會青龍，當主婚姻妊喜⑤。

月建青龍，正月從寅上順行。在內動，月內當有婚姻、進人口之喜。在外動，士夫當有加官進祿之慶，庶人當有增進錢財之喜。若臨財、臨子孫動者，當有產㉓育之慶。更會月建青龍，必見重重喜慶。

遇沖難守，此則但主月內雖有吉慶，終為不美。加官進祿反不稱遂，婚姻亦不喜美。添進人口，終不相利。若是生男，臨盆即死。更望求財，難全終始。凡占遇日辰沖，決無解救。動爻來沖，卻看沖[24]爻日下在否。休囚受制，終無大害。

喪門加白虎，須優疾病喪亡。

歲前神殺附此具陳：一太歲，二太陽，三喪門，四太陰，五官符，六死符，七歲破，八龍德，九白虎，十福德，十一弔客，十二病符。

又云：與月建沖者，為月建白虎。凡遇白虎加喪門、弔客、死符、病符動，其月內有疾病、喪亡之憂。若見年建、月建白虎與日辰白虎同立，不動猶可，動則必犯重喪。凡遇白虎空亡，決有外服。

以上一切凶神，凡遇動，得日辰衝破，及子孫解神動來沖剋，災病雖有，不致喪亡也。

朱雀空，則門絕官災。

月建朱雀，正月從巳上順行。在內動，主是非口舌。在外加貴人動，主有文書音信之喜。

若帶官符、官鬼動者，月內必有口舌[25]、官事相擾。

月建六神表

月建 / 六神	正月	二月	三月	四月	五月	六月	七月	八月	九月	十月	十一月	十二月
青龍	寅	卯	辰	巳	午	未	申	酉	戌	亥	子	丑
朱雀	巳	午	未	申	酉	戌	亥	子	丑	寅	卯	辰
勾陳	丑	寅	卯	辰	巳	午	未	申	酉	戌	亥	子
騰蛇	辰	卯	寅	丑	子	亥	戌	酉	申	未	午	巳
白虎	申	酉	戌	亥	子	丑	寅	卯	辰	巳	午	未
玄武	亥	子	丑	寅	卯	辰	巳	午	未	申	酉	戌

在內必在家惹事，在外必他處招殃。加大殺剋世，必遭禍非輕。加月建朱雀，官事必相纏繞，難以解散。若加兄弟動，其事動衆費財。

又云：月建朱雀，即天燭殺也。若與日辰朱雀並動，須防火燭。看那爻發動，便知何處有失。

凡朱雀空亡，官事無妨訟得理，是非潛伏㊆，風燭⑥潛消，必無口舌是非爭訟。

勾陳旺，則戶增田業。

月建勾陳，正月從丑上起順行。帶鬼殺內動，主宅神不安㊇，人眷不寧。在外動，謀事多見沉滯。若臨財爻旺動剋世，其月內必有增進產業之象。更加日建青龍，必然廣置田園，橫發錢谷，大利田土之事㊈。

凡遇月建或日建勾陳臨木財剋世，最為得宜。若世動剋木爻，乃退賣田莊之兆。勾陳若加太歲及官符官鬼動者，必有戶婚田宅之訟，旺相事大，休囚小可。若勾陳見勾陳，主爭訟鬥打，憂慮纏繞。凡沖破財福勾陳則凶，沖散鬼殺勾陳則吉。

玄武須防盜賊，加咸池必有私情。

月建玄武，正月從亥上順行。在內動，主有陰私，奴婢走失㊉。在外加鬼殺動，主有穿窬⑦割壁之賊，宜防失脫。但凡月建玄武與日建玄武同宮，主連年失脫，不曾住停。

若玄武與咸池同鄉，主陰私淫亂之事。動來合世，宅長必然不正。若臨財爻，其妻必淫。若臨父母，出處卑賤。或臨福德及第六爻，皆主奴僕有陰私之事⑳。若逢生旺，其事張揚。或值休囚，猶可隱匿。如逢沖散，必然被人說破，不復作矣。

凡此章皆是非之端，古人所以具述此事者㉑，既造精微之地，不可不言。後學可知，不可妄談，暗藏胸中，以為觀人邪正之法，不可與人言也。

蛇本主虛驚，遇陰鬼多生怪夢。

月建騰蛇，正月從辰上逆行。若在內動，主㉒有牽連事至，或憂慮縈心⑧。若臨日建騰蛇，節次驚恐不免。若加官鬼，必有虛驚。爻若火鬼動，必因火燭驚恐，旺相虛驚必甚，無氣只是小可。

若遇陰鬼，必主夜生怪夢。更加天喜貴人，夜夢雖有，終無兇惡。若加大殺劫殺，乃兇惡不祥之夢。剋世臨世，乃宅長夜夢不安．剋應臨應，主宅母夢寐⑨不寧㉓。

卦列六十四象，怪分一十二宮。

六十四卦之中，其怪不過十二宮分。子動，鼠怪。寅動，狐狸之怪，卯動亦然，是狐狸悲啼之怪。巳動，蛇入宅怪。午動，火光怪。申亦狐狸。酉是雞怪，或母雞作雄雞鳴，或生小卵。戌是狗怪，或吠，上屋上床。亥是飛禽之怪。辰戌丑未是㉔虛響怪。

二爻寅卯怪爻動，甑⑩釜鳴。宜按動而推㉕，不動不言也，若騰蛇動亦可言。加天燭殺，主火怪。凡怪爻動處，逢沖則無害也㉖。

天燭殺云：「天燭正月起蛇宮，蕩蕩順行數至龍，卦內交重並發動，作福祈禱也大凶」。後增入天狗、天鼠、天魔三殺，入此一宮方定。

推占六爻，全憑四季。

訣曰：「怪爻季是兩頭居，仲月逢之二五隨，三四怪爻當孟月㉗，動成駭怪⑩靜無之」。殺神在世災應實，鬼殺傷身禍不虛，更被官爻持世上，怕逢衰病患難除。

以上所言怪爻，須憑四季。取季月初爻六爻動為怪，仲月二五爻動為怪，孟月三四爻動為怪。其餘發動，不可亂言。

虎易按：四季，指春夏秋冬四季，每個季度為三個月。孟月，指每季的第一個月，即農曆正月、四月、七月、十月。仲月，指每季的第二個月，即農曆二、五、八、十一月。季月，指每季的最後一月，即農曆三、六、九、十二月。

既有淺深之辯，奚辭禍福之分。

凡有怪異之事，亦有淺深之辨，怪淺禍亦淺，怪深禍亦深，禍福於斯可辨㉘。吉處雖少，亦不可皆為凶禍。

凡鼠咬人衣，不過是非口舌，謀事難遂，或鼠作鴨鳴，其禍必甚，主有喪亡。若狐狸夜啼，其怪於眾，不可便言凶禍，若帶殺動剋世爻，主自身有大患。如世值吉神剋怪爻，鄰家災禍。蛇入正屋，家長必喪。入廳宇廊廡，小口有傷。火光怪，須防火燭。雞生小卵，人眷不安。母雞作雄雞鳴，家道不寧，小口有病。狗上床越屋，宅母有凶。狗夜啼笑，必喪家長並頭男。飛鳥悲，或遺屎墮帽，皆主失財，爭訟。虛響，家道不安，房宇蕭條，人丁不[39]旺。甑鳴釜叫，須看惡殺，帶殺為凶。帶吉神動，主發財福。

世在遊魂，常有遷移之意。

占宅得遊魂卦，主居處不定，常有遷居之意。化入八純，遷移遠方。遊魂化遊魂，遷居不安穩，更有遷移之意。

占遇《水天需》，《山雷頤》：

此二卦多主遷[40]居。

身居墓庫，終無起離之時。

占移居，怕見世爻入墓，雖言移，終不能動身。若落空亡，及化入墓，終去不成，縱然強去，必見災殃。官鬼持世，雖欲移居，中心疑惑，尚在趑趄[11]之際。若鬼在世上靜，遷成又無害。發動，移去必凶也。

《新鍥斷易天機》教例：048		
坤宮：水天需（遊魂）		
本　卦		
妻財戊子水	▅▅　▅▅	
兄弟戊戌土	▅▅▅▅▅	
子孫戊申金	▅▅　▅▅	世
兄弟甲辰土	▅▅▅▅▅	
官鬼甲寅木	▅▅▅▅▅	
妻財甲子水	▅▅▅▅▅	應

《新鍥斷易天機》教例：049		
巽宮：山雷頤（遊魂）		
本　卦		
兄弟丙寅木	▅▅▅▅▅	
父母丙子水	▅▅　▅▅	
妻財丙戌土	▅▅　▅▅	世
妻財庚辰土	▅▅　▅▅	
兄弟庚寅木	▅▅　▅▅	
父母庚子水	▅▅▅▅▅	應

外卦興隆，徙舍⑫須云吉利。內爻旺相，移居必見災殃。

立春：艮旺、震相、巽胎、離沒、坤死、兌囚、乾休、坎廢。

春分：震旺、巽相、離胎、坤沒、兌死、乾囚、坎休、艮廢。

立夏：巽旺、離相、坤胎、兌沒、乾死、坎囚、艮休、震廢。

夏至：離旺、坤相、兌胎、乾沒、坎死、艮囚、震休、巽廢。

立秋：坤旺、兌相、乾胎、坎沒、艮死、震囚、巽休、離廢。

秋分：兌旺、乾相、坎胎、艮沒、震死、巽囚、離休、坤廢。

立冬：乾旺、坎相、艮胎、震沒、巽死、離囚、坤休、兌廢。

冬至：坎旺、艮相、震胎、巽沒、離死、坤囚、兌休、乾廢。

以上八卦之休旺。

凡占移居，先看內外卦象休旺，方可決其

八卦八節旺廢表

狀態 / 對應卦氣 / 節	旺	相	胎	沒	死	囚	休	廢
立春	艮	震	巽	離	坤	兌	乾	坎
春分	震	巽	離	坤	兌	乾	坎	艮
立夏	巽	離	坤	兌	乾	坎	艮	震
夏至	離	坤	兌	乾	坎	艮	震	巽
立秋	坤	兌	乾	坎	艮	震	巽	離
秋分	兌	乾	坎	艮	震	巽	離	坤
立冬	乾	坎	艮	震	巽	離	坤	兌
冬至	坎	艮	震	巽	離	坤	兌	乾

吉凶。外卦旺宜遷，內卦旺宜守。反之者，必見災殃[41]。

若內卦旺相，外卦休囚，只得安舊，移動反不如前。若內卦無氣，外卦旺相，移去終見吉利。內外卦象皆無氣，移去只是舊處一般，亦無起發之意。

更須參究吉神動，亦可為強。若內外卦象皆旺相，去留俱好。凡旺處勝如相地，胎沒勝休囚。

青龍外動宜遷，白虎外動宜靜。

青龍、天喜、龍德、貴人臨財福在外動，更遇卦象旺相，乃朝市富貴之地，移居之後家宅興隆。若吉神雖多，外卦休囚，去處顯然蕭條，移後必有悔[42]意。若青龍並以上吉神在內動，不利遷，但能守舊，終見興隆。

若白虎、朱雀、玄武、官符加鬼在內動，宜大速移居，免生凶咎。若在外動，決不可行，守舊則吉。移去必遭官災、口舌、喪亡、失脫，無氣輕可。

大抵青龍為吉，白虎為凶。守舊遷移，隨其變動而作趨避[43]。

刑害翻成六合，挈家⑬去後亨通。

凡卜移居，得三刑六害卦，本非吉利；若變[44]得六合卦，去後必亨通。若六合卦變[45]得六害三刑卦，不宜遷，縱然遷去，始得亨佳，終成兇惡。

又云：六合化六合，去留任東西。

遊魂化入歸魂，反舍回來大吉。

占移居得遊魂卦，但得外象旺相，吉神聚會，本為得宜。若化歸魂，移去後仍復奔回。若歸魂卦中吉神發動，回歸必見禎祥，乃為大吉㊻。凶神發動，雖回亦難稱遂，反為災殃。

欲遂遷居之志，須求分燭之鄰。

初爻為左鄰後鄰，四爻為右鄰前鄰㊼。旺相鄰家富，無氣鄰家貧。官鬼帶貴，乃與官家為鄰。帶咸池加玄武，必有淫亂之人。屬陽男子淫，屬陰女人淫。帶財福祿青龍天喜，必慈祥愷悌之家。加鬼殺白虎凶神，乃無籍⑭兇惡之人。

若與世相生相合，必然與我和協。與世相剋相沖，不免是非爭訟。不動不可斷爭，只是不和協。凡占家宅，亦宜論之。

注釋

①低猥（wěi）：低下鄙陋。

②爨（cuàn）：燒火做飯。

③呪咀（zhòuzuǐ）：詛咒、咒罵。

④惱聒（guō）：煩惱吵擾。

⑤妊（rèn）喜：懷孕之喜。

⑥風燭：指風中之燭，容易熄滅。
⑦穿窬（yú）：亦作「穿踰」。指打洞穿牆的偷竊行為。
⑧縈（yíng）心：牽掛心間。
⑨夢寐（mèi）：睡夢，夢中。
⑩甑（zèng）：蒸米飯的用具，略像木桶，有屜子而無底，亦作「甑子」。
⑩駭（hài）怪：驚駭，感到奇怪。
⑪趑趄（zī jū）：想前進又不敢前進。形容疑懼不決，猶豫觀望。
⑫徙（xǐ）舍：指遷移住居。
⑬挈（qiè）家：攜帶家眷。
⑭無籍：指無賴漢。

校勘記

㈠「端」，原本脫漏，據《卜筮全書·天玄賦·家宅章》原文補入。
㈡「井亦相連」，原本脫漏，據《卜筮全書·天玄賦·家宅章》原文補入。
㈢「火則泉水常乾，金則沉瑩香潔」，原本脫漏，據《卜筮全書·天玄賦·家宅章》原文補入。

㈣「屬水」，原本脫漏，據《卜筮全書·天玄賦·家宅章》「水則清冷盈溢」之意補入。

㈤「則」，原本作「財」，疑誤，據其文意改。

㈥「必新創整齊」，原本作「必新創齊整」，疑誤，據《卜筮全書·天玄賦·家宅章》原文改。

㈦「人」，原本脫漏，為協調文意補入。

㈧「生旺則灶修爨鬧，休囚則灶冷無煙」，原本脫漏，據《卜筮全書·天玄賦·家宅章》原文補入。

㈨「須防膿血淋漓」，原本脫漏，據《卜筮全書·天玄賦·家宅章》原文補入。

㈩「其向不吉」，原本作「其向未善」，疑誤，據《卜筮全書·天玄賦·家宅章》原文改。

⑪「門」，原本作「明」，疑誤，據《卜筮全書·天玄賦·家宅章》原文改。

⑫「人口康寧」，原本脫漏，據《卜筮全書·天玄賦·家宅章》原文補入。

⑬「加官鬼、白虎凶神動者，多招口舌官非，迍邅惱聒」，原本作「加官鬼者，多招口舌官非，迍邅急括」，疑誤，據《卜筮全書·天玄賦·家宅章》原文改。

⑭「壞」，原本作「處」，疑誤，據《卜筮全書·天玄賦·家宅章》原文改。

⑮「若三四爻相沖，有兩門相穿，不生財」，原本作「若三爻與四爻相刑，有兩門相

穿，不吉」，疑誤，據《卜筮全書·天玄賦·家宅章》原文改。

⑯「參」，原本作「推」，疑誤，據《卜筮全書·天玄賦·家宅章》原文改。

⑰「即中門，帶吉神動吉，連凶殺動凶」，原本脫漏，據《卜筮全書·天玄賦·家宅章》原文補入。

⑱「若」，原本作「鬼」，疑誤，據其文意改。

⑲「路則委屈有情」，原本作「路有情」，疑誤，據《卜筮全書·天玄賦·家宅章》原文改。

⑳「為」，原本作「是」，疑誤，據《卜筮全書·天玄賦·家宅章》原文改。

㉑「梁」，原本作「宇」，疑誤，據《卜筮全書·天玄賦·家宅章》原文改。

㉒「須」，原本作「細」，疑誤，據《卜筮全書·天玄賦·家宅章》原文改。

㉓「産」，原本作「愛」，疑誤，據《卜筮全書·天玄賦·家宅章》原文改。

㉔「沖」，原本作「中」，疑誤，據其文意改。

㉕「口舌」，原本脫漏，據《卜筮全書·天玄賦·家宅章》原文補入。

㉖「是非潛伏」，原本脫漏，據《卜筮全書·天玄賦·家宅章》原文補入。

㉗「帶鬼殺內動，主宅神不安」，原本作「帶官殺內動，主土神不安」，疑誤，據《卜筮全書·天玄賦·家宅章》原文改。

㉘「更加日建青龍，必然廣置田園，橫發錢谷，大利田土之事」，原本作「更加日建青龍，必然廣置田地，橫發財帛」，疑誤，據《卜筮全書·天玄賦·家宅章》原文改。

㉙「主有陰私，奴婢走失」，原本作「主陰私，走失」，疑誤，據《卜筮全書·天玄賦·家宅章》原文改。

㉚「事」，原本作「染」，疑誤，據《卜筮全書·天玄賦·家宅章》原文改。

㉛「者」，原本脫漏，據《卜筮全書·天玄賦·家宅章》原文補入。

㉜「主」，原本脫漏，據《卜筮全書·天玄賦·家宅章》原文補入。

㉝「剋應臨應，主宅母夢寐不寧」，原本作「若臨剋應爻，主宅母夢寐不安」，疑誤，據《卜筮全書·天玄賦·家宅章》原文改。

㉞「是」，原本脫漏，據《卜筮全書·天玄賦·家宅章》原文補入。

㉟「宜按動而推」，原本脫漏，據《通玄斷易·家宅章·天玄賦》原文補入。

㊱「逢沖則無害也」，原本作「逢沖雖怪無害」，疑誤，據《卜筮全書·天玄賦·家宅章》原文改。

㊲「三四怪爻當孟月」，原本作「孟月是宜穿兩腹」，疑誤，據《卜筮全書·天玄賦·家宅章》原文改。

㊳「怪淺禍亦淺，怪深禍亦深，禍福於斯可辨」，原本脫漏，據《卜筮全書·天玄賦·家

宅章》原文補入。

㊴「不」，原本作「下」，疑誤，據其文意改。

㊵「遷」，原本作「店」，疑誤，據其文意改。

㊶「外卦旺宜遷，內卦旺宜守。反之者，必見災殃」，原本脫漏，據《卜筮全書・天玄賦・家宅章》原文補入。

㊷「悔」，原本作「生」，疑誤，據其文意改。

㊸「大抵青龍為吉，白虎為凶。守舊遷移，隨其變動，而作趨避」，原本脫漏，據《卜筮全書・天玄賦・家宅章》原文補入。

㊹「變」，原本作「反卦」，疑誤，據《卜筮全書・天玄賦・家宅章》原文改。

㊺「變」，原本作「反」，疑誤，據《卜筮全書・天玄賦・家宅章》原文改。

㊻「乃為大吉」，原本脫漏，據《卜筮全書・天玄賦・家宅章》原文補入。

㊼「初爻為左鄰後鄰，四爻為右鄰前鄰」，原本作「初爻為左鄰右鄰，四爻為後鄰前鄰」，疑誤，據《卜筮全書・天玄賦・家宅章》原文改。

卜筮元龜云

推宅爻位總論㊀

爻位	爻位表示的事類		
六爻	宗廟	奴婢	家地
五爻	路	子孫	井灶
四爻	大門	妻財	戶
三爻	宅中門	兄弟	為門
二爻	宅	宅母	人
初爻	宅基	宅長	宅

凡占人之居也，內三爻為宅，謂內三爻皆為一宅也㊁。青龍、天喜、龍德重重者，乃祖宅華麗之居也㊂，或動，則祖宅更修也㊃。青龍吉宅也，白虎凶宅也。謂在內三爻㊄，青龍臨妻財子孫者，吉宅也。白虎臨官鬼兄弟者，凶宅也。

若支後卦無財喜、青龍者㊅，其家先富後貧。前卦無而後卦有者，其家先貧後富。

宅上爻，第二爻為正宅。朱雀臨則口舌聚，白虎臨死亡頻，勾陳臨田園損，騰蛇臨怪異生，玄武臨則失脫並至，青龍臨則喜事裕，子孫臨則春蠶盛，須要青龍吉祥有氣㊆。

凡㊇六爻皆無水者，其家溝不流而水不決。無土者，離平地而在高樓㊈。無火者，其家神佛不供而灶不修也㊉。無金者，其家則財不聚而人不居⑪。無木者，其家床榻破而鍋灶損⑫。火多則人事繁⑬，木多則人清秀，水多則陽⑭人旺，金多則陰女眾，土多則財物盛。

凡卦有父母而無子孫者，其家虛耗而多煩惱。有子孫而無父母者，其人必孤獨而過房，外於人情則寡合①，內于親戚則少恩。若更勾陳白虎相臨子孫者，長病難安之咎也㊄。

凡卦內有子孫、青龍、天喜，而無父母者，其家出遊子與商旅也。白虎臨三爻者，其家出僧道與師巫也。

有妻財無官鬼者，其家作事多耗散錢財。朱雀臨之，則呼盧②輸錢，公訟無理。勾陳臨之而在土爻者，則田地虧失也。若化財與子孫者，又非此論也㊅。

有鬼而無子孫者，其家多怪夢。

有鬼而無妻財者，其家多疾病㊆也。

已上諸卦，並以此例斷之。又凡一卦無本屬者，皆有耳目之病。謂本屬者，屬金而無金爻者，若乾宮《山地剝》卦是也：

虎易按：以上內容，原本錯排在「經驗云」內，現據其內容，歸類改排在此。

《新鍥斷易天機》引例：014		
來源：《卜筮元龜》教例：018		
乾宮：山地剝		
本　　卦		
妻財丙寅木	▅▅▅▅▅	
子孫丙子水	▅▅　▅▅	世
父母丙戌土	▅▅　▅▅	
妻財乙卯木	▅▅　▅▅	
官鬼乙巳火	▅▅　▅▅	應
父母乙未土	▅▅　▅▅	

注釋

①寡合：謂與人不易投合。指一個人的性格很難和世人相合。

②呼盧：古代一種賭博方式。

校勘記

㈠「推宅爻位元總論」及圖表，原本脫漏，據《卜筮元龜》·墓地門·占墓地章》及本書標題體例補入。

㈡「謂內三爻皆為一宅也」，原本脫漏，據《卜筮元龜·家宅門·推宅爻位總論》原文補入。

㈢「乃祖宅華麗之居也」，原本作「主祖宅華麗」，疑誤，據《卜筮元龜·家宅門·推宅爻位總論》原文改。

㈣「也」，原本脫漏，據《卜筮元龜·家宅門·推宅爻位總論》原文補入。

㈤「青龍吉宅也，白虎凶宅也。謂在內三爻」，原本脫漏，據《卜筮元龜·家宅門·推宅爻位總論》原文補入。

㈥「若支後卦無財喜、青龍者」，原本作「若後卦無財與青龍者」，疑誤，據《卜筮元龜·家宅門·推宅爻位總論》原文改。

㈦「宅上爻，第二爻為正宅。朱雀臨則口舌聚，白虎臨死亡頻，勾陳臨田園損，騰蛇臨怪異生，玄武臨則失脫並至，青龍臨則喜事裕，子孫臨則春蠶盛，須要青龍吉祥有氣」，原本作「宅爻上朱雀臨有口舌，白虎臨必死亡，勾陳臨田園損，騰蛇臨怪異生，玄武臨主失脫，青龍臨添喜事，子孫臨春蠶盛，須要青龍吉神有氣」，疑誤，據《卜筮元龜•家宅門•推宅爻位總論》原文改。

㈧「凡」，原本作「若」，疑誤，據《卜筮元龜•家宅門•推宅爻位總論》原文改。

㈨「離平地而在高樓」，原本作「離平地而在樓居」，疑誤，據《卜筮全書•闡奧歌章•住居宅第章》原文改。

㈩「其家神佛不供而灶不修也」，原本作「香火冷而灶不修」，疑誤，據《卜筮元龜•家宅門•推宅爻位總論》原文改。

⑪「其家則財不聚而人不居」，原本作「家貧乏而人無居」，疑誤，據《卜筮元龜•家宅門•推宅爻位總論》原文改。

⑫「其家床榻破而鍋灶損」，原本作「床榻破、椅桌損」，疑誤，據《卜筮元龜•家宅門•推宅爻位總論》原文改。

⑬「繁」，原本作「煩」，疑誤，據《卜筮元龜•家宅門•推宅爻位總論》原文改。

⑭「陽」，原本作「陰」，疑誤，據《卜筮元龜•家宅門•推宅爻位總論》原文改。

㊄「若更勾陳白虎相臨子孫者，長病難安之咎也」，原本作「若更白虎相臨子孫者，決主長病難安」，疑誤，據《卜筮元龜·家宅門·推宅爻位總論》原文改。

㊅「有妻財無官鬼者，其家作事多耗散錢財。朱雀臨之，則呼盧輸錢，公訟無理。勾陳臨之而在土爻者，則田地虧失也。若化財與子孫者，又非此論也」，原本作「有妻財無官鬼者，主作事反覆，錢財耗散。朱雀臨宅爻，主呼盧輸錢，公訟無理。勾陳臨內卦，而在土財者，主田地虧失，若化財與子孫者，反進益也」，疑誤，據《卜筮元龜·家宅門·推宅爻位總論》原文改。

㊆「疾病」，原本作「病困」，疑誤，據《卜筮元龜·家宅門·推宅爻位總論》原文改。

㊇「已上諸卦，並以此例斷之。又凡一卦無本屬者，皆有耳目之病。謂本屬者，屬金而無金爻者，若乾宮《山地剝》卦是也。他仿此」，原本脫漏，據《卜筮元龜·家宅門·推宅爻位總論》原文補入。

占宅云㊀

欲知住宅何爻是，父母為之得其理，父母有氣宅宜人，無氣子孫多病矣㊁。陽爻旺相法多男，陰爻㊂亦能饒女子，陰爻陽象半女人，陰象陽爻半男子。

妻財為廚子為廂，官鬼為廳父母堂，兄弟為門看月卦，又驚剋處有其傷。
父母爻當子墓財，坐墓其宅大富貴㈣，何知其宅足富貴㈤，旺相爻興終有氣。
白虎臨爻終有凶，青龍並之應自㈥喜，又看卦上五音生，爻當陰墓亦其名。
欲知屋下是何物，定其卦體取其形㈦。
更占住宅何利益，內卦為人外為宅，人去剋宅宅宜人，宅居剋人人病厄。

虎易按：以上內容，原本錯排在「經驗云」內，現據其內容，歸類改排在此。《卜筮元龜·墓地門》原作有注釋，讀者可參閱原著。

校勘記

㈧「占宅云」，原本作「又云」，疑誤，據《卜筮元龜·家宅門·占宅章》原文改。

㈡「矣」，原本作「否」，疑誤，據《卜筮元龜·家宅門·占宅章》原文改。

㈢「爻」，原本作「位」，疑誤，據《卜筮元龜·家宅門·占宅章》原文改。

㈣「坐墓其宅大富貴」，原本脫漏，據《卜筮元龜·家宅門·占宅章》詩句注釋補入。

㈤「何知其宅足富貴」，原本作「可知其家足富貴」，疑誤，據《卜筮元龜·家宅門·占宅章》原文改。

㈥「自」，原本作「月」，疑誤，據《卜筮元龜·家宅門·占宅章》原文改。

㈦「定其卦體取其形」，原本作「定其體而取其形」，疑誤，據《卜筮元龜・家宅門・占宅章》原文改。

占人住處及山勢云㈠

凡論人住處，及山水形勢者，若青龍持世，如渴龍投水，屈曲而㈡來。近林木及灣裡住㈢，前有山伏，或如牛臥。按：又近及橋㈣。

朱雀持世，如鳳凰棲翼，近路住及街市住。

騰蛇持世，如瓜藤形容，落處近彎底住。

勾陳持世，如羅城左拱右楫，田心平地中住。四畔有山岡，正面前三山如狗伏，又主回塘邊住。

白虎持世，是獨來山，住在山頭，又住在覆船岡後，水流南去，面前轉如龍蛇走勢。

玄武持世，在平坦處住，形如撒花落地，四畔有尖峰，一一皆來朝揖。又在近水之處住也。

但論占人之居，講語亦與《天玄賦》同。誠恐煩冗，惑亂人心，以此不復重出。

校勘記

㈠「占人住處及山勢云」，原本脫漏，據《卜筮元龜・家宅門・占人住處及山勢章》及本書標題體例補入。

㈡「而」，原本作「面」，疑誤，據《卜筮元龜・家宅門・占人住處及山勢章》原文改。

㈢「近林木及灣裡住」，原本作「近林木乃彎底住」，疑誤，據《卜筮元龜・家宅門・占人住處及山勢章》原文改。

㈣「按：又近及橋」，原本作「案又近橋」，疑誤，據《卜筮元龜・家宅門・占人住處及山勢章》原文改。

洞林秘訣云

卦名升降先知得，更把諸家校正真，一二三世歸魂吉，兼得相生降福頻。

卦名大概都見了，次把諸家爻書校正，禍福以求其真。若得世在內三爻，內外相生，主獲福。

陰升陰位靜無災，內外逢胎進子孫，升陽須進文君子，陰靜升之進武人。

升陽得少陽，升陰得少陰，又無動爻相剋內卦及本宮時，值胎生，進人口。升陽進文人、男子，升陰進武人、女子。

有動須看災與喜，若不空亡定有真，輕重隨其時字看，疊帶無空驗似神。看是吉神、惡殺。有氣疊帶者，若不犯旬中空亡，災福應重。只一重者，災福應輕。而無氣空亡者，不應。

伏神入墓有伏屍，財爻歸庫庫藏盈，父母為堂官鬼廳，門樓牆是弟兼兄，妻財位是為廚下，子孫為廊廂位承。

海底眼云

遷動占家㈠起蓋同，先尋父母在何宮，最要財爻無損害，子孫出現得榮豐。鬼旺㈡交重災禍㈢至，動爻剋世主人㈣凶，父動住家多惱括，絕命遊魂最不中㈤。

虎易按：本歌訣內容，讀者可參閱《海底眼•占家宅》原著。

校勘記

㈠「遷動占家」，原本作「凡占家宅」，疑誤，據《海底眼•占家宅》原文改。

㈡「旺」，原本作「爻」，疑誤，據《海底眼•占家宅》原文改。

㊂「禍」，原本作「殃」，疑誤，據《海底眼•占家宅》原文改。
㊃「人」，原本作「大」，疑誤，據《海底眼•占家宅》原文改。
㊄「中」，原本作「亨」，疑誤，據《海底眼•占家宅》原文改。

經驗云

凡是人來問家宅，五事俱全不可剋，子興有喜沒官非，更無災病無盜賊。
財動田園㊀多進退，音書不就尊長厄，兄動耗財妻僕病，是非謀望多阻隔㊁。
父興小口不安寧，屋廬破敗畜㊂牲滅，鬼動官非災病起，門戶不利弟兄厄㊃。
人能審實此章歌，卦象吉凶無差忒㊄。

虎易按：原本此後還有「凡占人之居也」等內容，屬於《卜筮元龜》內容，歸類改排于「卜筮元龜云」內。

注釋

①無差忒：無差錯，無誤差。

校勘記

㊀「園」，原本作「財」，疑誤，據《卜筮全書·闡奧歌章·住居宅第章·三》原文改。

㊁「隔」，原本作「節」，疑誤，據《卜筮全書·闡奧歌章·住居宅第章·三》原文改。

㊂「畜」，原本作【牜茲】，疑誤，據《卜筮全書·闡奧歌章·住居宅第章·三》原文改。

㊃「厄」，原本作「剋」，疑誤，據《卜筮全書·闡奧歌章·住居宅第章·三》原文改。

㊄「人能審實此章歌，卦象吉凶無差忒」，原本脫漏，據《卜筮全書·闡奧歌章·住居宅第章·三》原文補入。

·占移徙第五

鬼谷辨爻法	
六爻	京都
五爻	州府
四爻	縣郭
三爻	場鎮
二爻	市井
初爻	鄉村

郭璞遷移歌云

移居須忌鬼交重，
若鬼爻動，移居必凶。
世值空亡不可逢㈠，
世落空亡，決不可移。
卦入墓中難起離，
動爻墓入辰戌丑未，斷然起身不得。
若逢動處路頭通。

如青龍在初爻動，宜居鄉村。餘依辨爻法。

內休外旺移終吉，

如立春占得《賁》卦：

內旺外休行必凶，

如立春卜得《旅》卦：

餘仿此。

《新鍥斷易天機》教例：050		
時間：立春		
艮宮：山火賁（六合）		
本　　卦		
官鬼丙寅木	▅▅▅▅▅	
妻財丙子水	▅▅　▅▅	
兄弟丙戌土	▅▅　▅▅	應
妻財己亥水	▅▅▅▅▅	
兄弟己丑土	▅▅　▅▅	
官鬼己卯木	▅▅▅▅▅	世

《新鍥斷易天機》教例：051		
時間：立春		
離宮：火山旅（六合）		
本　　卦		
兄弟己巳火	▅▅▅▅▅	
子孫己未土	▅▅　▅▅	
妻財己酉金	▅▅▅▅▅	應
妻財丙申金	▅▅▅▅▅	
兄弟丙午火	▅▅　▅▅	
子孫丙辰土	▅▅　▅▅	世

內外若㊁然俱有氣，
如立春卜得《頤》卦：
去留俱好任東西㊂。

內外俱吉，則東西南北皆可往也。

《新鍥斷易天機》教例：052		
時間：立春		
巽宮：山雷頤（遊魂）		
本　　卦		
兄弟丙寅木	▅▅▅▅▅	
父母丙子水	▅▅　▅▅	
妻財丙戌土	▅▅　▅▅	世
妻財庚辰土	▅▅　▅▅	
兄弟庚寅木	▅▅　▅▅	
父母庚子水	▅▅▅▅▅	應

校勘記

㊀「逢」，原本作「遷」，疑誤，據《卜筮全書・闡奧歌章・移徙章・二》原文改。

㊁「若」，原本作「不」，疑誤，據《卜筮全書・闡奧歌章・移徙章・二》原文改。

㊂「去留俱好任東西」，原本作「去留俱好任西東」，疑誤，據《卜筮全書・闡奧歌章・移徙章・二》原文改。

卜筮元龜云

占移居云㊀

內卦旺相住則吉，外卦旺相移則通，相剋去凶相生吉，遊魂去吉歸魂凶。

內卦空亡移去吉，移居須忌外卦空，內外相生俱有氣，去留俱好任東西㈡。

一云：起造移居，財靜人安，鬼發為禍，遷動俱難。

凡占起造移居，要子孫旺相，出現持世，忌官鬼、父母、妻財、兄弟獨發，大凶。父母為尊長，兄弟為六親，妻財為妻奴，子孫為兒女，官鬼為禍殃。

以上獨發動之，看剋何爻。

如欲占住屋，第二爻動，住不久遠。若脫屋求財，喜第二爻動，必可脫矣。不動，難得便脫也。

虎易按：《卜筮元龜》無「一云」後的內容，疑為編排有誤，讀者可參閱《卜筮元龜》原著。

校勘記

㈠「占移居云」，原本脫漏，據《卜筮元龜·占移居章》及本書標題體例補入。

㈡「去留俱好任東西」，原本作「去留都好任西東」，疑誤，據《卜筮元龜·占移居章》原文改。

●占國朝第六

鬼谷辨爻法	
六爻	太廟
五爻	天子㊀
四爻	公侯
三爻	大夫
二爻	士子㊁
初爻	庶㊂民

校勘記

㊀「天子」，原本作「天王」，疑誤，據《通玄斷易•國事章•鬼谷辨爻法》原文改。

㊁「子」，原本脫漏，據《通玄斷易•國事章•鬼谷辨爻法》原文補入。

㊂「庶」，原本脫漏，據《通玄斷易•國事章•鬼谷辨爻法》原文補入。

丘寺丞易鑒歌

若筮國家占天子，

若者，乃講詞也。言國家所係最重，不可輕也。

先從本宮世上取，

本宮世，即所占卦之世爻也。

本宮為國世為君，

本宮者，看所占之卦在何宮，即為國。世爻，即為君主也。

旺相比和得聖主。

若卦值旺相及卦內外比和，乃主天生聖明天子也。

初民二士三大夫，

初爻民，二爻士，三爻大夫，皆不可空亡及妄動也。遇有動，當謹之。

四作公侯君在五，

四爻公侯，五爻天子，皆不可休囚及妄動，又不可相剋沖並，筮者要知之。

六為宗廟社稷神，

六爻為太廟，為社稷神，最要靜，靜則國家和平。設有不安，則國家亦不安矣。

動靜剛柔宜得所。

所謂六爻各有所主，動靜剛柔最要得所。苟一位不得其所，則一節不寧矣。

大殺為災金主兵，

鬼谷起大殺例：正月戌，二月巳，三月午，四月未，五月寅，六月卯，七月辰，八月亥，九月子，十月丑，十一月申，十二月酉。

如遇此殺上卦，主國家有災危。金爻動，主有刀兵之厄。

水為昏墊①土攻城，

若水爻動，主天下有洪水之災。土爻動，主有修治城壘之事也。

震離坎兌四方見，

《震》東、《離》南、《坎》北、《兌》西，主定四方。若遇一卦發動值殺，主一方有災危也，宜慎之。

坤艮宮中事未寧。

《坤》、《艮》屬中宮，若此二卦動，主中國必騷擾也。

六爻不動卦無殺，

若六爻不動，卦又無殺，吉兆也。

天下人民歌太平。

若得吉兆，宜四方鼓舞歌太平也。

天玄賦云

五爻為天子，近親賢而遠去奸邪②。

凡卜國家，以本宮為國，世為君。

又云：五爻為天子。

若帶財福、青龍、貴人者，仁君也。臨太歲、月建、勾陳者，威震天下，守正之君。加大殺、白虎，暴虐之君。帶咸池，淫亂之君。若加劫殺，君位不久。

若與吉神相生相合，必能親近㊀賢者。若吉神相剋，必有賢臣㊁相輔。

若動剋凶神，必能遠小人，去奸邪。或與凶殺相生相㊂合，及凶殺動來相剋，主輔相不得其人，皆奸臣佞相輔君傍。縱遇吉神，亦不能去奸邪。

四位列公侯，上忠君而下安黎庶。

三公九卿③之位，皆在四爻。

若臨吉神旺相剋世，乃是有德權柄，敢言敢諫④，社稷之臣也。

若加鬼殺㊃旺相剋世，乃是㊄欺君僭上⑤，敝主把權之輩也㊅，乃趙高⑥之徒。若世值吉神，庶無大害㊆。

四爻若與世相生，阿諛⑦之臣也。縱帶吉神，亦不能規君之過，正君之失。帶凶神，亦不能害君之正，喪君之德。

四爻動生初爻，必有憂民之心。初爻生四爻，民有仰慕之意㊇。四爻加凶㊈殺剋初爻，民受無辜之害。初爻動剋四爻，民視之如仇讎⑧。

四爻生合㊉二爻，必能招賢納士。二爻生四爻，士有景羨之心。四爻生剋三爻，必能任用⑪百官，進賢才，退不肖。

以上細心詳察，無不應驗⑫。

子孫臨大殺，秦⑬扶蘇中⑭趙相之謀⑨。

占國家，以子孫為國嗣。

若得日辰扶合⑮，或動爻相生，或臨月建旺相，及加青龍、貴人者，若東宮⑩已立⑯，他日擬登寶位，更無改易。

子孫若臨咸池，非正宮所生。福德臨劫殺、大殺，恐有變易。更被四爻傷剋，必有趙高謀扶蘇之事。

卦無子孫，無國嗣。子孫空亡，立後有傷，如逢救助，庶可無事。

君位合咸池，唐玄宗⑰受楊妃之禍⑪。

世爻與五爻，若帶咸池玄武，上必荒淫，動則淫亂。卦有咸池，卻被君爻相剋，雖有西施之美，無害于國政。

應爻加咸池，飛入五爻旺相，又兼世爻空亡，必有武氏亂唐之患，後必當見女王治天下。

若加吉神，天下庶幾平定。更帶凶神，四海必亂。

君位若合咸池，帶殺旺相，必遭女禍，如唐皇之于楊貴妃故事也⑱。若被咸池、玄武帶殺動來相剋，必有楊妃之禍。旺動即日便見，衰動尚主未來，安靜後世方有，空亡為害不成。餘皆倣此。

福神剋世，重觀折檻之朱雲⑫。

子孫為福神，發動傷剋世爻者㊈，子孫旺相年月日，主有直臣奏事，頗類朱雲折檻之風㊉。若與日辰相生合，上必允其奏。與日辰刑沖，龍顏必怒，終遭貶責。

子孫臨太歲、月建，動剋四爻而生五爻，子孫旺日，必有御史劾權臣。四爻鬼殺旺相不受剋，須防有災。

將曜加刑，再睹登壇之韓信⑬。

寅午戌，午是將星。巳酉丑，酉是將星。申子辰，子是將星。亥卯未，卯是將星(十一)。

若將加白虎、羊刃生世，必得強將，如韓信之登壇拜將者(十二)。

將星若帶貴人及青龍生世，當得忠良之將。

將星若加劫殺，動來剋世，須防弒君⑭之禍，此爻將星，名為刺客。

以上三節，皆在旺相年月日可見。

金爻帶鬼，一方有兵革之興。土位逢凶，四海盡干戈⑮之難。

大殺若臨金鬼旺動，必興兵革。世剋應無大事，剋世必凶。

若土鬼帶殺發動旺相，四海皆亂，剋世必有攻城之賊。

卦中有殺無鬼，剋世亦凶。有鬼無殺，雖凶无咎。有神制殺，鬼動(十三)無妨。鬼位休囚，財興㉔有害。鬼空殺旺，縱亂無成。鬼旺殺空，雖凶無害。

若鬼帶劫殺，或化為㉕兄弟，無過是劫財之賊。若加玄武，是陰私暗害之賊㉖。

卦中蛇虎不動，縱有大殺，不為急迫。若並官鬼惡殺動，實為大害。生剋旺看在何方，方可決斷。

以遏寇㉗賊，全憑將帥專征。

以世為我將，應為彼帥。

又云：以㉘子孫為我將及先鋒，子孫得地旺相，將軍必勝。若加青龍，乃㉙忠良之將。若帶大殺白虎旺相者，乃勇悍威猛㉚之將。若得持世，雖有鬼亦無傷害。若得旺相發動，決勝千里。若日辰扶拱，有百戰㉛百勝之功。

所嫌者，父母發動，旺相得地，雖有㉜子孫，不可當其鋒。若入㉝墓無氣，雖動無傷。

要決輸贏，先察世辰相剋。

凡占征伐，以世為我，應為彼。世剋應我勝，應剋世彼勝。

世墓，只宜堅壁自守，不可妄動。若世旺相，應入墓，彼必折人丁。世空我有難，應空彼有傷。世在陰宮，不宜先動㉞。世居陽象，不利後興。世動剋應我必進，應動剋世他欲來。

鬼爻剋世他勝我，鬼爻剋應他欲退。鬼持世，須妨圍困。金火持世應，兩家流血交征。

世應比和皆旺相，此兩強敵手，勝敗未可決，但取所長斷之。

世應相生相合，將帥有允和之心，士卒無攻戰之意。若帶殺加兄弟動者，終非真意。帶青龍、天喜、貴人相生，又可信之。

妻財發動，當成易幟之功。

父母為旌旗，旺相發動，必然興兵。若在內動，我欲興兵㉕，若在外動，則他欲動眾。剋世，欲來㉖侵我。剋應，乃回頭之旌幟，他必自退。

凡父母不動妻財動，當有奪旗易幟之事㉗。財在內動，剋外之父母，我必奪彼之旌旗。妻財外動，剋內之父母，彼欲奪我之旌旗。財爻加劫殺，非是奪去，乃相強偷也。

父母旺相乃大旗，休囚乃市陳號帶，顏色大體依六畜色斷之。

兄弟交重，須禦奪糧之患。

妻財為糧食。卦㉘若無財，必絕糧。財空，糧欲缺。財無氣，糧不多。財爻發動，送糧與賊。財在內旺乃我糧足，財在外旺乃彼糧多。內外皆有財爻，彼我不憂糧食。

卦有妻財，怕見兄弟發動，必有奪糧之患。若財在外，兄弟亦在外動，彼被他人劫去。財在內動，兄弟外動，我必被人劫奪。兄弟無氣，須劫亦不多。財臨青龍終難奪，財逢劫殺盡傾囊橐⑯。

又云：兄弟為伏兵。帶劫殺發動剋世，須防損我。剋應，我設計傷他。若遇退解二神，終難得利。兄弟屬陰，宜夜間埋伏。屬陽，宜日中埋伏。兄弟帶青龍吉神剋我，雖有伏兵無傷。若帶白虎凶神剋世，則我凶。白虎凶神剋應，則彼凶。若帶青龍剋應，則不能成其事。

聽轟雷之戰鼓，金爻發動逢空。

古云：「金空則鳴」，動處逢沖愈鳴。若發動，必然金鼓轟雷，須防戰鬥。金爻發動不空亡，刀刃森森明似雪。內動，我之器械俱具。外動，彼之兵刃整齊。若帶大殺白虎，必有大戰。金爻發動逢刑沖，兵革雖利不傷人。金爻無氣逢刑剋，弓弩甲胄⑰㊴必不整齊。

以上細細搜求，自然有準㊵。

看如雨之炮磚，土位交重逢旺。

土為炮石，旺相臨未上發動，方可言之。若帶大殺，必可傷人。如遇退神，須防自損。若見剋應，亦主傷他。與應比和，須勞無益。若土爻發動剋世，須防彼有炮石。帶殺剋世，必然傷我軍人。其餘依上推詳。

土爻動處若逢沖，石炮雖有無使處。若得日辰扶出，動爻生旺，炮石必如雨。若加青龍及子孫，炮石雖急不能傷人。

木㊶乃濟川⑱之舟楫⑲，火為繫馬之軍營。

征戰㊷不免登山涉水，若無舟船之便，五月安可渡瀘⑳？

凡占以木㊸為舟揖。發動旺相，必有濟川之利。無氣發動，雖有不多。木㊹爻受沖，舟必破漏。木[45]爻受剋，船車難行。卦無水爻恐無水，木[46]爻逢空必無船，木[47]爻帶鬼乃賊船。

凡戰于野，不免安營下寨，雖處山谷之險，亦宜卜其吉凶。

凡占以世為主將，火爻為營寨。與世爻相生相合，其地得利。與世爻相剋相沖，非是可居之地。火爻若帶鬼，賊寨必相近。火爻旺相，宜寬闊圍創。無氣，宜小小結構。

凡值子孫帶水爻動，宜急攻賊寨，必有大勝。若火鬼剋世，須防劫賊來攻我。

蒼屏云：「水爻帶鬼來剋我，須防劫寨[48]及攻營，卻看有氣並無氣，方可斟量道敗贏」。

假如火爻旺相，水爻無氣，縱來剋世亦無傷。火動須移營寨也。

父加虎殺外興，莫縱軍兵來[49]出陣。

子孫為我軍卒，官鬼為彼賊徒。子衰我軍怯，鬼旺賊兵強，鬼空他必滅，子旺我必[50]昌。

怕父母帶白虎大殺外動，必剋子孫，宜守不宜戰，戰則必傷軍卒。父母若持世動，主將不能養士卒，上下有相[51]離心，非相安之道。若帶凶神，須防自變。

鬼帶劫亡內動，須防奸細暗[52]臨城。

亡神殺，正月從亥起，順行十二位[53]。劫殺見前注。

若鬼帶亡神劫殺於內動，須防奸細之人在城池之內。若被世剋，須探事情不至透漏。

世爻無氣鬼殺旺，軍機透漏禍終來。內外鬼爻俱發動剋世，必有裡應外合之患，子動來救必無妨。鬼爻不帶殺，為害亦不凶。

若逢暗動傷身，須遇陰謀刺客。

凡遇鬼爻不動，卻被日辰衝動，謂之暗動。凡鬼爻暗動[34]，更加劫殺、大殺，或帶刃刑世，主將須防刺客。

卦內若得子孫發動，當權來救，刺客必然被擒，此同燕太子丹使荊軻刺秦王[21]之類。若日辰衝動伏鬼傷飛爻，須防自己手下有人謀己。卦中無救，禍將及身，鬼旺日，決見應驗也。

虎蛇皆動，正當離亂之時。

大殺若動，加白虎騰蛇，必是大亂，卒難休息。

大殺若當胎養、長生位上[35]，乃喪亂發萌之時。

若在臨官、帝旺之地，正當大亂，過此漸息。

若當墓、絕位上，將次[22]太平，離亂已經歷過。

要知何年離亂最甚，何年稍息[36]，依胎、養、長生、沐浴、冠帶、臨官、帝旺、衰、病、死、墓、絕斷之。

凡旺相有氣處逢沖，其年紛亂稍息。無氣處逢沖，其年必定正亂。宜細詳之。

世應俱空，宜見升平之樂。

六爻無鬼卦無殺，世應俱空即太平。

凡遇鬼殺空亡，應不空亡，賊將欲攻我，賊兵心已寒，終無事。若見應空，鬼旺剋世，賊將有返心，兵有攻我之意。若卦無殺，終無虞。世若空，應不空，應亦不剋世，乃無對敵而自退。世應俱空，方見太平，卦若無殺最吉。

虎易按：《卜筮全書·天玄賦·國朝章》，《通玄斷易·國事章·天玄賦曰》收錄有此內容，讀者可互相參考。

注釋

①昏墊：陷溺。指困於水災。亦指水患，災害。

②奸邪：指奸詐邪惡的事或人。

③三公九卿：古代國家高級官員的通稱。不同的時代，其職位設置是不同的。

④諫（jiàn）：本義：直言規勸。舊時稱規勸君主或尊長，使改正錯誤。

⑤欺君僭（jiàn）上：欺騙蒙蔽君主，越分冒用尊者的儀制或宮室、器物等。

⑥趙高：（? – 前 207 年），中國戰國時期秦國及秦朝政治人物，曆仕秦始皇、秦二世和秦王子嬰三代君主，沙丘之變和望夷宮之變的主謀，指鹿為馬事件的策劃者。參閱《史記·秦始皇本紀》、《史記·李斯列傳》和《史記·蒙恬列傳》。

⑦阿諛（ē yú）：說別人愛聽的話，迎合奉承、諂媚。

⑧仇讎（chóu）：亦作「仇仇」。仇人；冤家對頭。

⑨秦扶蘇中趙相之謀：扶蘇（？－前210年），姓嬴，是秦始皇的長公子。秦始皇在沙丘宮平臺駕崩時，趙高與公子胡亥、丞相李斯合謀更改秦始皇遺詔，立胡亥為帝並矯詔賜死公子扶蘇，囚禁蒙恬。《史記・秦始皇本紀第六》。《史記・卷八十七・李斯列傳第二十七》。

⑩東宮：太子所居之宮，亦指太子。

⑪唐玄宗受楊妃之禍：唐玄宗李隆基（685－762），因寵愛楊貴妃，任用其兄楊國忠，致使朝政混亂，導致安史之亂。參閱《舊唐書・本紀第八、第九》、《新唐書・本紀第五》。

⑫折檻（kǎn）之朱雲：漢槐里令朱雲朝見成帝時，請賜劍以斬佞臣安昌侯張禹。成帝大怒，命將朱雲拉下斬首。雲攀殿檻，抗聲不止，檻為之折。經大臣勸解，雲始得免。後修檻時，成帝命保留折檻原貌，以表彰直諫之臣。見《漢書・朱雲傳》。

⑬登壇之韓信：蕭何向劉邦推薦韓信，劉邦鄭重地築起高壇，拜韓信為大將。參閱《史記・淮陰侯列傳》。

⑭弒（shì）君：古代稱子殺父、臣殺君為「弒」。弒君，指臣殺皇帝君主。

⑮干戈（gān gē）：干和戈是古代常用武器，因以「干戈」用作兵器的通稱。比喻戰爭。

⑯囊橐（náng tuó）：盛物的袋子。大稱囊，小稱橐。或稱有底面的叫囊，無底面的叫橐。
⑰甲冑（zhòu）：鎧甲和頭盔。
⑱濟川：指渡河。
⑲舟楫（zhōu jí）：指船和槳。
⑳渡瀘：指諸葛亮南征，五月渡瀘時。渡口在金沙江上的四川省越西縣境內。
㉑燕太子丹使荊軻刺秦王：參閱《戰國策・燕策三》。
㉒將次：逐漸，將要。

校勘記

㊀「近」，原本脫漏，據《卜筮全書・天玄賦・國朝章》原文補入。
㊁「臣」，原本作「人」，疑誤，據《卜筮全書・天玄賦・國朝章》原文改。
㊂「相」，原本脫漏，據《卜筮全書・天玄賦・國朝章》原文補入。
㊃「殺」，原本作「爻」，疑誤，據《卜筮全書・天玄賦・國朝章》原文改。
㊄「乃是」，原本脫漏，據《卜筮全書・天玄賦・國朝章》原文補入。
㊅「之輩也」，原本脫漏，據《卜筮全書・天玄賦・國朝章》原文補入。
㊆「庶無大害」，原本作「無害」，疑誤，據《卜筮全書・天玄賦・國朝章》原文改。

㈧「民有仰慕之意」，原本作「民有仰墓之心」，疑誤，據《卜筮全書·天玄賦·國朝章》原文改。

㈨「凶」，原本脫漏，據《卜筮全書·天玄賦·國朝章》原文補入。
㈩「合」，原本脫漏，據《卜筮全書·天玄賦·國朝章》原文補入。
⑪「用」，原本脫漏，據《卜筮全書·天玄賦·國朝章》原文補入。
⑫「以上細心詳察，無不應驗」，原本脫漏，據《卜筮全書·天玄賦·國朝章》原文補入。
⑬「秦」，原本脫漏，據《卜筮全書·天玄賦·國朝章》原文補入。
⑭「中」，原本作「申」，疑誤，據《卜筮全書·天玄賦·國朝章》原文改。
⑮「合」，原本作「出」，疑誤，據《卜筮全書·天玄賦·國朝章》原文改。
⑯「若東宮已立」，原本作「東宮若已定」，疑誤，據《卜筮全書·天玄賦·國朝章》原文改。
⑰「唐玄宗」，原本作「唐國」，疑誤，據《卜筮全書·天玄賦·國朝章》原文改。
⑱「如唐皇之于楊貴妃故事也」，原本脫漏，據《卜筮全書·天玄賦·國朝章》原文補入。
⑲「者」，原本作「有」，疑誤，據其文意改。
⑳「主有直臣奏事，頗類朱雲折檻之風」，原本作「主直臣奏事，有朱雲之風」，疑誤，據《卜筮全書·天玄賦·國朝章》原文改。
㉑「巳酉丑，酉是將星。申子辰，子是將星。亥卯未，卯是將星」，原本作「巳酉丑，

酉是。申子辰，子是。亥卯未，卯是」，疑誤，據《卜筮全書•天玄賦•國朝章》原文改。

⑫「如韓信之登壇拜將者」，原本脫漏，據《通玄斷易•國事章•天玄賦云》原文補入。

⑬「動」，原本脫漏，據《卜筮全書•天玄賦•國朝章》原文補入。

⑭「興」，原本作「凶」，疑誤，據《卜筮全書•天玄賦•國朝章》原文改。

⑮「為」，原本脫漏，據《卜筮全書•天玄賦•國朝章》原文補入。

⑯「是陰私暗害之賊」，原本作「是真賊」，疑誤，據《卜筮全書•天玄賦•國朝章》原文改。

⑰「寇」，原本作「盜」，疑誤，據《卜筮全書•天玄賦•國朝章》原文改。

⑱「以」，原本脫漏，據《卜筮全書•天玄賦•國朝章》原文補入。

⑲「乃」，原本作「方為」，疑誤，據《卜筮全書•天玄賦•國朝章》原文改。

⑳「威猛」，原本作「威權」，疑誤，據《卜筮全書•天玄賦•國朝章》原文改。

㉑「百戰」，原本脫漏，據《卜筮全書•天玄賦•國朝章》原文補入。

㉒「有」，原本作「百」，疑誤，據《卜筮全書•天玄賦•國朝章》原文改。

㉓「入」，原本脫漏，據《卜筮全書•天玄賦•國朝章》原文補入。

㉔「世在陰宮，不宜先動」，原本作「世在陰宮者，甚不宜先動」，疑誤，據《卜筮全書•天玄賦•國朝章》原文改。

㉕「若在內動，我欲興兵」，原本脫漏，據《卜筮全書•天玄賦•國朝章》原文補入。

㊱「來」，原本脫漏，據《卜筮全書•天玄賦•國朝章》原文補入。

㊲「之事」，原本脫漏，據《卜筮全書•天玄賦•國朝章》原文補入。

㊳「卦」，原本脫漏，據《卜筮全書•天玄賦•國朝章》原文補入。

㊴「冑」，原本作「兵」，疑誤，據《卜筮全書•天玄賦•國朝章》原文改。

㊵「以上細細搜求，自然有準」，原本脫漏，據《卜筮全書•天玄賦•國朝章》原文補入。

㊶㊸㊹㊺㊻㊼「木」，原本作「水」，疑誤，據《卜筮全書•天玄賦•國朝章》原文改。

㊷「戰」，原本作「伐」，疑誤，據《卜筮全書•天玄賦•國朝章》原文改。

㊽「寨」，原本作「賊」，疑誤，據《卜筮全書•天玄賦•國朝章》原文改。

㊾「來」，原本脫漏，據《卜筮全書•天玄賦•國朝章》原文補入。

㊿「必」，原本作「當」，疑誤，據《卜筮全書•天玄賦•國朝章》原文改。

(51)「相」，原本作「傷」，疑誤，據《卜筮全書•天玄賦•國朝章》原文改。

(52)「暗」，原本脫漏，據《卜筮全書•天玄賦•國朝章》原文補入。

(53)「十二位」，原本脫漏，據《通玄斷易•國事章•天玄賦云》原文補入。

(54)「凡鬼爻暗動」，原本脫漏，據《卜筮全書•天玄賦•國朝章》原文補入。

(55)「上」，原本作「是」，疑誤，據《卜筮全書•天玄賦•國朝章》原文改。

(56)「何年稍息」，原本作「何時消息」，疑誤，據《卜筮全書•天玄賦•國朝章》原文改。

•占身命第七

鬼谷辨爻法		
六爻	頭面	耳目
五爻	胸背	項手
四爻	腹	五臟
三爻	臀	足股
二爻	腓	足肚
初爻	拇	足趾

天玄賦曰

混沌之初，茫然未判。始因盤古立太極而分兩儀，爰①及伏羲定陰陽而畫八卦，周室文王衍易，魯邦孔子繫辭。察飛伏於八八六十四卦之中，定吉凶於三百八十四爻之內。包羅天地，可知物外𡙇緣②。道合乾坤，何況人間禍福。

凡占身命，先察用爻。

造化生物之初，先有人身，而後有萬物，故首章先言身命。

論六十四卦，吉者少，凶者多。凡占身命，未可便將卦名妄斷。

剖決高低，必須參究用爻㈠動靜興衰、刑沖剋害，及空亡等㈡象，取其端的，方可決吉凶禍福，貴賤賢愚，伯子公侯，從茲定矣。

刑剋害沖，斷一生之得失。

刑者：三刑。子刑卯、卯刑子。寅刑巳、巳刑申、申刑寅。丑刑戌、戌刑未、未刑丑。辰午酉亥自刑。

以上所言刑者，皆陰陽反德，凡占有日辰刑，動爻刑。

若刑父母，則雙親損。刑財爻，則妻妾㈢傷。骨肉逢刑，無不傷殘㈣。

卻看在何限中㈤，便知何年傷剋，其餘仿此推詳。

剋者：陰陽不相和，故相剋也㈥。凡遇財福吉神剋我最吉，鬼殺凶神剋我最凶。

害者：穿心六害也。直上而取，橫看者。

地支相害表

地支	相合
子	未
丑	午
寅	巳
卯	辰
辰	卯
巳	寅
午	丑
未	子
申	亥
酉	戌
戌	酉
亥	申

譬之德恩未結，怨已生也，而為害。

子沖午，午合未，是謂子未六害。

寅沖申，申合巳，是謂寅巳六害。

卯沖酉，酉合辰，是謂卯辰六害。

餘皆倣此。

六害見之，骨肉情疏，六親分薄，夫妻不協，子息難招。

沖者：子午、卯酉、辰戌、丑未、寅申、巳亥，對沖㊆是也。

十二地支相沖表

地支	子	丑	寅	卯	辰	巳	午	未	申	酉	戌	亥
相合	午	未	申	酉	戌	亥	子	丑	寅	卯	辰	巳

有年月沖，有日辰沖，有世應沖。

凡財福衝破則凶，鬼殺逢沖則吉。

爻雖安靜，見沖則為暗動，動爻遇沖則散，空亡遇沖則不空㊇，沖則實也。

沖則動，動則戰，戰則爭矣㊈。

興衰動靜，決三限之榮枯。

有卦象旺衰，有爻象旺衰。

凡卜身命，得卦象旺，亦是好處，稱是壯實根基。更得爻象吉利，乃十全之造化。大抵卦旺不如爻旺。

人之根源係于卦，不係于爻。命之吉凶在乎爻，不在乎卦。

更看動靜吉凶，三限榮枯，定決於此矣。

遇財福，則富貴榮華。

妻財子孫者，皆為吉神。若遇旺相有氣，或帶貴人並進神，臨於卦中得地之處，卻來生合⑩世爻，貴命必加官進祿之美，富命當見發福發財之喜。更得日辰⑪、月建青龍並位⑫，乃大發大旺時節。縱臨螣蛇白虎，亦不為凶，當富貴之中小有盤折，不能傷害大體。但怕衝破⑬並受剋，方為無用。

凡占須看立於何限中，便知何時發達。若臨正卦外三爻，支卦③內三爻，稱為得地。臨於正卦內三爻，名為落陷。若在支卦外三爻，稱為晚景之福。

遇兄鬼，則貧窮破敗。

兄弟官鬼，二者皆非吉神。卦中若遇兄弟發動，爭訟是非，分門割戶，或破耗資財，或生涯冷淡⑭，皆因此也。

官鬼主疾病患難，加朱雀、官符，有口舌官災；加玄武、天賊，有逃亡失脫；加白虎、喪門，主喪亡孝服。凡占遇之，無氣不動猶可，旺相發動最凶。若沖散受剋及落空亡，此等限中，以平為福⑮。

若正卦外三爻，支卦內三爻遇之，最不為佳。正當成立之時，遭此兇惡之輩，安有發福之象。若在早歲，顛沛災迍④⑯，或當暮年，終無結果。若⑰單遇官爻，不過災險。

世是⑱平生之本，應為百歲之妻。

人生一世，貴賤高低，合為何等人物，但將世爻為主。若得天貴祿馬並立，又有吉神生扶，無凶殺沖剋，乃富貴根基，清高品格⑲。

若與凶殺並立，或被惡殺刑沖，別無吉神救解，乃貧賤之規模，無成之格局。

若逢世空，最不為美，當有大難。唯有九流術士之人，及僧道之輩，反為吉兆，是空手求財，財去財來，終無積聚⑳。

世應二爻，乃一卦之主。凡卜以世為我，應為妻。若與青龍吉神並立，其妻必賢。咸池、玄武並立，其妻必淫。世爻無氣受應剋，必然妻奪夫權。應爻若落空亡㉑，妻宮有損。

相生相合，必然偕老齊眉⑤。相剋相沖，決定終朝反目㉒。

世應二爻，若得相生相合，一生如魚似水。若逢相沖相剋，百歲如冰投炭。生合之處逢沖，始諧和，其後被人搬弄。若應來剋世，本不為佳，卻得動爻剋應，或被㉓日辰沖散，或相合，則始雖不和，以後得人解勸，終歸好合[54]。世應若比和，自然無高下之別。

財爻動，則父母刑傷。兄弟興，則妻宮重疊。

若見妻財持世或動，則父母受剋[55]。卦[56]無父母，或落空亡，難為父母。年少傷剋，其人必早失怙恃⑥[57]，不然離祖過房，重拜父母。

若兄弟交重，或臨世位[58]，其人妻宮受傷，必主斷弦再續，晚歲重婚[59]。卦無妻財，或財空亡，則妻宮重疊。

若父母持世或動，卦無子孫或空亡，難為子息，宜招假子。

官鬼持世或動，諸爻無兄弟或空亡，難為兄弟。

子孫持世，財爻有氣，一生衣祿豐盈，利官近貴，永年和合，一生秀氣。

若臨傍位，稍減災殃。

且如妻兄之類，在傍爻動，猶見輕可。父母之類不空，無過不諧不睦，非有傷剋。若財爻之類持世不動，父母之類不空亦可。如此言之，學者宜自通變。

咸池凶殺臨身，出處必然微賤。

咸池殺云：寅午戌兔從卯裡出，巳酉丑躍馬南方走，申子辰雞叫亂人倫，亥卯未鼠子當頭忌。

此殺若臨世爻，或臨父母爻，皆主出身微賤之家。更看卦無貴人吉神，必非高尚之士[60]。

祿馬貴人持世，立身須主清高。

貴人，天乙也。

凡占得貴人持世，祿馬同鄉，必然立身清高，不可斷為庸夫俗子矣。

卦值六沖，半世求謀蹭蹬⑦。

子午卯酉之類為六沖，凡占得之，其人作事有始無終，少成多敗㉛。

前卦六沖，三十年前㉜生涯冷淡。後卦六沖，三十年後漸覺蕭條。前後皆值六沖，一世不能成就㉝。爻中縱有吉神，為事亦當蹭蹬。

爻逢六合。一生動用和諧。

六合㉞，子與丑合之類。凡占卦逢六合，其人和悅秀氣，善與人交，謀事多成，行藏無阻。

前卦六合，三十年前步步春風。後卦六合，三十年後滔滔發福。前後皆逢六合，一生遂意，到老榮華㉟。

男帶合，則俊秀聰明，喜見青龍財福。

卦中吉凶，不可一概論，亦有淺深之分。且如卦逢六合，爻象皆凶，難以吉斷。然須參究淺深，剖分高下，看卦與爻吉凶，一體方可決斷。

若占男子命，卦中帶合，必須青龍財福發動，旺相㊱得地，方可斷曰聰明俊秀之士。誠能依此推之，必無一毫差失矣。

女帶合，則澆浮淫佚⑧，怕逢玄武咸池。

女人得六合，卻不為佳。若有吉神貴人在位則無虞，反主秀氣聰明，儀容端正。若見玄武咸池在位得地，必主澆浮淫佚，放蕩無端，行多不正之婦矣㉗。

遇進神則吉盛凶多，遇退神則吉衰凶滅。

進神者：甲子、甲午、己卯、己酉。退神者：壬戌、壬辰、丁丑、丁未。

凡遇進財福吉神則吉，遇鬼殺凶神則凶。大凡進神遇吉則吉盛，逢凶則凶多。退神遇吉則吉少，逢凶則凶衰滅矣。

虎易按：「進神者，甲子、甲午、己卯、己酉。退神者，壬戌、壬辰、丁丑、丁未」，此進退神不知其來源如何，請讀者注意研究。

玄武持世，為人慳吝奸雄⑨。白虎扶身，賦性剛強狠毒。

青龍持世，為人慈祥愷悌⑩，見人和顏悅色㉘。

朱雀持世，急於言詞，多招誹謗。

勾陳持世，為人穩重，行事遲鈍。

螣蛇持世，為人多心機，無信實，虛浮詐偽㉙。

白虎持世，為人剛強好勇，狠戾⑪心毒㊵。

玄武持世，為人陰謀暗算，狡譎⑫多端，若與兄弟同居，其人貪財吝嗇⑬㊶。

此則一生之禍福，須言三限之榮枯。

以上所言吉凶休咎，總論一生禍福，猶未及於三限㊷。此後分別㊸三限，以證前言，得失榮枯，從茲㊹定矣。

初爻管五年，二爻管五年，三爻管五年，共十五年。後三爻亦管十五年，共三十年。支卦亦管三十年。卻看爻上無阻，一年一位，數至壽終。

內三爻管十五年，遇吉神，則大人蔭庇。

吉神貴人祿馬，幼年庇蔭之下，享現成之福，不可便斷發福發財。若動爻臨於鬼殺，自幼多災多患㊺。

外三爻管十五載，遇凶神，則小輩欺淩。

十六至三十，正當成立之初，未免為人所欺負㊻。若見官鬼凶神發動，多因小人侵侮，大則官府逼脅㊼，當究淺深，斷其凶吉。若是吉神發動，從此享福無窮㊽。

要知發福發財，支卦內三爻為主宰。

人生世間，成立家業，皆在三旬以上，五旬以下。未至此，其力未加，若過此，光陰已背。凡占論成立，專看支卦內三爻。若財福兼㊾全者，有成之造化，晚景縱不佳，終須有根底。若遇鬼殺㊿空亡，一生虛負心機，徒勞奔走，終無結果收成也(51)。

若也斷生斷死，支卦外三象為提綱。

支卦外三爻管十五年，自四十五至六十，稱為晚景，乃結局[52]之時，無毀無譽，不過論壽[53]。凡觀至此，緊著眼看，凶神惡殺，若有剋戰，須忌傾危也。

遇吉神，則見險無危。遇凶神，則逢屯即死。

如遇吉神，則雖經險阻之處，亦可轉禍成樣，不至危殆。若遇凶殺，則稍有坎坷，便成大咎，以至絕地[54]。

後卦如無凶殺，前爻世上重尋。一年一位細推詳，萬死萬生從此訣。

後一卦如無凶殺，其壽在六旬之上。卻從前卦世上重尋，一年一位，數至壽終。若步步遇吉神，其壽綿遠。若逢兇惡殺，即便喪黃泉。萬死萬生，從茲定矣。

莫將緊節，亦比常占。

占人之命，關乎大造化，非可輕斷。必須要潛究根源，察其衰旺、動靜、剋害、刑沖，已定自家捉摸得過，方可與人決斷吉凶，剖分得失。若不察其淺深高下，妄行決斷吉凶，而無差誤[55]，未之有也。

此一章，淺見者，不可與言之也。

虎易按：《卜筮全書•天玄賦》、《通玄斷易•身命章•天玄賦•論身命》收錄有此內容，讀者可互相參考。

注釋

①爰（yuán）：引，援引。

②夤緣（yín yuán）：攀援，攀附。

③支卦：主卦有動爻，就會有變爻，變出來的卦，稱為支卦。也稱為之卦。

④顛沛（pèi）災迍：困頓，挫折，災難，禍患。

⑤偕老齊眉：指夫妻相偕到老，相敬如賓。

⑥怙恃（hù shì）：父母的合稱。

⑦蹭蹬（cèng dèng）：倒楣，倒運。比喻困頓不順利。

⑧澆浮淫佚（yì）：指浮薄，不忠厚，恣縱逸樂，淫蕩，淫亂。

⑨慳吝奸雄（qiān lìn）：慳吝：吝嗇（小氣，當用而捨不得用，過分愛惜自己的錢財）。
奸雄：奸人的魁首，也指弄權欺世、竊取高位的人。

⑩愷悌（kǎi tì）：亦作「愷弟」。和樂平易。

⑪狠戾：兇惡殘暴。

⑫狡譎（jiǎo jué）：狡猾多詐。

⑬吝嗇（lìn sè）：小氣，過分愛惜己之財物，當用而不用。

校勘記

㈠「用爻」，原本作「世爻」，疑誤，據《卜筮全書•天玄賦•身命章》原文改。

㈡「及空亡等象」，原本作「及空亡等項爻象」，疑誤，據《卜筮全書•天玄賦•身命章》原文改。

㈢「妄」，原本作「有」，疑誤，據《卜筮全書•天玄賦•身命章》原文改。

㈣「殘」，原本作「剋」，疑誤，據《卜筮全書•天玄賦•身命章》原文改。

㈤「中」，原本脫漏，據《卜筮全書•天玄賦•身命章》原文補入。

㈥「陰陽不相和，故相剋也」，原本作「陰陽不相和，故相剋也，動靜扶持吉凶」，疑誤，據《卜筮全書•天玄賦•身命章》原文改。

㈦「對沖」，原本脫漏，據《卜筮全書•天玄賦•身命章》原文補入。

㈧「爻雖安靜，見沖則為暗動，動爻遇沖則散，空亡遇沖則不空」，原本作「爻雖靜，見沖則動，此為暗動。人皆不曉動爻見沖則散，空亡見沖卻不空」，疑誤，據《卜筮全書•天玄賦•身命章》原文改。

㈨「戰則爭矣」，原本作「戰則爭而洩氣矣」，疑誤，據《卜筮全書•天玄賦•身命章》原文改。

㈩「合」，原本作「剋」，疑誤，據《卜筮全書•天玄賦•身命章》原文改。

⑪「辰」，原本脫漏，據《卜筮全書・天玄賦・身命章》原文補入。

⑫「位」，原本作「立」，疑誤，據《卜筮全書・天玄賦・身命章》原文改。

⑬「衝破」，原本脫漏，據《卜筮全書・天玄賦・身命章》原文補入。

⑭「或破耗資財，或生涯冷淡」，原本作「或破財，或財不聚」，疑誤，據《卜筮全書・天玄賦・身命章》原文改。

⑮「此等限中，以平為福」，原本作「此等限中非有佳兆，況以平為福」，疑誤，據《卜筮全書・天玄賦・身命章》原文改。

⑯「若在早歲，顛沛災迍」，原本作「若在初年，晦氣病患」，疑誤，據《卜筮全書・天玄賦・身命章》原文改。

⑰「若」，原本脫漏，據《通玄斷易・身命章・天玄賦》原文補入。

⑱「是」，原本作「乃」，疑誤，據《卜筮全書・天玄賦・身命章》原文改。

⑲「清高品格」，原本作「清高格局」，疑誤，據《卜筮全書・天玄賦・身命章》原文改。

⑳「唯有九流術士之人，及僧道之輩，反為吉兆，是空手求財，財去財來，終無積聚」，原本作「雖九流術士之人，反為吉兆，則空手拿財，鬧地得財，終無積聚」，疑誤，據《卜筮全書・天玄賦・身命章》原文改。

㉑「應爻若落空亡」，原本作「應落空亡」，疑誤，據《卜筮全書・天玄賦・身命章》原文改。

㉒「相生相合，必然諧老齊眉。相剋相沖，決定終朝反目」，原本作「相剋相沖，決定終朝反目。相生相合，必然諧老齊眉」，疑誤，據《卜筮全書·天玄賦·身命章》原文改。

㉓「被」，原本脫漏，據《卜筮全書·天玄賦·身命章》原文補入。

㉔「則始雖不和，以後得人解勸，終歸好合」，原本作「雖不是和，得人解勸」，疑誤，據《卜筮全書·天玄賦·身命章》原文改。

㉕「則父母受剋」，原本脫漏，據《卜筮全書·天玄賦·身命章》原文補入。

㉖「卦」，原本作「卻」，疑誤，據其文意改。

㉗「其人必早失怙恃」，原本脫漏，據《卜筮全書·天玄賦·身命章》原文補入。

㉘「若兄弟交重，或臨世位」，原本作「若兄弟持世」，疑誤，據《卜筮全書·天玄賦·身命章》原文改。

㉙「其人妻宮受傷，必主斷弦再續，晚歲重婚」，原本脫漏，據《卜筮全書·天玄賦·身命章》原文補入。

㉚「必非高尚之士」，原本作「必非高也」，疑誤，據《卜筮全書·天玄賦·身命章》原文改。

㉛「其人作事有始無終，少成多敗」，原本作「其人有始無終，作事少成」，疑誤，據《卜筮全書·天玄賦·身命章》原文改。

㉜「前」，原本脫漏，據《卜筮全書·天玄賦·身命章》原文補入。

㉝「一世不能成就」，原本作「一世無成」，疑誤，據《卜筮全書・天玄賦・身命章》原文改。
㉞「六合」，原本脫漏，據《卜筮全書・天玄賦・身命章》原文補入。
㉟「一生遂意，到老榮華」，原本作「一生動用和諧」，疑誤，據《卜筮全書・天玄賦・身命章》原文改。
㊱「旺相」，原本脫漏，據《卜筮全書・天玄賦・身命章》原文補入。
㊲「行多不正之婦矣」，原本作「行多不正也」，疑誤，據《卜筮全書・天玄賦・身命章》原文改。
㊳「見人和顏悅色」，原本作「見人和悅」，疑誤，據《卜筮全書・天玄賦・身命章》原文改。
㊴「為人多心機，無信實，虛浮詐偽」，原本作「為人虛浮多心機，無信實」，疑誤，據《卜筮全書・天玄賦・身命章》原文改。
㊵「狠戾心毒」，原本脫漏，據《卜筮全書・天玄賦・身命章》原文補入。
㊶「為人陰謀暗算，狡譎多端，若與兄弟同居，其人貪財吝嗇」，原本作「為人奸詭，若與兄弟同居，其人不勝慳吝矣」，疑誤，據《卜筮全書・天玄賦・身命章》原文改。
㊷「猶未及於三限」，原本作「尤未切於限」，疑誤，據《卜筮全書・天玄賦・身命章》原文改。
㊸「別」，原本作「列」，疑誤，據《卜筮全書・天玄賦・身命章》原文改。

[44]「茲」，原本作「此」，疑誤，據《卜筮全書•天玄賦•身命章》原文改。

[45]「若動爻臨於鬼殺，自幼多災多患」，原本作「若動爻臨鬼，自幼多災」，疑誤，據《卜筮全書•天玄賦•身命章》原文改。

[46]「未免為人所欺負」，原本作「未免人所不服」，疑誤，據《卜筮全書•天玄賦•身命章》原文改。

[47]「多因小人侵侮，大則官府逼脅」，原本作「多因小人相侮，大則官府欺淩」，疑誤，據《卜筮全書•天玄賦•身命章》原文改。

[48]「從此享福無窮」，原本作「從茲享福」，疑誤，據《卜筮全書•天玄賦•身命章》原文改。

[49]「兼」，原本脫漏，據《卜筮全書•天玄賦•身命章》原文補入。

[50]「殺」，原本脫漏，據《卜筮全書•天玄賦•身命章》原文補入。

[51]「終無結果收成也」，原本作「終身無成」，疑誤，據《卜筮全書•天玄賦•身命章》原文改。

[52]「乃結局」，原本作「乃結果」，疑誤，據《卜筮全書•天玄賦•身命章》原文改。

[53]「不過論壽」，原本作「不過壽論」，疑誤，據《卜筮全書•天玄賦•身命章》原文改。

[54]「如遇吉神，則雖經險阻之處，亦可轉禍成樣，不至危殆。若遇凶殺，則稍有坎坷，便成大咎，以至絕地」，原本脫漏，據《卜筮全書•天玄賦•身命章》原文補入。

[55]「若不差失」，原本作「而無差誤」，疑誤，據《卜筮全書•天玄賦•身命章》原文改。

卜筮元龜云

占身命云㊀

占身得度及旺相，財與子爻有為上。

卦得進㊁度者，如正月卜得二月卦。退度者，如正月卜得十二月卦。但未來為進，已往為退。卦內有財爻及子孫爻者為吉，有氣相生者為上吉。蓋子孫為福德，妻財爻為富也。

官爻驛馬共扶身，龍德並之貴無量。

鬼與青龍龍德並位，或持世，終大貴㊂。但卦爻得時，為富為貴。失時，為貧為賤。冬至後卜得陽卦陽爻為貴，夏至後卜得陰卦陰爻為貴。各得其時㊃。

內外世應相生吉，相剋有凶無有榮，

內為身，外為命。世為身，應為命。飛爻為身，伏爻為命。身剋命吉㊄，相生則大吉。

福德既無何以吉，欲求萬事必難成。

卦無福德，終身不泰，更加相剋，萬事難成。

校勘記

㊀「占身命云」，原本脫漏，據《卜筮元龜·身位門·占身命章》及本書標題體例補入。

㊁「進」，原本脫漏，據其文意補入。

㊂「終大貴」，原本作「終身大吉」，疑誤，據《卜筮元龜·身位門·占身命章》原文改。

㊃「各得其時」，原本作「由乎各得其時也」，疑誤，據《卜筮元龜·身位門·占身命章》原文改。

㊄「身剋命吉」，原本作「身剋命凶，命剋身吉」，疑誤，據《卜筮元龜·身位門·占身命章》原文改。

又論人情性云

內卦巽云心行毒，

內卦為心，外卦為貌。內為巽，心毒如蛇㊀。

坎主心情長委屈，

坎主陷險，長帶委曲象水行，人多智巧。

內震為人心多憂，
震，驚也，常帶憂也㈡。
艮心安靜常悠遊。
艮，山㈢也，如山不動，故心安。
離明如日性剛烈，
離，火也㈣，為人聰明性快也㈤。
兌為喜悅亦饒舌，
兌，悅也，然為人善言詞。
賢人內卦見乾坤，父母慈愛心常存。
乾為父，坤為母，心慈於子，而無惡也。
內卦子孫為福德，水天需卦為法則，
坤宮屬土，以金為子，內卦見乾故也，人多忠厚。
月卦化鬼殺陰臨，心多不善常懷刑。
月卦化鬼，心常不善。內為嗔㈥，殺陰臨之，心常欲刑害。月卦化鬼者，坤艮宮正二月卦。

虎易按：「月卦化鬼」，指月卦地支，與卦中爻官鬼同五行。「月卦化鬼者，坤艮宮正二月卦」，坤宮正月卦《地天泰》、二月卦《雷天大壯》，艮宮正月卦《風山漸》。二月卦《火澤睽》，卦中官鬼都屬木，與正二月屬木同五行。

校勘記

㈠「內為巽，心毒如蛇」，原本作「凡巽，心毒如蛇蠍」，疑誤，據《卜筮元龜•身位門•占人情性章》原文改。

㈡「也」，原本作「色」，疑誤，據《卜筮元龜•身位門•占人情性章》原文改。

㈢「山」，原本作「立」，疑誤，據《卜筮元龜•身位門•占人情性章》原文改。

㈣㈤「也」，原本脫漏，據《卜筮元龜•身位門•占人情性章》原文補入。

㈥「嗔」，原本作「真」，疑誤，據《卜筮元龜•身位門•占人情性章》原文改。

火珠林占憂疑云

若外卦無氣，並得《巽》、《震》，即無憂也。

虎易按：查虛白廬藏清刻《百二漢鏡齋秘書四種》中《火珠林》（輯入心一堂古籍珍本叢刊），原本無此段內容，讀者可參閱原著。

·占婚姻第八

鬼谷辨爻法	
六爻	祖宗
五爻	父母
四爻	外氏
三爻	婿婦
二爻	媒伐
初爻	自身

王輔嗣訂婚歌

世是夫身應妻財，
世爻為夫身，應爻為妻財。
夫妻和合喜相催。
夫妻和合，即世應比和是也。若值此，婚姻吉昌。
若逢刑剋婚姻惡，
若世應相刑相剋，定主婚姻難合睦，雖勉強合之，亦不為吉兆也。
世應相生事可諧。
若世應相生，說婚必然主有百年偕老之吉兆也。

世底有財妻必喪，
若占婚，財爻持世，非惟不吉，更主身命喪於九泉之下。
身中見鬼婿遭殃。
若鬼爻臨身，非惟不吉，更婿身傾亡。
遊魂必定主離別，
若值遊魂卦，主夫妻生離。
五世八純睽更乖。
若逢五世卦，八純卦與睽卦，主夫妻乖違。
財不空亡婚大吉，
若妻財不空，占婚十分吉。
世應比和為利益。
若世應比和，最為利益。如既濟卦之類也。
若值交重分吉凶，
鬼谷論云：占婚若逢世爻單重，應爻交折吉。占婚，爻如前則吉，反此則凶。
財死鬼死多損失。
鬼谷云：占婚財死鬼死，不宜婚。但筮者於此，十分凶，只可說個分。

日辰生世[一]最為昌，

看卜卦之日屬何辰，若逢與世相生，定主婚成。

更論青龍並福德。

鬼谷云：龍並萬事喜[二]，福德和合吉。雖則主未亨，若值青龍並福德，定主吉昌也。

世為媒伐分女男，

天罡詩云：「世爻[三]為媒伐，陽男陰女人」。若世爻屬陽，是男人為媒。屬陰，是女人為媒。

老少媒人從此別。

天罡詩云：「交是老媒者，重是少媒人」。若世爻值交，乃老媒人。值重，則是少媒人也。

陰陽得位俱歡喜，

一陰一陽之卦，故為得位。若值得此，定主兩家俱歡喜也。

純陰枉使心和力。

純陰卦，如八純坤之類是也。若值得此，應接媒人徒費力也。

純陽退悔不成婚，

純陽卦，如八純乾之類是也。若值得此，主婚姻定不成也。

縱使強成終鬱鬱。
卦遇純陽純陰，婚定不成，縱使強成，亦主夫妻鬱鬱。
金爻主人好容光，
金本輕清，若值妻財屬金，定主女子清秀，好容儀也。
木爻瘦小更修長。
木本修長，若值妻財屬木，主女子瘦削，體態更高也。
土主形骸肥且矮，
土本厚實，若值妻財屬土，主女子肥矮也。
火爻定是發稀黃。
火色本紅，若妻財屬火，主女子頭髮稀疏而黃赤也。
水爻心性多聰慧，
水本通活，若妻財屬水，主女子心性聰巧也。
六合發動最為昌。
六合殺詩云：「六合從子來加丑，午合未兮辰合酉，寅居亥地巳居申，卯合戌兮婚保守」。若占婚值此六合殺動，定主婚姻保守也。如世子應丑即是合，餘皆倣此。
青龍旺相臨財位，

青龍若臨財爻，旺相最吉也。

娶妻萬倍有資妝①。

若得龍動並財爻，得妻數倍之財也。

若逢天寡天鰥殺，

鬼谷論鰥寡殺例云：「春三月丑，夏三月辰，秋三月未，冬三月戌，是例也」。

夫妻應知不久長。

若值殺動，夫妻刑剋，斷不久長也。

注釋

①資妝（zhu ā ng）：資財、嫁妝。

校勘記

㊀「日辰生世」，原本作「日辰生出」，疑誤，據其文意改。

㊁「龍並萬事喜」，原本作「龍並萬事純」，疑誤，據其文意改。

㊂「世爻」，原本作「世中」，疑誤，據其文意改。

天玄賦云

天命禀有生之初，非今可易。

死生有命，富貴在天。命禀有生之初，非今可改易。莫之為而為，非我所能必㊀，但當順受而已。

夫婦乃人倫①之大，自古為先。

聖人立教，有人倫之道。人倫有五，有夫婦，然後有父子，故五倫之中首先夫婦㊁。

世為婚，應為姻，須要相生相合。

世為男家，應為女家。若得相生相合，定有成就之象。若見相沖相剋，必定難成。

凡生合處，須防剋沖。剋沖處，亦有吉凶。合處逢沖，將成有破，亦恐被阻。若凶中有救，久後亦昌。沖中有合，不成之際得人贊協矣。成與不成，憑大體占。

鬼為夫，財為婦，最嫌相害相刑。

財鬼皆要旺相，宜靜不宜動。否則，公姑兄弟相傷。若得月建日辰或動爻生扶最吉。更得青龍同位，喜慶即見。如逢日辰或凶殺相沖相刑相害，乃不吉之兆。縱大象可成，成後亦不和協。

陰陽得位為佳，夫婦俱全協㊂吉。

陰陽得位，亦有兩端。有卦象外陰內陽，有應陰世陽，二者皆為得位。

一陰一陽之謂道，純陰純陽之謂鬼。純陰不生，純陽不化，一陰一陽，為夫為婦。又曰：占婚用爻，首要財鬼，二者俱全，稱為大吉。

一云：男占婦以財為主，決不可無。女占夫用鬼為主，其理仿此。設或財鬼不上卦，或落空亡，其婚難成。縱成，亦為不吉㊃。

世生應乃男求女，應生世乃女貪男。

且如應雖生世，奈緣逢墓絕，雖然相貪，尚在躊躇之際。若得動爻相生，必得他人作成。如世爻生應旺相，奈緣世被日辰沖剋，男意雖濃，被人間阻，事體又在難成也㊄。大象吉，終久成。

世位逢空，當見男心退悔；應爻有動，必然女意更張。

世空男悔，應空女悔，縱有吉神亦難成。若世應俱發動，必然事有改張。動處若逢日辰合㊅，任君不願也須成。注曰：必得他人作成。

世應比和，功全資於媒約；陰陽交錯，事亦係乎因緣。

世應比和，本無成就之理，若得媒爻動合世應，其事亦成。陰陽交錯，乃世應不得位也，若大象可成，利入贅②。如不然，主夫婦有相淩之兆也。

應旺則女室豐隆，世墓乃男家貧乏。

若夫占婦，見應位月建旺，乃久富之家。若月建雖旺，日下休囚，必近年稍退資財。

若如青龍，其家慈善慷慨。帶貴旺，則是宦家；休囚加朱雀，必是吏人；帶殺，是酷吏。若本宮及應雖旺，而財爻無氣，加臨祿存、破軍、咸池、玄武，婦家雖當富，其女貌不揚，婦德亦未備。

若婦占夫，要世爻旺相，則男家豪富。入墓休絕，必主貧乏。本宮雖旺，而世鬼俱衰，只是虛名，定無所有。

子孫發動，中途必見傷夫；兄弟交重，異日終須失偶。

子孫為傷夫，卦中不可無，宜靜不宜動。若帶貴臨吉神動，乃妻奪夫權。或鬼旺不受剋，若加天寡及凶殺，必主傷夫。旺相則急，休囚稍緩。

兄弟為剋財，持世不動，無過不睦。帶天鰥旺動，必主傷妻。若帶鬼動，及日辰衝破，庶幾無害。

財空妻失，鬼空夫亡。

財鬼空亡，占婚大忌，本非成就之象。若干支相合，世應相生，陰陽得位，此實是因緣，無過半世衾枕③，或半世出外，仕宦為商之類。

男子兩財，逢二姓絲蘿之好；陰人兩鬼，再一番桃李之鮮⑦。

男占女，卦見兩財，一旺一空，曾作二度新郎。兩財皆不空，或一財帶桃花，必一正一偏。若與日辰或世爻及鬼爻相合者，可知那個把權。

若女占夫卦中出兩鬼，一旺一空，已前必曾嫁人，今來定是重婚。若兩鬼旺不空，日辰刑沖財爻，或動爻剋財，必是生離改嫁。

財動則傷剋公姑，父興則難為子息。

財爻持世，則不能奉事公姑，安靜猶可，動則傷剋公姑，帶殺加朱雀白虎尤甚，主其人不事容飾，不整衣服。

父母發動，難為子息，帶殺主生後方損。遇救猶可，逢沖則無傷。

財鬼同居一卦，必然親上成親。前後皆值六沖，當見退後還退。

財鬼共一卦中，此易成之兆。若世應財鬼相生相合，必然親上成親。若世應爻上比和，方可言。帶天喜貴人，旺相新親，休囚故戚。前卦值六沖，必曾許聘復退㊇。後卦又六沖，成後又當見退。若被日辰合住，雖欲退悔，不可得也。前卦沖而後卦合，當見退後還就。

日辰合世，須逢貴客維持；惡殺沖身，必被他人說破。

日辰臨天喜，或貴人合世應，必有權貴之人前來維持說合㊈。住居方向，但從旺取。若日辰刑剋應而合世，必然抑女家而興男家。

但日辰沖世，男家被人說破。沖應，女家被人說破。若間爻刑沖世應，必被人構喋。若見動爻來救，雖被人破，終得人解，無害于成。

卦無父母，應無雁幣④迎門；

父母為主婚，又為聘儀，卦中無父母，必無聘儀。父母雖空，兄弟不動非是無，自是女家不索要。父化父，必須索。

父母旺相，聘儀盛麗。休囚，微薄。父母化劫，必是他人處借貸而來，非己資妝也。

財值青龍，會見鸞妝⑤耀目⑩。

凡世應陰陽得位，婚亦成，無財不過資妝薄。財與青龍會合，必妝奩之資茂盛，絢彩奪目⑪。若財值勾陳生世，必有隨奩田土。數目卻惟生成數，生旺倍加，死絕減半。

虎易按：「生成數」，指五行生成數。五行生數，水一、火二、木三、金四、土五。五行成數，水六、火七、木八、金九、土十。

鬼化鬼終須反覆，兄化兄見阻方成。

鬼本用爻，不宜變動，靜化猶可，動化非宜，必主事體反覆，終見遲滯。

凡求親，決是女家多有轉折，難易皆聽從於彼。

兄弟乃阻隔之神，發則傷剋妻財，必當見阻。大象若吉，終久有成。兄弟受制，雖阻亦無妨矣。

世應三合咸池，擬定先通後娶；財鬼一臨玄武，定知眼去眉來。

應與財，若加咸池臨玄武，與世並鬼合，必是先通後娶。若與旁爻合，必與外人有情。

應加咸池玄武婦淫，世爻夫淫。咸池若逢日辰沖，雖淫不濫。若見貴人動來剋，卻不淫，主其人容儀妖媚，躭酒悦色，多情好歡，逢旺尤其，死絕稍輕。若咸池會進神動來生合，其人淫心汙漫，恣意非為。若會退神，或退神來剋，雖有欲心，未嘗有實，不過眼去眉來而已。

要知女貌妍媸⑥，推究財臨九曜。

八卦看九星，不獨風水用，占婚亦要用之，庶知女貌妍媸。

若財帶貪狼，其貌潔白絕美，秀於眉目，見人和悦，當生俊偉聰明之子。

財帶巨門，紫團面色，逢旺則面黑，休囚稍可。

祿存帶財主病，逢旺不時齊發，死絕則有暗病，逢沖幼年多疾，今已脱體。看臨何爻，便知何處有疾，但從十二支辨。

廉貞帶財，本主淫佚，若逢水爻或咸池玄武必甚，若臨解神退神，或遇吉神動來剋救，則無妨，反主其貌端正。

武曲帶財，潔白中貌之人，其德清廉，長爪甲。

破軍帶財，必有破相，加殺，必有惡疾，只宜休囚，不宜旺相，旺則甚。

文曲帶財，形貌瘦長，為人柔弱，項短聲細。

左輔帶財，其貌潔白，若見巨門破軍動來剋，則不能全其貌。右弼與左輔同。

以上好者忌沖，惡者怕扶，皆宜細察。

欲識男材長短，參詳鬼值五行。

凡人稟五行之氣而生也，則合形之美惡，性之剛柔，不離于金木水火土。若鬼屬火，其人面上尖下闊，印堂窄，鼻露竅。精神閃爛，語言辨急，意速聲焦。其色或青或赤，更變不定。坐須搖膝，立不移時，臨事敏速。旺相則聰明，如死絕則黃瘦，尖愣妒毒，有始無終，性多妄詐。臨貴人，則主聰明文章之士。

水鬼，主人眉濃目大，鼻曲面圓，項平身細。生旺黑色，受制黃色。行步緊速，搖頭擺腰。為性大寬小急，生旺則為性莽蕩大器，死絕則陰狡內狠，帶殺則傾覆陰謀。

木鬼，主人形貌瘦長，骨細肉緩，口尖，人中長，美髭⑦長髮，手足纖膩，氣語細聲。其色青，動化火則赤，化金則白。生旺仁勇，氣節宏遠。死絕則面目不正，慳吝鄙嗇，肌肉乾燥，項長喉結，行坐不穩，身多欹側。

金鬼，主人中庸，骨肉相應，面上闊下狹，眉高眼深，項平，印堂寬，鼻回，耳常紅。聲音清響，剛毅有決。動則為人尚義，死絕則面有岩楞，眼深，多刻薄，內毒，喜淫。加殺，自拙無志也。

土鬼，主人形貌敦厚，背圓腰闊，鼻大口方，眉清眼秀，面有牆壁，其色黃色白，為性淳厚，處事不輕，為人度量寬博。如死絕則顏色以憂，鼻低面扁，聲重濁，樸實執拗，事理不適時宜。孤介硬吝，不得眾情，沉毒狠戾。

以上五行，究其衰旺，剖分沖剋，自可以義推之，萬無一失。
若窮兩處精微，更互六神推究。
凡遇青龍，為人和氣，俊秀工巧，曉事能家。
朱雀，快言語，多口舌。加殺，多招誹謗，喜生是非。
勾陳，為人純厚穩重，有規矩，不動則無轉變⑬。
騰蛇，有心機，多疑慮。加殺，則語言惑人，行止澆薄⑧。
白虎，主人性急，狠毒無義。雖有剛毅，終非仁也。
玄武，為人奸邪，見人恭順而少誠實，無廉恥。遇吉神制，則不然，主人秀氣伶俐，不過慳吝愛財。加大殺，其命必犯破敗。
咸恒節泰，百年似魚水之歡諧。
《咸》、《恒》、《節》、《泰》，但取其陰陽得位，世單應拆，不相奪倫。論財鬼俱全，《咸》卦未得盡美也⑬。
以上四卦，若遇日辰扶世，天喜青龍貴人發動者，百年永諧，伉儷如魚水之相安也。若見用爻落空，凶神沖戰刑剋，大象雖好，決主不昌，不可以一概論。
古人舉此四卦者，無非取陰陽相稱，以為則例耳。
睽革解離，一見似冰炭之乖戾。

《睽》者，乖也。上火下澤，金火同居，豈無傷剋，故不利。
《革》者，變也。革故鼎新之象。占婚⑭遇之，當有爭婚改嫁。
《解》者，散也。占婚宜合不宜分，遇解，故不吉。
《離》者，六沖之卦，純陰之象，必主生離死別。
以上四卦，占婚所忌，以為難成之象。凡占不可一體看，必須詳審。夫人間婚姻，上至公卿，下及黎庶，吉凶雖同，衰旺不等，當審其情。

間爻旺相，須知月老英豪。

媒人以鬼爻論之，又以間爻為媒。旺相帶貴，必得仕宦中人為媒。死絕休囚，不過吏人為媒。

間爻臨兄弟，長行媒人因財而來者。臨子孫旺相，必是清高之士。臨財旺相，則是有資財長者。無氣，則買賣商賈。

陽爻男子，屬陰女人。若陰化陽，必婦人先來說。餘皆倣此。

兄弟交重，定是冰人詭詐。

媒爻不宜先見兄弟，必然干眾，安靜猶可，不然語言妄誕。若加玄武螣蛇，必是詭詐奸雄之輩，難以憑託。更加陰殺，恐陰陽相害，坑陷人之子女。若逢破稍得，終不能成，但虛張名耳。

與世應相生相合，必然一處沾親。

凡間爻與世相生相合，必與男家沾親。與應相生相合，必與女家沾親。若合處逢沖，雖親而不和。或生應而合世，必主兩邊皆親，非親即鄰及朋友之類。旺相則親近，無氣則疏遠。如雀虎相剋相沖，擬定兩家相怨。

朱雀白虎，臨于世應沖剋，雖聯姻眷，終結兩邊怨惡㊄。日辰刑害間爻，及世應動來沖剋，必定兩邊皆生怨惡。世來沖害男生怨，被應沖害女生嗔。若遇解則無事。

欲知退步，須察空亡。

此說上文，世應相生合，及雀虎相沖剋㊅。若值空亡，即退步，不可如後斷。

注釋

①人倫：封建社會中禮教所規定的君臣、父子、夫婦、兄弟朋友及各種尊卑長幼關係。《孟子•滕文公上》曰：「使契為司徒，教以人倫：父子有親，君臣有義，夫婦有別，長幼有敘，朋友有信」。

②入贅：男子就婚於女家並成為其家庭成員。

③衾（qīn）枕：被子和枕頭。泛指臥具。

④雁幣：亦作「鴈幣」。雁與幣帛。古時用為聘問或婚嫁時之聘儀。古婚禮分納征、納采、問名、納吉、請期、親迎等六禮。納徵用幣，其餘用雁。

⑤鸞（luán）妝：鸞是雄性的長生鳥。借指嫁妝。
⑥妍媸（yán chī）：美好和醜惡。
⑦髭（zī）：嘴唇上邊的短鬚。
⑧澆薄：人情、風俗淡薄。

校勘記

㈠「莫之為而為，非我所能必」，原本脫漏，據《卜筮全書•天玄賦•伉儷章》原文補入。
㈡「有夫婦，然後有父子，故五倫之中首先夫婦」，原本作「以夫婦為先」，疑誤，據《卜筮全書•天玄賦•伉儷章》原文改。
㈢「協」，原本作「葉」（意為協），疑誤，據《卜筮全書•天玄賦•伉儷章》原文改。
㈣「設或財鬼不上卦，或落空亡，其婚難成。縱成，亦為不吉」，原本作「設或財鬼不上卦，或空亡，縱成亦不吉」，疑誤，據《卜筮全書•天玄賦•伉儷章》原文改。
㈤「事體又在難成也」，原本脫漏，據《卜筮全書•天玄賦•伉儷章》原文補入。
㈥「若世應俱發動，必然事有改張。動處若逢日辰合」，原本作「若世應動，必然事有更改處。若逢日辰合」，疑誤，據《卜筮全書•天玄賦•伉儷章》原文改。
㈦「鮮」，原本作「新」，疑誤，據《卜筮全書•天玄賦•伉儷章》原文改。

㈧「必曾許聘復退」，原本作「必曾聘人復退」，疑誤，據《卜筮全書·天玄賦·伉儷章》原文改。

㈨「說合」，原本脫漏，據《卜筮全書·天玄賦·伉儷章》原文補入。

㈩「目」，原本作「日」，疑誤，據《卜筮全書·天玄賦·伉儷章》原文改。

⑾「財與青龍會合，必妝奩之資茂盛，絢彩奪目」，原本作「若財旺遇青龍，奩具華麗」，疑誤，據《卜筮全書·天玄賦·伉儷章》原文改。

⑿「不動則無轉變」，原本作「不動則無變轉」，疑誤，據《卜筮全書·天玄賦·伉儷章》原文改。

⒀「《咸》卦未得盡美也」，原本作「《咸》卦未得佳也」，疑誤，據《卜筮全書·天玄賦·伉儷章》原文改。

⒁「占婚」，原本作「占者」，疑誤，據《卜筮全書·天玄賦·伉儷章》原文改。

⒂「朱雀白虎，臨于世應沖剋，雖聯姻眷，終結兩邊怨惡」，原本脫漏，據《卜筮全書·天玄賦·伉儷章》原文補入。

⒃「世應相生合，及雀虎相沖剋」，原本作「世應相生，及雀虎相沖」，疑誤，據《卜筮全書·天玄賦·伉儷章》原文改。

經驗云

凡人占卦問婚姻，財鬼雙全便可成，鬼是夫兮愁子動，財為妻也怕兄興。

卜筮元龜云㈠

《卜筮元龜》言詞駁雜，大略與《天玄賦》同，故不復書。

虎易按：原本雖曰「《卜筮元龜》言詞駁雜，大略與《天玄賦》同，故不復書」，但以下內容，均錄自《卜筮元龜•婚姻門》，據此，補入標題「卜筮元龜云」。原著均有注釋，本書沒收錄，讀者可參閱原著。

校勘記

㈠「卜筮元龜云」，原本脫漏，據以下內容及本書標題體例補入。

占婚姻終久成否

內外陰陽爻發成，旺相有氣亦為精，陽爻發與陰相應，陰應世爻陽必成。
陰爻獨發而旺相，婦意嫌㊀夫疑不成，陽爻獨發也不就，縱使成婚不稱情。
夫妻共在一卦中，此為易合保相崇，生死同時㊁不相異，如魚比目意相同。

校勘記

㊀「嫌」，原本作「生」，疑誤，據《卜筮元龜·婚姻門·占婚姻終久成否章》改。
㊁「時」，原本作「字」，疑誤，據《卜筮元龜·婚姻門·占婚姻終久成否章》改。

占男女婚姻相貪圖否

鬼旺婦貪女欲嫁，財旺夫貪男願婚，陰陽世應無相對，從此方言再嫁論。
內陰外陽易結交㊀，內陽外陰必難悅㊁，俱陰俱陽兩不成，猶似將繩中道截。
一陽一陰㊂爻卦生，如此其中有稱情，娶妻不見有陰爻，嫁女而無陽卦悖①㊃。

注釋

①惸（qióng）：孤獨。

校勘記

㊀「交結」，原本作「結交」，疑誤，據《卜筮元龜·婚姻門·占男女婚姻相貪圖否》原文改。

㊁「悅」，原本作「說」，疑誤，據《卜筮元龜·婚姻門·占男女婚姻相貪圖否》原文改。

㊂「一陽一陰」，原本作「一陰一陽」，疑誤，據《卜筮元龜·婚姻門·占男女婚姻相貪圖否》原文改。

㊃「娶妻不見有陰爻，嫁女而無陽卦惸」，原本作「若是陰陽兩相背，定知刑剋不調停」，疑誤，據《卜筮元龜·婚姻門·占男女婚姻相貪圖否》原文改。

占婚姻起鬥諍①㊀否

八純婚姻無㊁成日，歸魂為婚終不吉，遊魂之卦亦同推，鬥諍紛紜應異室㊂。

一世二世為吉昌，三世四世亦宜良，變入五世㊃婚姻絕，更之絕命禍重殃。

注釋

①諍（zhēng）：爭論、爭訟。

校勘記

㈠「諍」，原本作「訟」，疑誤，據《卜筮元龜·婚姻門·占婚姻起鬥諍否章》原文改。

㈡「無」，原本作「剋」，疑誤，據《卜筮元龜·婚姻門·占婚姻起鬥諍否章》原文改。

㈢「鬥諍紛紜應巽室」，原本作「鬥訟紛紜應巽室」，疑誤，據《卜筮元龜·婚姻門·占婚姻起鬥諍否章》原文改。

㈣「世」，原本作「爻」，疑誤，據《卜筮元龜·婚姻門·占婚姻起鬥諍否章》原文改。

占婚姻妨害否

鬼爻持世女妨害，婦意嫌夫不相愛，財爻持世夫妨妻，此則終身應不泰。
刑殺加臨世應凶，夫之與婦不相從，更言內外相刑剋，卦與日辰刑殺同。

占女家貧富云

本宮及財俱旺相，婦家富貴財無量，女貌葳蕤①容媚妍，德性貞華處人上

假令立秋日卜得《坤》宮卦，是本宮旺相，財爻是水，水生申。假令㈠立冬日卜得《乾》宮卦，是名㈡本宮旺相，財爻是木，木生亥。若男求婚皆以本宮為女家，女出嫁皆以本宮為男家是也。凡是女財旺相，女有容媚，亦有德行㈢。

本宮及財休廢卦，婦家貧乏無擬抵，女貌尪羸②人見愁，舉動形容不剋美。

假令冬至後卜得《兑》宮卦，是本宮卦㈣休廢無氣。立夏後卜得《兑》宮卦，財爻無氣也㈤。皆言木爻無氣，女貌醜，有宿疾也㈥。

本宮無氣財有氣，婦舍雖貧女容媚，

假令立春、春分卜得《乾》、《兑》宮，金囚死在春，女家貧乏。以木為財，木旺於春，見女有容媚。女在家求婚，占男家亦如此也。

本宮旺相財囚死，婦舍雖殷女不美。

假令立春、春分卜得《震》宮卦，是本宮旺相，女家富。以土為財，立春土囚死，故知占女貌醜拙㈦。皆倣此㈧

注釋

①葳蕤（wēiruí）：華美貌；豔麗貌。

②尪羸（wāngléi）：亦作「尫羸」。亦作「尩羸」。指瘦弱或（身體）虛弱。

校勘記

㈠「假令」，原本脫漏，據《卜筮元龜•婚姻門•占女家貧富章》原文補入。

㈡「名」，原本脫漏，據《卜筮元龜•婚姻門•占女家貧富章》原文補入。

㈢「凡是女財旺相，女有容媚，亦有德行」，原本作「凡是女有財，有相有容，亦有德行也」，疑誤，據《卜筮元龜•婚姻門•占女家貧富章》原文改。

㈣「是本宮卦」，原本脫漏，據《卜筮元龜•婚姻門•占女家貧富章》原文補入。

㈤「也」，原本脫漏，據《卜筮元龜•婚姻門•占女家貧富章》原文補入。

㈥「皆言木爻無氣，女貌醜，有宿疾也」，原本作「女貌亦有夙疾也」，疑誤，據《卜筮元龜•婚姻門•占女家貧富章》原文改。

㈦「醜拙」，原本作「不美」，疑誤，據《卜筮元龜•婚姻門•占女家貧富章》原文改。

㈧「皆倣此」，原本脫漏，據《卜筮元龜•婚姻門•占女家貧富章》原文補入。

占男女有幾人來求婚㊀

娶妻卦中有兩鬼，兩家競索千般起。

假令八月酉日申時，卜得《恒》卦：

卦中有兩鬼，八月建酉金為一鬼，酉日建為二鬼，時上金為三鬼，並卦有五鬼。都合，有五家之來求婚者矣。

得位陽爻是正夫，失位陰爻是傍矣。

假令卜得《觀》卦：

九五陽鬼得位，正夫。爻屬辛巳火，是火命者吉。六二陰㊁鬼失位，為傍夫。日月扶世帶鬼①，亦是傍夫。

婦女卦中有兩財，夫身亦云曾娶來。

陰財得位爻為㊂正妻，陰財失位爻㊃為傍妻。

陽爻失位主離別㊄，陰爻得位吉無猜。

財得位陰爻，得妻遠必吉㊅。

應降世升欲娶婦，世降應升欲嫁女。

十一月以後至四月以前，陽時為升。五月以後，十

《新鍥斷易天機》引例：015		
來源：《卜筮元龜》教例：029		
時間：酉月酉日申時（日空：午未）		
震宮：雷風恒		
本　卦		
妻財庚戌土	▅▅　▅▅	應
官鬼庚申金	▅▅　▅▅	
子孫庚午火	▅▅▅▅▅	
官鬼辛酉金	▅▅▅▅▅	世
父母辛亥水	▅▅▅▅▅	
妻財辛丑土	▅▅　▅▅	

《新鍥斷易天機》引例：016		
來源：《卜筮元龜》教例：030		
乾宮：風地觀		
本　卦		
妻財辛卯木	▅▅▅▅▅	
官鬼辛巳火	▅▅▅▅▅	
父母辛未土	▅▅　▅▅	世
妻財乙卯木	▅▅　▅▅	
官鬼乙巳火	▅▅　▅▅	
父母乙未土	▅▅　▅▅	應

月以前，陽時為降㊆。五月以後，十月以前，陰時為升。世應爻。他卦仿此而推。

應生世者女貪夫，世生應者男貪婦。

世生應者，《泰》卦是也。世剋應，女家懼男。應剋世，男家懼女。鬼剋應，女懼夫。財剋世，男懼女。餘仿此。

注釋

①日月扶世帶鬼：此處指日月與卦中鬼爻同五行，生世爻。

校勘記

㊀「占男女有幾人來求婚」，原本作「占男家有人來求婚云」，疑誤，據《卜筮元龜·婚姻門·占男女有幾人來求婚章》原文改。

㊁「陰」，原本作「火」，疑誤，據《卜筮元龜·婚姻門·占男女有幾人來求婚章》原文改。

㊂㊃「爻」，原本脱漏，據《卜筮元龜·婚姻門·占男女有幾人來求婚章》原文補入。

㊄「離別」，原本作「別離」，疑誤，據《卜筮元龜·婚姻門·占男女有幾人來求婚章》原文改。

㊅「財得位陰爻，得妻遠必吉」，原本作「陰爻得位必吉」，疑誤，據《卜筮元龜·婚姻

門·占男女有幾人來求婚章》原文改。

㊆「五月以後，十月以前，陽時為降」，原本脫漏，據《卜筮元龜·婚姻門·占男女有幾人來求婚章》原文補入。

占夫婦端正醜拙

鬼與財爻在象言之。

乾為端正主白淨，法亦多能有多行，

假令壬申金為財，財㊀在乾象，端正也。

若不官僚職任家，則是鄉閭①財祿盛。

謂有財之象也。

坤言醜拙性而慳，面目痿黃腹似山，

但是陰爻陰象，皆慳拙也。

舉止㊁遲留難轉動，自誇稱好外人彈。

彈為㊂彈剝②。坤主安靜兼肥大，故云遲留也。

震言巧伎能絲綸，垂髮如雲體如練，心神多動難自持，性意如風易回轉。

震言能變動。卦屬木，木屬風，風性易回轉。
巽象貪心不知足，口高齒疏行步速，
象風之勢，行步速也。
形容寡發縱天然，合體蒼蒼何可錄。
巽色蒼蒼，亦少鬢髮者也。若變入兑，青白色也。
坎主黯色多淫佚，兼復驕奢心妒嫉，雖然長短貌平平，終知難可為家室。
坎主中形，復能儉約，心性委曲，財㊃在坎故也。
離為赤色發焦黃，醜拙形容腹不長，性行不恒寬又急，縱使同生亦易方。
離旺相赤色，休囚紅色。火性或寬或急，雖同生處，旺相即居別方。象火而出，旺相，即各分飛散也。
艮主喜悦巧針囊，為人能柔又能剛，
艮山主石，志性堅剛。艮為土，土中能載萬物，故為囊也。陽卦，故云喜悦㊄。
身㊅廉正靜微黃色，形容非短亦不㊆長。
艮象主山，山主安靜。旺相長大，休囚死廢短小也。
兑多口舌兼饒事，身體形容白似霜，溫潤為人過似玉，人前論説巧詞章。
兑雖堅正，而有溫潤，故兑為澤，為口舌者。以例而推也。

財在陽爻象又陽，容儀工巧更無雙，

財在陽爻吉，財在陰爻醜拙也㈧。

財臨陰象爻又陰，形容醜拙惡人心。

陰屬醜拙，陽屬端正。

狀貌既云如此說，縱有婚姻亦不任。

陰變為陽，幼小丑拙，長大端正。陽變為陰，幼小端正，長大醜拙。

注釋

①鄉閭（lǘ）：泛指鄉里。

②彈剝：缺點，差錯。

校勘記

㈠「財」，原本脫漏，據《卜筮元龜•婚姻門•占夫婦端正醜拙章》原文補入。

㈡「止」，原本作「趾」，疑誤，據《卜筮元龜•婚姻門•占夫婦端正醜拙章》原文改。

㈢「為」，原本作「謂」，疑誤，據《卜筮元龜•婚姻門•占夫婦端正醜拙章》原文改。

㈣「財」，原本作「實」，疑誤，據《卜筮元龜•婚姻門•占夫婦端正醜拙章》原文改。

㈤「艮山主石，志性堅剛。艮為土，土中能載萬物，故為囊也。陽卦，故云喜悅」，原本作「艮山，主人志性堅剛。艮為少男，長成萬物，故為囊也。陽卦，故為喜悅」，疑誤，據《卜筮元龜•婚姻門•占夫婦端正醜拙章》原文改。

㈥「身」，原本作「貞」，疑誤，據《卜筮元龜•婚姻門•占夫婦端正醜拙章》原文改。

㈦「不」，原本作「非」，疑誤，據《卜筮元龜•婚姻門•占夫婦端正醜拙章》原文改。

㈧「也」，原本脫漏，據《卜筮元龜•婚姻門•占夫婦端正醜拙章》原文補入。

洞林秘訣云

占婚本要陰與陽，動時皆動且為良，陰陽不動一財鬼，應陰世陽最吉祥。更得世爻居內卦，團圓男女百年昌，

交重皆有動，即成。交爻獨動，重爻獨動，皆主不成。世爻單，應爻拆，及只得一個財爻，一個鬼爻者，主成也。有二財，主有二處女。二鬼，是女家有人來說兩男。女在內者，主長遠吉。

本宮內卦旺我厚，外卦旺者他家豐。

鬼旺便言夫雅靜，財旺美女事一同，辰午酉亥爻破相，財妻鬼夫自相攻。

遊魂八純再嫁娶，四世五世又孤窮，陰陽偏失無成就，泰節咸恒永遂通。
世是占者身，應是他人身。《咸》、《恒》、《節》、《泰》卦，為上吉。

淳風云

卦中二鬼，再事他人。門外兩財，停妻娶婦。鬼爻持世，女即妨夫。財傍卦身，男當殺婦。父母持世，必婚絕嗣之妻。福德持身，定產成家之子。財爻居艮，色黃，巧靜多容。離女，頭焦疏齒，唇高醜拙。坎黑邪淫無貌，乾白端正清長。坤即發濃，兌還多口。離火赤而短矮，為行粗疏。震貌美而多嗔，性難侵犯。

又云：男占妻看財爻，女占夫看鬼爻。世應只可比和，不可相剋。占夫懼子孫發動及持世不成，占妻懼兄弟發動持世不成。

海底眼云

娶妻先向財中覓，嫁夫可類㊀鬼爻推，旺相得時成合順，休囚刑害不相宜。
兄㊁旺剋妻妻不就，子旺傷夫夫有疑，八純動者主㊂離別，五世遊魂損小兒。

虎易按：以上內容，《海底眼•占婚姻》原作有注釋，讀者可參閱原著。

校勘記

㊀「類」，原本作「用」，疑誤，據《海底眼•占婚姻》原文改。
㊁「兄」，原本作「鬼」，疑誤，據《海底眼•占婚姻》原文改。
㊂「主」，原本作「生」，疑誤，據《海底眼•占婚姻》原文改。

又附添進人口云

以財爻為主。

添進人口求財福，財為奴婢要安然，應爻變動人難託，財動休囚心必偏。
父母動兮居不久，鬼爻交變禍連綿，兄動家中生口舌，財陷空亡事不圓。

虎易按：我國古代法律制度，是允許買賣人口的。這裡所說的「添進人口」，是指買進人口，請讀者注意分辨。

•占生產第九

鬼谷辨爻法	
六爻	雙親
五爻	化婆
四爻	夫身
三爻	看生
二爻	腹中人
初爻	產母

陳希夷論產歌

兄弟交重帶殺來，

殺：即暗金殺也。鬼谷例云：正月巳，二月酉，三月丑，只此三位輪十二月。若動，主產亡。

須憂產婦有衰災，

此一句應上，又言其凶也。

殺臨父母交重惡，

殺，即陰殺也。鬼谷例云：正七月寅，二八月辰，三九月午，四十月申，五十一月戌，六十二月子。此殺若臨父母動，忌産母有憂恐。
子禍那能得出胎。
若殺臨子孫爻，則子受禍，安能得出胎也。
父母兄弟帶㊀殺動，
占産難，最忌有殺動。故此，再提起父母兄弟而言也。
亦憂驚恐見悲哀，
此一句接上一句而言，凶之極也。筮者遇有殺動，便以父母不全斷之。
耳頭口目先生内，
卻得黄金積一堆。
《説卦》坎為耳，乾為首，兑為口，離為目。若此四卦在内，定吉也。
若值《坎》、《乾》、《兑》、《離》四卦在内，更主生貴子，受皇恩，食天禄。
内卦子爻兼動者，
内卦子孫爻動，如《姤》卦第二爻動是也。他可類推。
是陽男子莫疑猜，
若值内卦，有子孫爻屬陽動，十分可説八分是男子也。
鬼臨産母有憂驚，

若鬼臨初爻動，主產母有憂驚也。
鬼臨腹中兒不真。
若鬼在二爻動，主腹中鬼，子損壞也。
鬼臨看生生辛苦，
若鬼在三爻動，主生婆不能用力，生子十分辛苦也。
鬼臨夫主損夫身，
若鬼在四爻動，主見損夫身也。
鬼臨化婆兒易養，
若鬼在五爻動，第送化婆錢財，主兒子易生易養也。
鬼臨父母損雙親。
若鬼在六爻動，主損害堂上二親也。
欲定日子須看世，
欲定生子之日，須看世爻也。
世值胎養亦生日，
從世上起長生，若值胎養日，或能生也。
坎乾爻動乃誕辰，

若坎宮乾宮爻動，以動爻起長生，遇三合日定生也。
天喜方定有子喜。
淳風論云：《大畜》卦雖無子孫，占產方定有子喜也。若筮者占產值此卦，未可便以無子孫斷之。

卦無父母無子凶，
卦無父母，無子孫，極凶。
縱有無氣亦不吉，
假如有父母，有子孫，無氣亦不吉。
世合子孫主生兒，
若世合子孫，他日定見生兒。
日上定之無一失。
能以上法，推之生子日，十無一失也。
父母持世兒寧好①，
若父母爻持世，縱得男兒，那能好也。
子孫持世皆云了，
若㊁有子孫持世，則子息事了當②也。

日辰無殺始相依，

殺，即天寡殺。鬼谷詩云：「天寡殺臨仔細看，酉午卯子四時安，若占婚姻合不利，他時男女主孤寒」。若日辰得上卦，而此殺不臨，主夫妻百歲相依也。

子若無位亦有剋。

若子孫爻不上卦，縱有子息亦相剋也。

陽爻五位婿無兒，

若值五世卦，屬陽爻，則是丈夫孤獨，縱有年少之妻，亦無兒息也。

五世逢陰枉娶妻，

若值五世卦，屬陰爻，則是妻子孤獨，縱然有美麗之夫，亦終無子息也。

遊魂八純生子失，

若遇遊魂、八純卦，主生子屢有失耳。

更之為鬼死無疑。

若之得子孫化為鬼，縱兒得生，不久亦死。

若能熟讀此篇詩，

謂此一篇詩，占生產百無一失，當熟玩之。

他時視此皆筌蹄。

既得諸心，則應諸口。視此如取魚之筌蹄③矣。

注釋

①寧好：豈能好。
②了當：妥當。
③筌蹄（quán tí）：筌，捕魚器。蹄，捕兔器。語本《莊子•外物》：「筌者所以在魚，得魚而忘筌；蹄者所以在兔，得兔而忘蹄」。比喻為達某種目的所使用的工具。

校勘記

㊀「帶」，原本作「果」，疑誤，據其文意改。
㊁「若」，原本作「雖」，疑誤，據其文意改。

天玄賦云

既已論其婚姻，次合占其產育。子孫旺相，若臨陽象定生男。凡占生產，以子孫為主。子孫在單重爻為男，拆交爻為女㊀。

須要生旺而臨陽象，必生男子。若子孫臨旺，適值陰爻，或臨天喜青龍，或得扶出，及得旺殺來生助，亦生男子。子孫雖屬陽爻，被日辰刑沖及動爻剋泄，亦主女㈡。

如子孫雖旺，卻值陰爻，被日辰刑沖或動爻相剋，分泄旺氣，謂之胎氣不全，當是女，必不可養。若卦無子孫，亦不吉。但看胎爻衰旺，亦知男女之兆也。

虎易按：「子孫在單重爻為男，拆交爻為女」，我自己實踐，多用地支五行，子孫在陽支為男，子孫在陰支為女。如子孫爻動，則陽變陰為女，陰變陽為男。供讀者參考。

福德休囚，更值陰爻當是女。

凡子孫休囚，更值陰象，必生女子。屬陰旺動，陰極則陽生，後臨於火爻，反生男子。若不值沖剋，方可以此訣斷吉凶。神殺取其所長斷之也。

陰包陽，則桂庭添秀。陽包陰，則桃洞得仙。

人生世間，稟天地五行之性。男子二八則精通，女子二七而天葵①至。人之交感，必陰陽和而後受胎。

若陰血先至，陽精後參，血開裹精，乃陰包陽也，則男形成矣。

若陽精先至，陰血後參，精開裹血，乃陽包陰也，則女形成矣。

凡占卦，不離此義。

若子孫屬陽，初爻六爻屬陰，此陰包陽也，必生男。

子孫爻屬陰，初爻六爻屬陽，此陽包陰也，主生女㊂。

如子孫爻屬陽，或初陰而六爻陽，乃母之血氣不加也，當生弱子。

若子爻父爻生旺，子孫胎氣無氣，乃母之血氣雖強，而父之精力怯弱，多是老陽遇少陰，少陽遇老陰也，其生子怯弱無力，不耐寒暑，多疾病也。

發動青龍，當見臨盆有慶。

青龍為孕育之喜神，最宜旺相當權，發動必生貴子，生女亦是不凡之秀。更加天喜，臨生之際必有喜，雖有艱難，終無大害。不動則未必如此。

交重白虎，乃知坐草無虞。

世之占者，皆以白虎為凶神，不知各有所用。白虎為血神，凡胎不免見血，又何患焉？若得輔于庚申辛酉爻上發動㊄，產便快，或當日便生。緣白虎為破胎，為催生，所以產快。他事不宜，唯臨產最喜㊃。

定吉凶於內一卦之中，乾離坎兌則易產。

《乾》為首，《離》為目，《坎》為耳，《兌》為口。此四卦在內象，則易產。言其頭目耳口先出，是順行，故易產。若化為《坤》、《艮》、《震》、《巽》，彼手足為咎，主先易後反難。若逢解神，則無虞矣。

決禍福於外三爻之下，坤艮震巽則難生。

《坤》為腹，《艮》為手，《震》為足，《巽》為股。此四卦若在內㈥象，必難產，逢旺愈難，必是踏蓮花生②。

逢惡殺並沖，須防子母俱傷，得吉神救援，雖艱難不至傷命。吉神凶神相並，或得子喪母，或得母喪子，不能全。

兄弟空，則妻位無傷。父母興，則子宮有損。

占產，妻財乃用爻。逢吉神，則產母平安。逢空化鬼，必有災厄。兄弟本剋財之神，帶殺發動，則女人有產厄之憂。兄弟空，其妻無傷㈦。若逢剋散，庶得無虞，墓絕一同推究。

凡財爻屬金，生男性慢，若冬間占，生女必難。火財，生子眼露性急，發黃稀少。木財，生子修長俊秀，生女腳大眉目秀。水財，生子秀氣伶俐，生女工巧聲清。土財，生子純厚，肥壯聲濁。

子孫乃占產之綱領，卦中不可無，無則成咎，大忌空亡。帶殺化鬼，終為難養。帶羊刃劫殺，離腹即死。若逢父母帶殺動來相傷，子孫必損。得救稍輕，終為疾病之兒。若逢梟神發動，必無乳，縱有亦不多。

若加凶殺，立見刑傷。

以上兄弟父母，若帶吉神發動，雖凶弗咎。若加凶殺，必定傷胎害母㈧。

天喜若值騰蛇，定葉③麒麟之夢。

騰蛇者，乃虛幻恍惚㊈之神。臨陽鬼，日生虛驚。臨陰鬼，夜生怪夢。更加天喜，必曾感應吉夢，而生麟鳳之子㊉。看臨何爻，便知何處得夢。要知何日得夢，騰蛇鬼旺日是。

咸池倘臨玄武，必生汗血之駒。

咸池玄武，皆淫泆之神。若二神相會合，必生汗血之駒。汗血者，婢妾所生之子⑪。咸池玄武臨合財爻，必占婢妾生產。若臨子孫，亦是婢妾所生。若臨胎爻，乃陰私，有不明受胎，非正受也。旺相，必淫婦。休囚遇貴人，吉神剋解非淫，只是出身微賤。古云：「妾子為汗血駒」。

六爻最怕空亡，諸卦皆嫌鬼值。

六爻之中，初產母，二胞胎，至上皆有關係，故不宜空。鬼為占產所忌，故六爻皆惡之⑫。若值子鬼，腰間常痛，不時嘔惡。

寅鬼，頭痛氣逆。

卯鬼，胸膈不調，肩酸腳腫。

巳鬼，眼目困鈯④，時發微熱，唇焦口渴。

午鬼，心火上炎，大便不通。

申鬼，喘嗽氣急，百節疼痛，倦怠無力。

酉鬼，乃血氣不調或漏胎。

亥鬼，鼻涕活流，小便不利或泄瀉⑤。
辰戌丑未鬼，腹痛，脾胃不調。輕重從衰旺斷也。
鬼臨初位，必然產母常災。
初爻產母⑬，若初爻逢鬼，產母必常災病。病症見上。
鬼入二爻，當見胞胎不穩。
二為胞胎，鬼若臨之，主胞胎不實⑭。
二爻屬水，八個月生。二爻屬土，過月始生。
二爻旺相，懷胎露見。二爻休囚，則隱然不張。
二爻屬陽，陽氣輕清上浮，懷胎必近胸前。屬陰，陰氣重濁而下，結胎必近下。
鬼在二爻，胎不安穩。
二爻發動，或逢沖戰，必曾轉胎。
空亡必墮胎虛喜，帶殺則臨產艱難。
子孫空及⑮二爻空，主損胎。青龍空亡，虛喜墮胎。青龍帶鬼，必因病墮胎。更加凶殺，無吉神發動來救，胞中縱然不損，臨產必定難生。若得日辰衝破，謂之破胎，或當日便生。
若逢鬼值五爻，始得福生萬匯。
鬼臨三爻，臨產辛苦。空亡，恐無看生之婦，或外家無催生禮物。

四爻為夫身，若空亡，必主臨生夫不在家。若鬼殺臨夫位，或帶鰥寡殺，必是遺腹之子。
五爻為外家，旺相外家富，休囚外家貧。五爻為收生婆㊅，臨鬼必易產。
六爻為雙親並宗廟，鬼臨六爻，則損雙親，宗廟不安。六爻空亡無父母，旺空則不全。

注釋

①天葵：指女子月經。《黃帝內經・上古天真論》岐伯曰：「女子七歲，腎氣盛，齒更發長。二七，而天癸至，任脈通，太沖脈盛，月事以時下，故有子」。

②踏蓮花生：即倒產，又名腳踏蓮花生、踏鹽生、踹地生、倒生、顛倒、逆產。指分娩時兒足先下。相當於足位分娩。

③葉（xié）：和洽，合。同「協」。

④鈯（tú）：鈍。

⑤泄瀉（xièxiè）：病名。中醫上指一種腸病。泄為大便多水而不凝結的排出，瀉指大便稀清如水，迅速排出。多因腸道功能不佳，使糞便含大量水分的疾病。

校勘記

㊀「子孫在單重爻為男，拆交爻為女」，原本脫漏，據《卜筮全書・天玄賦・六甲章》原

文補入。

㈡「子孫雖屬陽爻，被日辰刑沖及動爻剋泄，亦主女」，原本脫漏，據《卜筮全書·天玄賦·六甲章》原文補入。

㈢「子孫爻屬陰，初爻六爻屬陽，此陽包陰也，主生女」，原本作「反此則生女」，疑誤，據《卜筮全書·天玄賦·六甲章》原文改。

㈣「他事不宜，唯臨產最喜」，原本脫漏，據《卜筮全書·天玄賦·六甲章》原文補入。

㈤「發動」，原本脫漏，據《卜筮全書·天玄賦·六甲章》原文補入。

㈥「內」，原本作「外」，疑誤，據《卜筮全書·天玄賦·六甲章》原文改。

㈦「兄弟空，其妻無傷」，原本脫漏，據《卜筮全書·天玄賦·六甲章》原文補入。

㈧「必定傷胎害母」，原本作「愈凶也」，疑誤，據《卜筮全書·天玄賦·六甲章》原文改。

㈨「恍惚」，原本作「彷彿」，疑誤，據《卜筮全書·天玄賦·六甲章》原文改。

㈩「而生麟鳳之子」，原本脫漏，據《卜筮全書·天玄賦·六甲章》原文補入。

⑪「咸池玄武，皆淫泆之神。若二神相會合，必生汗血之駒。汗血者，婢妾所生之子」，原本脫漏，據《卜筮全書·天玄賦·六甲章》原文補入。

⑫「六爻之中，初產母，二胞胎，至上皆有關係，故不宜空。鬼為占產所忌，故六爻皆惡之」，原本脫漏，據《卜筮全書·天玄賦·六甲章》原文補入。

㊂「初爻產母」，原本脫漏，據《卜筮全書•天玄賦•六甲章》原文補入。

㊃「二為胞胎，鬼若臨之，主胞胎不實」，原本脫漏，據《卜筮全書•天玄賦•六甲章》原文補入。

㊄「子孫空及」，原本脫漏，據《卜筮全書•天玄賦•六甲章》原文補入。

㊅「五爻為收生婆」，原本脫漏，據《卜筮全書•天玄賦•六甲章》原文補入。

經驗云

凡人占卦問六甲，子怕休囚父怕發，財為產母怕兄興，男女陰陽衰旺察。子臨陽象，旺相生男，休囚生女。陰爻休囚生女，旺相生男也。

卜筮元龜云

占胎息云㊀

內胎必有婦懷胎，龍喜生旺臨妻財。

內胎者，取八節氣。

假令立春後四十五日，以艮為旺，震為相，巽為胎，離為沒，坤為死，兌為囚㈡，乾為休㈢，坎為廢。故立春內卦見巽為胎，春分離、立夏坤、夏至兌、立秋乾、秋分坎、立冬艮、冬至震。皆取在內象者是。

更有青龍天喜臨子孫有氣，逢長生帝旺者，來意占孕。凡人家有此喜者，其爻自然而動顯親也。

欲知胎息上身日，八卦生爻細尋覓。

胎息者，乃甲子水化戊寅木，取水生木之義，若乾化為坎也。他仿此。庚子水化己卯木，丁卯木化乙巳火，己亥水化乙卯木，己酉金化丁亥水，壬午火化丙戌土，庚午火化辛未土，辛㈣酉金化己亥水，此謂六甲上身胎息也㈤。故一月一日皆可知也。

又訣曰：遇長生者，二月或五十日胎息。遇帝旺者，一百日或三月左右有胎息也。遇衰病者，七月或二百日左右胎息也。遇墓絕，則胎息孕育時也，蓋墓㈥絕則合，養而逢長生之日月也。假令子孫屬水，水生申，則是申月日時生也。餘仿此。

虎易按：「欲知胎息上身日，八卦生爻細尋覓」，從注釋內容看，是指主卦爻地支五行，生變卦爻的地支五行。具體分析如下：

「甲子水化戊寅木」，只有乾初爻是甲子水，也只有坎初爻是戊寅木。如以《乾為天》變《天水訟》卦為例，其初爻子孫甲子水動，化妻財戊寅木。

「庚子水化己卯木」。只有震初爻是庚子水，也只有離初爻是己卯木，如以《震為雷》變《雷火豐》卦為例，其初爻父母庚子水靜，化兄弟己卯木。

「丁卯木化乙巳火」，只有兌二爻是丁卯木，也只有坤二爻是乙巳火，如以《兌為澤》變《澤地萃》卦為例，其二爻妻財丁卯木動，化官鬼乙巳火。

「己亥水化乙卯木」，只有離三爻是己亥水，也只有坤三爻是乙卯木，如以《離為火》變《火地晉》卦為例，其三爻官鬼己亥水動，化父母乙卯木。

「己酉金化丁亥水」，只有離四爻是己酉金，也只有兌四爻是丁亥水，如以《離為火》變《澤火革》卦為例，其四爻妻財己酉金靜，化官鬼丁亥水。

「壬午火化丙戌土」，只有乾四爻是壬午火，也只有艮四爻是丙午火，如以《乾為天》變《山天大畜》卦為例，其四爻官鬼壬午火動，化父母丙戌土。

「庚午火化辛未土」，只有震四爻是庚午火，也只有巽四爻是辛未土，如以《震為雷》變《風雷益》卦為例，其四爻子孫庚午火動，化妻財辛未土。

「癸酉金化己亥水」，只有坤六爻是癸酉金，也只有離三爻是己亥水。此例並不同爻，此化是不可能的，疑此有誤。經查，只有巽卦三爻辛酉金，才可能化為離卦三爻己亥水。疑「癸酉金」為「辛酉金」之誤。如《巽為風》變《風火家人》。

從上述分析可知，本節注釋內容描述不是很清楚，其論化之爻，有動有靜，其六親也雜亂。因此，不知應該如何應用，也請讀者注意研究。

校勘記

㊀「占胎息云」，原本脫漏，據《卜筮元龜·胎息門·占胎息章》及本書標題體例補入。

㊁「囚」，原本作「休」，疑誤，據《卜筮元龜·推八節旺廢例》原文改。

㊂「休」，原本作「囚」，疑誤，據《卜筮元龜·推八節旺廢例》原文改。

㊃「辛」，原本作「癸」，疑誤，據其納甲變爻原理及文意改。

㊄「此謂六甲上身胎息也」，原本作「此求六甲主身胎息也」，疑誤，據《卜筮元龜·胎息門·占胎息章》原文改。

㊅「墓」，原本作「遇」，疑誤，據《卜筮元龜·胎息門·占胎息章》原文改。

洞林秘訣云

乾兌坎離如在內，皆為易養順生兒，更無殺動來刑剋，須遇無關長壽兒。

震巽坤艮內逆推，臨當分㊀娩①遁遲遲，諸殺並來害身命，若逢轉殺又無危。

陽爻變陰生女子，陰動變陽育男兒，靜時若廢須生女，旺相生男定有期。

胎爻受破胎不成，無破生旺沐浴誕。

注釋

①分娩：特指胎兒脫離母體作為獨自存在的個體的這段時期和過程。

校勘記

㊀「分」，原本作「妢」字，疑誤，據其文意改。

火珠林云

無父母，無子孫，假令若有，俱無氣亦凶。又以陰為女，陽為男。但與世爻並，子孫合處，是生月也。

虎易按：查虛白廬藏清刻《百二漢鏡齋秘書四種》中《火珠林》（輯入心一堂古籍珍本叢刊），原本無此段內容，讀者可參閱原著。

海底眼云

生產未知臨幾許，月日長生子當乳，兄爻旺動母生難，子孫受剋兒災苦。飛去剋伏子不收，陽卦為男㈠陰是女，兩爻旺相喜神扶，必是雙胎天賜與。若子爻出現，不出月者，但看世爻何支，數至母長生之日，即為乳也。

假令秋占《需》卦：

戊申持世，癸亥之水為母，長生在申，即言當日乳臥㈡。未爻持世，來日生。亥子持世，經旬㈢未免。但憑卦世㈣，不用卜日。

虎易按：「癸亥之水為母」，是以本宮妻財為用神，指本卦五爻下伏藏的《坤》宮首卦五爻「癸亥水」，為胎兒之母。這種以本宮六親為用神，是宋元時期採用的用神的方法，讀者注意分辨。

世旺剋子，落草㈤便死。若在伏藏可剋飛，上下爻便見降生之月。不及月者㈥，主墮胎也。

《新鍥斷易天機》引例：017

來源；《海底眼》教例：005

時間：秋

伏神	坤宮：水天需（遊魂）本卦		
	妻財戊子水	▅▅ ▅▅	
妻財癸亥水	兄弟戊戌土	▅▅▅▅▅	
	子孫戊申金	▅▅ ▅▅	世
	兄弟甲辰土	▅▅▅▅▅	
	官鬼甲寅木	▅▅▅▅▅	
	妻財甲子水	▅▅▅▅▅	應

取胎元法：假令《乾》宮，以子孫為水，長生在申，至午為胎。子孫出現，亦㊆為胎月。

一云：

子孫是陽，男子。是陰，女子也。

應世和順，子母無虧。應爻剋母，難保相隨。應㊇爻剋子難保子，亦忌空亡。

木入乾兑宮傷本命，更犯空亡，可斷其人死也。

火入坎宮傷本命，或犯空亡，亦斷其人死也。

土入震宮傷本命，更犯空亡，可斷其人死也。

金入離宮傷本命，或犯空亡，可斷其人死也。

水入艮坤傷本命，更值空亡，豈可言其人有不死哉。

又云：

六爻安靜青龍喜，福德相扶世應佳，不落空亡最為妙，本宮受氣免迍災。

子孫爻上防惡殺，財為產母忌凶神，內爻世應相生吉，相剋相刑防產難。

子孫外動憂驚惶，兄弟爻前嫌凶殺，諸刑殺臨五世爻，殺當父母有驚惶。

動爻剋世也不吉，刑剋妻爻妻受災，若剋子爻難見子，子孫旺相陽是男。

無氣休囚陰是女，應若剋世母產死，世如剋應子先亡，無子先將鬼位推。

若無妻財父母論，二爻有氣皆無恙，但恐將來是女兒，青龍入木應信至。

龍入火爻得橫財，入鬼用保須防哭，若水火土貴男兒，內逢乾坎兌離者。
各為頭目耳口也，此卦在內易見子，若在外卦難見兒，外而生內難分娩。
內卦胎沒人有子，外卦胎沒須抱兒，子化空亡及化鬼，生兒不久便悲啼。
子象休囚須多病，福宮有氣少災迍，正月蒙卦飛廉殺，至加子孫是子亡。
六四遇乾自歸魂，兄弟刑財妻必亡，乾坎艮震為陽卦，此爻在內是男兒。
巽離坤兌為陰矣，四卦在內必是女，又陽為九陰六數，論卦陰陽可知也。
又乾頭、離目、坎耳、兌口、坤腹、艮手、巽身、震足。若首目口耳在內吉，腹手身足在外，則易生產也。
又忌血忌爻動凶，勾陳白虎動，持世或剋世，主死亡。
又為行人，以為行人斷之。
又云：
內見乾爻生得易，內見艮震巽生難，俱遇陽爻為男子，全陰女子命延長。
世應大殺臨母位，子不可保主心煩，鬼臨產母爻難產，鬼入腹爻母黃泉。
鬼臨看生生辛苦，如此化母喜雙全，鬼臨沐浴須帶疾，若臨父母轉加難。
陰陽內外相生吉，內剋外逆災，外剋內順吉，胎爻無變吉。子旺，墓為生日月。胎爻彼立生，交重雙生。子孫二爻俱動旺相吉，父母爻發與殺並剋子。如二月得坤，若父母不發，只與殺並，難養不死。

虎易按：《海底眼•占生產》無「一云：子孫是陽，男子」後的內容，讀者可參閱原著。

校勘記

㈠「陽卦為男」，原本作「陽卦男兮」，疑誤，據《海底眼•占生產》原文改。
㈡「臥」，原本脫漏，據《海底眼•占生產》原文補入。
㈢「經旬」，原本作「旬日」，疑誤，據《海底眼•占生產》原文改。
㈣「但憑卦世」，原本作「但應卦中世」，疑誤，據《海底眼•占生產》原文改。
㈤「落草」，原本作「疼痛」疑誤，據《海底眼•占生產》原文改。
㈥「者」，原本脫漏，據《海底眼•占生產》原文補入。
㈦「亦」，原本脫漏，據《海底眼•占生產》原文補入。
㈧「應」，原本作「母」，疑誤，據其文意改。

•占舉選第十

鬼谷辨爻法	
六爻	南省
五爻	舉選
四爻	試官
三爻	策
二爻	論
初爻	本經

丘寺丞易鑒歌

要問舉人榮達時，

士人應舉，正如海裡尋針，豈易得哉。若遇問卜筮者，須依此細斷耳。

先將六爻為根基。

六爻，即鬼谷所辨之爻，皆不可落空亡及無氣，若一爻休囚，則一節有阻。

主司①㈠之位在月建，

月建，即本月所屬，如正月即寅爻是。若月建上卦有氣，則主司清明，文字必見其取也。

天子之爻太歲推。

看太歲所屬在何爻，若上卦有氣，主文書登於天府。

一帶喜神來合卦，
喜神訣，見前總斷歌中。如卦舉，最要天喜神爻合起本卦方吉。
今秋榮達定無疑。
若占南省②事如何，
南㊁省與解試③，造化又別。南㊂省造化，則事大體重，筮者當詳推之。
六爻旺相始登科。
六爻，南省爻也，若旺相，決登科。
父母發時為印綬，
印綬，即父母爻也。若發動旺相，主赴省及第④也。
妻財動處必蹉跎⑤。
若赴省，卜得妻財動，定是蹉跎，第二舉也。十無一失。
空亡入鬼憂空返，
若官鬼空亡，雖赴省考試，唾手回鄉。
劫殺臨官節節蹉。
劫殺例云：「申子辰月巳爻是，寅午戌月亥爻是，亥卯未月申爻是，巳酉丑月寅爻是」。若劫殺發動臨官鬼，斷然下第⑥也。

更看子孫如發動，
若子孫爻動，定是不吉。
此人平昔枉吟哦⑦。
縱有七步之才⑧，遇卦休不吉，終難望身到鳳凰池也。
殺在鬼中來㈣剋世，
若劫殺在鬼爻來剋世，定是不吉也。
若還及第損身多。
若遇劫殺動，官鬼剋身，非惟下第，又能損身也。
欲問廷試⑨名高下，
廷試造化，與省試又別，廷試但問名字高下，不問得失也。
最喜官爻生驛馬。
若官鬼爻與驛馬相生，定在前列。
巽離坤坎在乙科，
若遇《巽》、《離》、《坤》、《坎》四卦，與夫《家人》卦，《師》卦，主二甲進士⑩。
若得乾震魁黃甲。
若得《乾》、《震》、《无妄》卦，主三元高中，在十名內之前也。

艮兌但㊄為特奏名，
若得《艮》、《兌》與《損》，主身居特奏名之列。
南廊射策⑪沾君渥⑫。
若兌上艮下卦，如《咸》卦，雖是特奏，亦主名高顯。
世應相合最為奇，
世為父，應為母，若得相生合，主一舉登科，雙親未老也。
綠袍萃地歸親闈。
此一句，言衣錦還鄉，不言吉凶。
更看休旺有變動，
筮者若得吉，未可便以為吉，更須審其休囚生旺變動也。
非可一途而取之。
言大易千變萬態，無極無窮，若以一途取之，無乃小乎。
推卦衰宮加旺鬼，
卦衰鬼旺，如立春占得《夬》卦是也。卦本休囚，又值鬼旺，其凶可知。
今日得官明日死。
若遇凶卦，決然主死。今日得官明日死者，言死急也。

鬼與㊅父母並凶神，

若官鬼爻與父母並凶神㊆，定不吉。

榮歸定作丁憂⑬子。

既然鬼與父母並凶神㊇，縱得榮歸，亦作丁憂之子也。

龍爻持世駙㊈馬⑭郎，

若得青龍持世發動，未娶，定作駙㊉馬郎也。

妻財鋪地千萬箱。

更得青龍臨財，主因妻厚獲財也。

官爻祿馬兩重旺，

官鬼祿馬，在卦內外發動者，數倍吉也。

一門兄弟受恩光。

若內外卦俱吉，兄弟同受恩光也。

注釋

①主司：科舉的主試官。

②南省：尚書省的別稱。唐中書、門下、尚書三省均在大內之南，而尚書省更在中書、

門下二省之南，故稱南省。此處特指隸屬尚書省的禮部。
③解試：又稱州試。是唐、宋科舉州府舉行的考試，即後來明、清的鄉試。
④及第：指科舉考試考中，特指考中進士。明清兩代只用於殿試前三名。
⑤蹉跎（cuō tuó）：虛度光陰。
⑥下第：科舉時代指殿試或鄉試沒考中。
⑦吟哦（yín é）：有節奏地誦讀，推敲詩句。
⑧七步之才：指曹植有七步成詩之才能。比喻人有才氣，文思敏捷。
⑨廷試：科舉時代，會試通過的考生，由皇帝親自策問，在朝廷上舉行的考試。
⑩二甲進士：明、清兩代科舉考畢，每科錄取人數自一百至四百餘名不等，分為三甲。頭甲三人，即狀元、榜眼和探花，賜進士及第；二甲諸人賜進士出身；三甲人數最多，賜同進士出身。
⑪南廊射策：古代科舉考試時，士子針對皇帝策問，提出一套治理政事的方略。
⑫沾君渥（wò）：得君王厚恩。
⑬丁憂（dīng yōu）：遭逢父母喪事。舊制，父母死後，子女要守喪，三年內不做官，不婚娶，不赴宴，不應考。
⑭駙馬：專指皇帝女婿。駙，即副。駙馬都尉，掌副車之馬，即主管皇帝的隨從車馬。駙馬都尉，漢武帝始置，本為近侍之官。魏、晉以後，常以此官授帝婿，而不

任其職，簡稱駙馬。以後遂用以稱帝婿。

校勘記

(一)「司」，原本作「文」，疑誤，據《卜筮全書·闡奧歌章·儒業科舉章》原文改。

(二)(三)「南」，原本作「蘭」，疑誤，據其文意改。

(四)「來」，原本作「難」，疑誤，據其文意改。

(五)「但」，原本作「伹」，疑誤，據其文意改。

(六)「與」，原本作「臨」，疑誤，據其文意改。

(七)「凶神」，原本脫漏，據其文意補入。

(八)「既然鬼與父母並凶神」，原本作「鬼即臨于父母」，疑誤，據其文意改。

(九)(十)「駙」，原本作「附」，疑誤，據其文意改。

經驗云

凡占應舉及求官，便把卦中鬼爻看，鬼旺父興須有分，兄財子動定無緣。

卜筮元龜云㈠

《卜筮元龜》所載，且與「易鑒歌」同，故不重出。

虎易按：原本雖曰「《卜筮元龜》所載，且與「易鑒歌」同，故不重出」，但以下「占文字中程否云」的內容，錄自《卜筮元龜•應舉門》，據此，補入標題「卜筮元龜云」，讀者可參閱《卜筮元龜•應舉門》原本。

校勘記

㈠「卜筮元龜云」，原本脫漏，據以下內容及本書標題體例補入。

占文字中程否云

旺相相生皆為慶，休囚不和終不允，

不和，即內外相剋也

若得一陰而一陽，上下相生亦相順。

相生者㈠，《恒》、《泰》是也。相剋者㈡，《未濟》是也。

外內俱陰陽應世，喜慶重重不須計，《訟》、《需》之類是相生也。父母爻為文字，父母化為鬼，欲求官職；父母化兄弟，為進身求名之事。父母爻並吉，則終喜慶也。

純陰為怒純陽喜㊂，尤忌殺陰並無氣。

純陽試官見喜，有氣亦喜。相剋帶殺無氣，則不喜也㊃。

外陰無氣名莫求，文章錦繡不相投，

內為舉人，外為試官。外陰有氣，與內相生亦吉。假令立夏節㊄，卜得《家人》卦是也。

朱雀之爻如得位，神助朱衣暗點頭。

純陽相生，內外旺相，更朱雀臨爻，自然神助而高中也。

校勘記

㊁「者」，原本脫漏，據《卜筮元龜·應舉門·占文字中程否章》原文補入。

㊂「純陰為怒純陽喜」，原本作「純陽考官喜有氣」，疑誤，據《卜筮元龜·應舉門·占文字中程否章》原文改。

㊃「純陽試官見喜，有氣亦喜。相剋帶殺無氣，則不喜也」，原本作「純陽試官喜見有氣，尤忌相剋帶殺無氣，則不吉也」，疑誤，據《卜筮元龜· 應舉門· 占文字中程否章》原文改。

㊄「節」，原本作「即」，疑誤，據《卜筮元龜·應舉門·占文字中程否章》原文改。

洞林秘訣云

月卦為官皆得地，伏神為鬼舊科人，更得官爻持世上，今科名姓榜頭新。

且如《頤》卦、《益》卦：

主卦六親㊀皆無官爻。從《頤》卦酉金月神，伏神辛㊁酉金。《益》卦中金月神，伏神辛酉金。月卦伏神生我為宜，扶世爻。此兩卦前後赴試，占者皆得神名。

伏神為鬼，其人先曾發來，不然，其人帶疾。其餘準此。

虎易按：「月卦為官」，指月卦身五行為本卦官鬼。原本「且如《頤》卦、《益》卦，納干皆無官爻」，此說有誤。《頤》卦內三爻納干庚金，《益》卦內三爻納干庚金，外三爻納干辛金，都與本卦官鬼五行相同。據其卦理及文意，將此改作「且如《頤》卦、《益》卦，主卦六親皆無官爻」。「《頤》卦酉金月神」，「《益》卦中金月神」，兩處「月神」都是指月卦身。

《新鍥斷易天機》引例：018

來源：《洞林秘訣》教例：004

巽宮：山雷頤（遊魂）

伏神	本　卦		
	兄弟丙寅木	⚊	
	父母丙子水	⚋	
	妻財丙戌土	⚋	世
官鬼辛酉金	妻財庚辰土	⚋	
	兄弟庚寅木	⚋	
	父母庚子水	⚊	應

《新鍥斷易天機》引例：019

來源：《洞林秘訣》教例：005

巽宮：風雷益

伏神	本　卦		
	兄弟辛卯木	⚊	應
	子孫辛巳火	⚊	
	妻財辛未土	⚋	
官鬼辛酉金	妻財庚辰土	⚋	世
	兄弟庚寅木	⚋	
	父母庚子水	⚊	

年值月值相扶持，此回過省得無疑，官爻驛馬扶生剋，有氣不空展捷旗。

年值為天子，月值為主文。官爻得驛馬，福德扶世為上吉，生世為中吉，剋世為次吉。若不犯空，皆可。

世剋吉神事不成，此回虛費榜無名，卦無四值若低小，或都休廢亦虛聲。

官臨升位衰受剋，今科不了後科真。

世剋官爻印綬驛馬，皆虛費心力也。無年月日時四直爻者，縱遇吉神，得名亦卑。或官爻受動爻剋，無氣而臨升爻，主後得科。

校勘記

㊀「主卦六親」，原本作「納干」，疑誤，據其文意改。

㊁「辛」，原本作「己」，疑誤，據《頤》卦納干原文改。

海底眼云

以文書爻為主

應舉求官問後先，官旺文書有氣前，火作文章如㊀直事，月建扶官作狀元。

要文書持世，無刑無剋，太歲生身，亦作狀元。

又云：

父母文書是棟樑，推明旺相細鋪張，官鬼試官題目事，子孫如錦㊁不榮昌。
兄弟雷同難上榜，妻財美論豈高強，父化父兮多雜犯，父化官兮意不長㊂。

凡占試，以鬼爻為主，看伏在何爻下，要日辰生扶合出。

且如春未日，占《剝》卦：

官在文書下有氣，日辰合出，主試中㊃。

虎易按：「官在文書下有氣」，指《剝》卦四爻父母戌土下，伏《乾》宮官鬼午火，得月令生為有氣。「日辰合出」，指未日合伏藏的官鬼午火。

赴詔面君於堂：宜鬼旺㊄出現，忌墓藏，動發不順。

待次遷㊅除①：宜鬼旺出現，或動發。赴上忌動發。墓藏安靜未除㊆。

求職㊇請判：宜官鬼父母出現，忌動發㊈。

在任：宜鬼靜，鬼發有動，子出有替㊉。

又文書云：

見貴求謀問立身，文章不動應時成，財動文書空費力，子

《新鍥斷易天機》引例：020		
來源：《海底眼•占應舉》教例：003		
時間：春 未日		
占事：應舉		
	乾宮：山地剝	
伏　神	本　　卦	
	妻財丙寅木 ▅▅▅▅▅	
	子孫丙子水 ▅▅　▅▅	世
官鬼壬午火	父母丙戌土 ▅▅　▅▅	
	妻財乙卯木 ▅▅　▅▅	
	官鬼乙巳火 ▅▅　▅▅	應
	父母乙未土 ▅▅　▅▅	

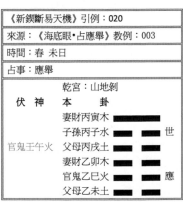

動傷官事不亨。

事見兩爻須再用，官多宛轉恐艱⑪生，最要日辰生合助，知音處處得前程。

若六爻中只一爻動，最急兄弟動，事不實難成。若文書與貴人卦中原無，不入卦，其事亦難成⑫。出現有氣，可速圖⑬，怕空亡。

易云：「動爻急如火，次急落空亡」。官與文書要旺相，亦要持世可成。應爻不剋，事體分明。乾兌坎宮，謀事不一。見官用動，其人多出，縱見亦生嗔⑭。

虎易按：此節內容，《海底眼》為「占應舉」和「占文書」兩節，讀者可參閱《海底眼》原著。

注釋

①待次遷除：指官吏依次按照資歷補缺，升遷與除授。

校勘記

㈠「如」，原本作「為」，疑誤，據《海底眼•占應舉》原文改。

㈡「錦」，原本作「上」，疑誤，據《海底眼•占應舉》原文改。

㈢「長」，原本作「良」，疑誤，據《海底眼•占應舉》原文改。

㈣「主試中」，原本作「主中試」，疑誤，據《海底眼•占應舉》原文改。

㊄「宜鬼旺」，原本作「宜官鬼」，疑誤，據《海底眼•占應舉》原文改。

㊅「遷」，原本作「近」，疑誤，據《海底眼•占應舉》原文改。

㊆「宜鬼旺出現，或動發。赴上忌動發。墓藏安靜未除」，原本作「宜鬼旺世現，或發動卦上，忌發動，墓藏安靜才除」，疑誤，據《海底眼•占應舉》原文改。

㊇「求職」，原本作「求我」，疑誤，據《海底眼•占應舉》原文改。

㊈「宜官鬼父母出現，忌動發」，原本作「宜鬼父世現，忌發動」，疑誤，據《海底眼•占應舉》原文改。

㊉「宜鬼靜，鬼發有動，子出有替」，原本作「官鬼爻安靜，鬼發動合子世，有官來替」，疑誤，據《海底眼•占應舉》原文改。

⑪「艱」，原本作「難」字，疑誤，據《海底眼•占文書》原文改。

⑫「若文書與貴人卦中原無，不入卦，其事亦難成」，原本作「若文書與貴人卦中無氣，事亦難成」，疑誤，據《海底眼•占文書》原文改。

⑬「圖」，原本作「面」，疑誤，據《海底眼•占文書》原文改。

⑭「易云：「動爻急如火，次急落空亡」。官與文書要旺相，亦要持世可成。應爻不剋，事體分明。乾兌坎宮，謀事不一。見官用動，其人多出，縱見亦生嗔」，原本作「所上動爻急如火攻，急落空亡，官與文書要旺相持世可成。意爻不剋，事體分明。乾兌坎宮，謀事不一，見官用動，其人多出，見亦有生嗔之意也」，疑誤，據《海底眼•占應舉》原文改。

•占仕宦第十一

鬼谷辨爻法

六爻	執政
五爻	朝仕
四爻	監司
三爻	長官
二爻	曹官
初爻	吏人

丘寺丞易鑑歌

求官鬼吏剋身賢，

初爻是吏，若鬼臨初爻來剋本身，卻主為廉察慈惠㊀賢明官員也。

驛馬相扶官職遷。

若遇驛馬扶本身，及在官鬼爻，定主官職遷至五府①入位也。

坎離二卦冬三月，

《坎》為水屬陽，《離》為火屬陰，水火相遇則為《既濟》卦。且如十月乃陰窮之時，十一月十二月乃陽生之時，陰陽相交，正合得《既濟》卦。故曰：「《坎》、《離》二卦宜冬三月也」。若冬月求官得此卦，定吉也。

震巽明知申酉年。

《震》、《巽》屬木，申酉屬金，金[二]剋於木。所以，申酉年占求官，不宜《震》、《巽》卦也。

世應驛馬相合吉，

若得世與應合，驛馬爻合起本身，定主求得顯官職也。

坎咸復卦定狐疑。

若得《坎》、《咸》、《復》三卦，主中心疑惑，一進一退，未有定向也。

申酉辰戌持世吉，

若申酉辰戌四爻持世，定吉也。

任官遇祿好施為。

若任了占求祿，最用祿。若值旺相有氣，盡宜施為也。

鬼臨身世得官真，

若值官鬼爻扶世及臨身位，訣見總斷中，定主得拜真命也。

卦爻旺相甚歡欣。

若值內外二卦旺相，六爻發動，定主有歡欣之象。立春《艮》旺《震》相，若《頤》卦是也。

驛馬空亡徒費力，

若驛馬入空亡，雖有機謀，枉用心力。

卦遭胎沒枉勞神。

若卦遇胎沒，定枉勞神。立春《巽》胎《離》沒，若得《家人》卦之類是也。

旺爻剋應是不良，

若卦中有旺相爻來剋于應，定是不吉慶之兆。

應入墓時憂死亡。

若值應爻入四墓中，非惟不吉，更防到任身死亡也。

世爻受剋遭貶謫②，

若世爻受他爻剋，定主遭諫彈罷官，歸田裡也。

若剋他人倍俸糧。

若世爻剋於他爻，定主倍得俸祿也。

人吏空亡難立腳，

初爻為人吏爻，若值空亡，縱使為官清正，吏人無氣，誰與奉行？如樹無枝，所以難立③。

內外純陰名不揚。

陰柔，不立之象。若內外卦俱陰，安能振作？是以名不揚也。

子爻剋鬼無官祿，

若子孫爻剋官鬼爻，縱有官職，其祿位亦不高增也。

福德爻驚豈吉昌。

驚，動也。若遇子孫爻發動，定不吉昌也。

卦剋世身職不安，

若卦身所屬剋世爻並身位，定主不能安職。

如《乾》宮《遯》卦：

本屬金，遇世屬火是也。

虎易按：「卦剋世身職不安」，大約是指本卦的卦宮五行剋世爻或者世身。但其注釋「若卦身所屬剋世爻並身位」，應該是指「月卦身」之五行「剋世爻並身位」。以上注釋與原本存在差異。「如《乾》宮《遯》卦，本屬金，遇世屬火是也」，此例是世爻火剋卦宮五行金，與「卦剋世身」原意也不相符。請讀者注意分辨。

《新鍥斷易天機》教例：053		
乾宮：天山遯		
本　　卦		
父母壬戌土	━━━━	
兄弟壬申金	━━━━	應
官鬼壬午火	━━━━	
兄弟丙申金	━━━━	
官鬼丙午火	━━　━━	世
父母丙辰土	━━　━━	

身剋人吏百憂攢③。

太剛則折，若身世剋初人吏爻，定主吏皆畏避，凡百事業，主有憂攢之兆㊃。

白虎動時驚恐至，

若白虎發動旺相，主驚恐立至也。

子孫持世必隳官④。

子孫爻，其他發用俱吉。但求官遇其發動，或持世，則主官職隳壞也。

若問文官並武職，

以上雜論求官凶吉，未有訣例，故下以起，將印法教之。

唐符國印求端的。

求官最要唐符國印㊄爻吉，若無此爻，定主迍滯。筮者詳其端的。

寅申之年巳亥為，

寅申之年，遇巳亥爻發旺吉。巳為唐符，亥為國印。以下類推㊅。

巳亥之年寅申覓。

巳亥之年，遇寅申爻發旺大吉。

子午之年卯酉求，

子午之年，遇卯酉爻發旺吉。

卯酉之年子午出。
卯酉之年，值子午爻發旺吉。
辰戌之年丑未方，
辰戌之年，值丑未爻發旺吉。
丑未之年在辰戌。
丑未之年，值辰戌爻發旺吉。
鬼臨符印最為佳，
以上六句，並是起唐符國印例。遇二爻發動，則為符印全，更官鬼臨之，大吉之兆。
當作朝中資輔翼。
若值前項符印旺有氣，主作朝廷左輔右弼之臣。
宜靜而動必左遷⑤，
當私居之時，占得卦動遷，主朝廷有詔，左遷官職也。
宜動而靜多掩抑。
當臨宮赴召之時，卦當動旺，若值六爻安靜休囚，斷然主掩抑也。
巽宮加殺敗東南，
殺，即大殺也，訣詳總斷歌中。若遇《巽》宮有此殺動，必主出征敗於東南方也。

乾位交重出西北。

《乾》屬西㊆北方，若遇《乾》卦發動，必主詔起出鎮西北也。

君臣世應上下交，

世為君，應為臣，上為君，下為臣。若值上下相生，主君臣賡歌⑥，魚水一堂也。

練行宜往興功績。

練者，訓練兵馬也。遇卦中世應相生，有命訓練之行，則宜往之位，必有功也。

欲知卦內作何官，

先向身中仔細看。

前面所論者，尚未及本身合作何官職，此以後方言之。

身，即世爻，又是身位。須就其爻看所屬五行，及看休旺變動如何。

火是文章喉舌位，

火乃文明之象，故主翰苑⑦之官㊇。文章喉舌位，乃翰苑之職也。若火爻持世並身位，定居此職。

土為守令漸盤垣。

盤垣者，修治城壘也。若土爻持世並身位，主為守令，監治城壘之事。

水是排岸監司職，

若水爻持世並身位，主受排岸及監司之職分也。

金帶兵刑有重權。

若金爻持世臨身位，主掌兵權之職也。

木為工部及作院⑧，

若木爻持世臨身位，在朝則為工部之官，在外則為作院之職分而已。

小大皆隨旺相言。

官無大小，皆當看卦中旺相休沒。若有氣，宰相可為。如無氣，雖小官亦不可得也。

喜神驛馬臨官鬼，

喜神，天喜神也。驛馬，驛馬殺也。李淳風訣例云：「月德冀人世德強，正月在未順行方，二月居申三月酉，周行一歲最為昌」。蓋正月起未，順行十二位，至十二月則過午爻是也。若臨官鬼爻，尤為吉慶。

虎易按：李淳風訣例，是指月德，讀者可參閱神殺內容。

美削重重見知己。

美削者，舉紙箋也。重重者，言其多也。知己者，言見重於人，故多知己也。

虎易按：「美削者，舉紙箋也」，文意不明，不知何意。據其「喜神驛馬臨官鬼」之意，疑其與「美除」之意相同，讀者可參考後文「美除」及注釋。

就中符印兩爻推，

更當以唐符國印二爻推之，若果上卦發動，定主符印入手。符印爻所係尤重，故再言之。

早晚當隨詔書起。

早晚，言其急也。符印爻既動，詔書立至，詔書既至，則隨詔書起也。

卦無太歲只移官，

太歲，乃太歲所屬也。若上卦，則主入朝。若無太歲，只主改官。

太歲合時見天子。

太歲若與世爻合，身位合，主入朝而見天子也。

更得雷火殺重重，

鬼谷雷火殺例云：「雷火寅豬申巳求，四孟先知驚恐憂，即時衝破回天後，便見求官驛馬頭」。

其法：正月起寅二月丑，逆數十二位是也。不欲贅言，故以四孟提起。遇動，大吉之兆。應如下文㊈。

看看名位至王公。

符印爻又旺，雷火殺又上卦，非惟官至輔弼，畢竟封王。

天乙貴人更相合，

郭璞論天乙貴人詩云：「正月從巳二月申，三月在亥四月寅，五九依元居巳上，未月至申三位輪，若還遇動定為吉，兒孫代代作公卿」。

其法只以巳申亥寅四位，周而復始，輪行十二位。正月巳，二月申。餘仿此。

虎易按：郭璞論天乙貴人法，與天干論天乙貴人法存在差異，其排列順序與神殺表中「天巫」相同，請讀者參閱神殺相關內容，注意分辨。

代代為官受贈封。

雷火貴人既合，非惟己身享祿，主代代受贈封也。

此是天綱玄妙法，

言天綱此法，前此所未刊行，故曰玄妙。

請君綢繹⑨莫匆匆。

凡斷卦，皆當綢繆思繹，不可匆匆急促⑩也。

注釋

①五府：明朝中軍、左軍、右軍、前軍、後軍五都督府的總稱，統領全國軍隊的最高軍事機構。朱元璋初置統軍大元帥府，後改為樞密院，又改之為大都督府，節制中外諸軍事。洪武十三年(1380)以大都督府權力太大，分為中、左、右、前、後五軍都督府。參閱《明史・誌第五十二・職官五》

②貶謫（biǎn zhé）：古代官吏因過失或犯罪，而被降職，並調往遠方就任，或流放。

③百憂攢（zǎn）：各種憂愁聚集。

④隳（huī）官：罷官，解職。

⑤左遷：降職、貶官。古人尊右而卑左，故稱官吏被貶降職為「左遷」。

⑥賡（gēng）歌：作歌唱和，連續不斷的歌聲，表示歡樂。

⑦翰苑：翰林院。文士聚集的地方。

⑧作院：指作坊，工廠。《宋史・職官志三》：「紹興二年，詔於行在別置作院造器甲」。

⑨綢繹：「綢」字古通「紬」，又作「紬繹（chōuyì）」，也作「抽繹」。理出頭緒。

⑩綢繆思繹（chóu móus ī yì）：周密的思索尋求。

校勘記

㈠「廉察慈惠」，原本脫漏，據《卜筮全書·闡奧歌章·仕宦章》原文補入。

㈡「金」，原本作「上」，疑誤，據其文意改。

㈢「縱使為官清正，吏人無氣，誰與奉行？如樹無枝，所以難立」，原本作「縱官員清正，吏人無氣，誰與奉行？所以難立腳也」，疑誤，據《卜筮全書·闡奧歌章·仕宦章》原文改。

㈣「太剛則折，若身世剋初人吏爻，定主吏皆畏避，凡百事業，主有憂攢之兆」，原本作「若身世剋初人吏爻，定主吏皆畏避，百事業業，至有憂攢之兆」，疑誤，據《卜筮全書·闡奧歌章·仕宦章》原文改。

㈤「印」，原本作「即」，疑誤，據其文意改。

㈥「巳為唐符，亥為國印。以下類推」，原本脫漏，據《卜筮全書·闡奧歌章·仕宦章》原文補入。

㈦「西」，原本脫漏，據其文意補入。

㈧「火乃文明之象，故主翰苑之官」，原本脫漏，據《卜筮全書·闡奧歌章·仕宦章》原文補入。

㈨「應如下文」，原本脫漏，據《卜筮全書·闡奧歌章·仕宦章》原文補入。

㈩「促」，原本作「逃」字，疑誤，據其文意改。

天玄賦云

有子萬事足，當如儀儼侃偁僖①。無官一身輕，誰佐禹湯及文武②。欲作大廷③之宰輔，須憑易卦以推詳㊀。

謀望利名，先要鬼爻旺相。

凡卜求官，官鬼是用爻。宜旺不宜衰，喜日辰扶拱，怕刑害剋沖。若沖則為仇仇④，害則為剋賊。剋者，為事不相容也。刑者，勢不兩立也。

以上乃十二支反德，乖逆不道，遞相仇仇剋賊。若無是理，則人無倘來之禍福矣。

斟量宣敕⑤，但觀父母興衰。

宣敕者，父母是也。卦中不可無，最宜旺相扶世，不加凶殺則吉。若被刑沖，根腳不正。加臨大耗，廣費資財。

若太歲月建旺者，多是宣也。若貴人祿馬同鄉，不過是敕也。若雖有吉神㊁，散漫而不當權者，無過是吏掾⑥文書。

沖剋世凶，生世則吉㊂，若不落㊃空亡，縱有艱辛費力，終有成就矣。

印綬旺，則職守彌高⑦；官鬼衰，則聲名卑小。

父母官鬼，乃占官之根本，缺一則事難成。二者㊄若逢生旺，必然官職高大。若遇休囚，只是卑小職分。
若父母雖旺而官鬼無氣，職雖及第，身居鎮靜閑慢衙門，無威耀權柄。若遇進神，聲名益大。如逢退神，必減前任政聲。
此舉大綱，各仿此推之，無不驗矣。
欲知品秩⑧，無倦推詳。
以上三節，只言大體，精妙之理，具陳於後。
祿馬扶身，萬里風雲際會。
祿者，十干五行。譬之人生一世，幼壯老死也。
于長生為學堂：甲乙生亥，丙丁生寅，戊己壬癸生申，庚辛生巳，皆學堂，喻人之幼而學也。
以旺為祿：則甲祿在寅之類，各在臨官帝旺之處，喻人之長而食祿也。
馬者：驛馬。如寅午戌馬居申，乃長生上。父病得子扶，可以有馳擔，以逸待勞，待火之氣。猶今置郵而遞相傳送，故謂之驛馬。若扶身世，或臨官鬼父母，及動來生扶身世乃大吉，唾手成名之象。大忌空亡與刑害也。
虎易按：「父病得子扶，可以有馳擔，以逸待勞，待火之氣」，此句不知何意，疑為有誤，提請讀者注意分辨。

貴人持世，九天雨露承恩。

貴人有二：有天乙貴人，有福星貴人。皆宜旺相，怕刑沖。

天乙貴人者，「甲戊兼牛羊」是也。

福星貴人者，乃「甲丙相邀入虎鄉，更逢鼠㊅穴最高強，戊申己未丁宜亥㊆，乙癸逢牛福祿昌。庚趁馬頭辛帶巳，壬騎龍背喜非常」。

若逢天貴持世，或臨文書，主官職高遷，必登貴位。福星持世，主人有福德，須險無虞，臨凶不咎。若天乙、福星二貴皆臨用爻，主名利雙全，福祿兼美。若發動，必承恩也。

青龍動，則事業易成；朱雀空，而文書難就。

青龍者，吉慶福德之喜神。其動有三，年建青龍、月建青龍、日建青龍。若見發動，必加官進祿。與天馬並立，同眾喜事。與祿並立，自有升騰進益之喜。不宜空亡，必主虛喜。若得興隆，事事稱心，吉無不利。

朱雀，占官之用爻，宜旺不宜衰。若見空亡，文書必難成就。逢值刑沖剋，文書必有阻節。若臨天貴驛馬，月建青龍者，求官必遂，文書必完。若逢子孫及玄武動來剋文書，必有疏駁。得日辰扶合文書，庶有可成。

子孫發動，縱然在任也休官。

子孫本卦中之吉神，惟占官不宜見之。子孫安靜墓絕猶可，發動則傷官，事業難成。

子孫，乃剝官之神。若發動，雖在任所，亦當休致⑨㈧，在任必有剝官退職。子孫化官鬼，則先難後易。鬼化子孫，在任發動，有代官至，不然被他人所代㈨之兆也。其求仕者，不必言也㈩。

劫殺交重，當見承恩方損己。

劫殺者，五行昏濁之神。又云：「陰氣尤毒者，謂之殺也」。其神常在五行之氣絕處。寅午戌火也，劫殺在亥。凡占遇之，皆非吉兆。若臨之于官鬼父母，謀望決難成。更加凶殺動來剋，必因官損身。若得貴人動來助，庶可無虞。

妻財持世，誥牒⑩豈得如心？

凡占官，文書剋我則吉，我剋文書則凶。妻財持世剋文書，縱使成就，文辭亦不稱意。不動猶可，墓絕亦輕，若發動逢沖，庶幾無見於阻也。

兄弟扶身，俸祿⑪安能稱意？

兄弟乃剋剝之神，若見發動，未免傷財。如臨玄武，問謀之人奸詭多端。若化文書，其文不實。如父母化兄弟，事多阻節。若逢旺動，事必干眾，卻恐有奸謀劫奪之意。吏人化兄，占兄必爭鬥。若見持剋身世，多招謗語，俸祿不能稱心。

父化父，文書不實；官化官，事體翻騰。

父母為文書，父化父，文書犯重；無氣，則文書不實。如前卦文書帶貴而化父，前必有根腳。若[十一]值日辰扶挾吉神而生旺，必有大根腳。若值刑沖，根腳不正，未可易許。

若文書化鬼則吉，則[十二]象受命而拜官也。官化父雖得官，而文書未完。官化官，事體翻騰反覆也[十三]。

卦中兩父兩官，必是鴛鴦求仕。

卦中如是，兩意幹事，此失彼得之意，此乃鴛鴦求仕。若前鬼旺後鬼空，只宜守舊，不可改謀。前鬼衰而後鬼旺，宜舍舊圖新。前後皆旺，所求遂意。

爻上月德月建，須逢獬豸為冠⑫。

月德、月建，皆清正之吉神，諸殺莫敢仰視。若見加臨貴人，扶持[十四]官鬼及世爻，若非府縣之官，必台憲⑬之職。更看目下衰旺，便可斷其貴賤。

此又不忌[十五]凶殺，逢殺則威風凜凜，動止驚人，操權轟烈。

太歲動，則在任有除⑭；劫殺空，則逢凶无咎。

太歲，地殺之主宰[十六]，諸殺不敢當。若值青龍及月建加臨父母動，必得沾恩。在任發動，必有美除⑮。若加劫殺剋世，受除非美，或遭貶責，或官不如前任。劫殺若空，縱逢凶殺，不為實咎。

鬼爻持世，因知到任把權；印綬扶身，必定臨庭掌案。

本宮衰死，而鬼旺持世，一到任便可把權。兩鬼皆旺，權不歸一，動者為先。若見父母遇青龍祿馬持世，求官速得，一臨任便掌文書。

卦無父母，終無所任之邦；爻隱妻財，未得養廉之俸。

父母為任所，卦無父母或落空亡，恐無所任之處，皆因文書未完，任所不納，非實無所任也。卦內無財或空亡，未得俸祿。財動逢沖，任後因事停俸。或日辰加月建沖財，而刑害世爻及鬼爻，恐有停俸罷職之憂。遇救則庶幾無事。宜細詳之，不可妄斷。

一世二世，任所非遙；五世八純，仕途遠涉。

一世二世三世皆在內，故曰非遙。五世八純遊魂皆在外卦，故言遠也。遊魂化歸魂，自遠而至近。世在乾，向西北。世在巽，向東南。餘仿此。

要識宦情好惡，須憑卦象推詳。

假如隔手來占，要知本官為人，及形貌性情，但將鬼爻論之。看在何宮，論其形體。更參爻屬，並六獸之形貌情性，了然可見。細微奧論，開列於後。

世在離宮，眼露聰明性急。

未任之官以鬼爻取，已任之官從世上推。在巽宮，其形上長下短，面尖身瘦，顏色清減，語言柔順，有仁慈心。世在離宮，面上尖下闊，精神閃爍，聰明性慧，語言辨急，乃文章之士。世在坤宮，重厚肥壯，鼻大口方，行事沉重。世在兌宮，破相齒唇缺，聲高清響，喜淫好殺而無能。

以上四卦皆屬陰，若得世爻屬陽，庶剛柔相濟。不然，非君子之道。

身居乾象，面圓正大仁慈。

世在乾宮，面圓正大，仁慈好生惡殺，豁達大度。世在坎宮，情性不定，大寬小急，善能陷人。世在艮宮，背圓腰闊，眉清眼長，性慢穩重，如山不動。世在震宮，長大髭髯⑯，不怒而威，觀者震恐。

金為武職之官，掌生殺之重柄；火乃文章之士，探禮義之根源。

易中千變萬化，不離陰陽五行。定人形於八卦，決職守以五行斷。金鬼必得武官，得令有大權柄，衰則不可依上斷，只是武職。火鬼文章之士，教官儒職。木鬼幕官，輔佐之才，或茶司⑰之職。水鬼鹽場之官，或都水之職。土鬼必監官郡主，休囚只司縣。

注釋

①當如儀、儼（yǎn）、侃（kǎn）、偁（chēng）、僖（xī）：竇燕山，原名竇禹鈞，五代後晉時期人。生有儀、儼、侃、偁、僖五子，皆相繼登科。當時號為竇氏五龍。成語「五子登科」的典故，即來源於此。參閱《宋史·卷二百六十三·列傳第二十二·竇儀》。

②禹湯及文武：指夏禹、商湯、周文王、周武王。

③大廷：指朝廷。

④仇仇：傲慢的樣子。

⑤宣敕（chì）：亦作「宣勅」。宣與敕。為國家任命或調遣官員的正式文書。

⑥吏掾（yuàn）：官府中佐助官吏的通稱。

⑦職守彌（mí）高：職務更加高，越發高。

⑧品秩：官品與俸秩。

⑨休致：官吏因年老體衰而退休。

⑩誥牒（gào dié）：帝王給臣子的任命文書和證件。

⑪俸祿：官吏的薪給。

⑫獬豸（xièzhì）為冠：獬豸冠又稱法冠、鐵冠，據記載是楚文王所製，一直都是執法官吏所戴，所以稱為法冠。法冠上有象徵獬豸角的裝飾，所以又稱「獬豸冠」。

⑬台憲：指御史或御史台官員。負責糾察、彈劾官員、肅正綱紀，正吏治之職。

⑭除：指拜受官位，除去舊職以任新職。

⑮美除：稱賀他人擔任美好的新官職。

⑯髭髯（z ī rán）：鬍子。

⑰茶司：即茶馬司，是古代專門負責茶葉收購進貢皇宮及管理茶馬互換交易的機構。

校勘記

㈠「有子萬事足，當如儀儼侃偁僖。無官一身輕，誰佐禹湯及文武。欲作大廷之宰輔，須憑易卦以推詳」，原本作「有子萬事足，當如儀儼偁僖。無官一身輕，惟佐禹湯及文武。欲作漢廷之宰輔，須憑周易以推詳」，疑誤，據《卜筮全書‧天玄賦‧求仕章》原文改。

㈡「若雖有吉神」，原本作「若吉神雖是」，疑誤，據《卜筮全書‧天玄賦‧求仕章》原文改。

㈢「沖剋世凶，生世則吉」，原本作「沖世凶，生剋世則吉」，疑誤，據其文意改。

㈣「落」，原本脫漏，據《卜筮全書‧天玄賦‧求仕章》原文補入。

㈤「二者」，原本作「二件」，疑誤，據《卜筮全書‧天玄賦‧求仕章》原文改。

㈥「鼠」，原本作「子」，疑誤，據《吉神歌訣例‧論福星貴人例》原文改。

㈦「亥」，原本作「巳」，疑誤，據《吉神歌訣例‧論福星貴人例》原文改。

㈧「子孫，乃剝官之神。若發動，雖在任所，亦當休致」，原本脫漏，據《卜筮全書‧天玄賦‧求仕章》原文補入。

㈨「代」，原本作「先」，疑誤，據《卜筮全書‧天玄賦‧求仕章》原文改。

㈩「其求仕者，不必言也」，原本脫漏，據《卜筮全書‧天玄賦‧求仕章》原文補入。

⑪「若」，原本作「夾」，疑誤，據《卜筮全書‧天玄賦‧求仕章》原文改。

⑫「則」，原本作「只」，疑誤，據《卜筮全書・天玄賦・求仕章》原文改。

⑬「官化官，事體翻騰反覆也」，原本作「鬼化鬼，必然反覆」，疑誤，據《卜筮全書・天玄賦・求仕章》原文改。

⑭「扶持」，原本作「扶出」，疑誤，據《卜筮全書・天玄賦・求仕章》原文改。

⑮「忌」，原本作「及」，疑誤，據《卜筮全書・天玄賦・求仕章》原文改。

⑯「宰」，原本脫漏，據《卜筮全書・天玄賦・求仕章》原文補入。

卜筮元龜云

占求官云⑴

抑身扶世求官得，天驛相生無不刻，更逢鬼旺詎相類⑵，二月坤之升卦是。
占人問道是何時，答曰扶鬼以為期，鬼值火時應急速，如臨水日事將遲。
官鬼空亡及衝破，世應並云類可擬⑶，有爻帶殺剋身凶，縱得官而還復止⑷。
假令正月損之臨，上九寅爻帶陰殺⑸，舉此一爻為定例，何須更用久沉吟。

虎易按：原本「假令正月損之臨，上九寅爻帶殺陰」，是指「正月殺陰在寅」，與

「殺陰例：正午、二巳、三辰、四卯、五寅、六丑、七子、八亥、九戌、十酉、十一申、十二未」不符。查《吉神歌訣例•陰殺》例「正七寅兮二八辰，三九馬頭四十申，五十一逢犬伴立，六十二月鼠為鄰」與此相符，供讀者參考。

以上內容，《卜筮元龜•求官門•占求官章》原作有注釋，讀者可參閱原著。

校勘記

㊀「占求官云」，原本脫漏，據《卜筮元龜•求官門•占求官章》及本書標題體例補入。

㊁「類」，原本作「疑」，疑誤，據《卜筮元龜•求官門•占求官章》原文改。

㊂「世應並云類可擬」，原本作「世應俱值尤難擬」，疑誤，據《卜筮元龜•求官門•占求官章》原文改。

㊃「縱得官而還復止」，原本作「縱得官而復還止」，疑誤，據《卜筮元龜•求官門•占求官章》原文改。

㊄「陰殺」，原本作「殺陰」，疑誤，據《吉神歌訣例•陰殺》體例原文改。

占何年月得官云

欲知得官年月期，有爻持鬼即為時，如無扶取官生旺，旺相疾速休囚遲。先看本宮旺為正，震則春分餘可並。

占遷官云

凡占遷官日月期，如得純乾日月寅，皆以㈠鬼爻生旺斷，正月五月得三敕㈡。

以火為鬼，生寅旺午，故言正五月之類。餘仿此。

校勘記

㈠「皆以」，原本作「持世」，疑誤，據《卜筮元龜·求官門·占遷官章》原文改。

㈡「敕」，原本作「疑」字，疑誤，據《卜筮元龜·求官門·占遷官章》原文改。

《新鍥斷易天機》引例：021
來源：《卜筮元龜》教例：079
時間：寅月或寅日
占事：遷官？
乾宮：乾為天（六沖）

本卦		
父母壬戌土	━━━━━	世
兄弟壬申金	━━━━━	
官鬼壬午火	━━━━━	
父母甲辰土	━━━━━	應
妻財甲寅木	━━━━━	
子孫甲子水	━━━━━	

占加官云

凡占加官看兩鬼，一鬼來持卦身耳。鬼持世或持卦，《升》卦有兩官庫：《升㊀》卦以金為鬼，金庫在丑，《升》有兩丑㊁，是有官復加官也。

太歲鬼並台閣①加，月建鬼並外台②矣。

月建與鬼並，監司太守奏加官。太歲與鬼並，天子詔書加官也㊂。

《新鍥斷易天機》引例：022		
來源：《卜筮元龜》教例：080		
占事：加官？		
震宮：地風升		
本　　卦		
官鬼癸酉金	▅▅　▅▅	
父母癸亥水	▅▅　▅▅	
妻財癸丑土	▅▅　▅▅	世
官鬼辛酉金	▅▅▅▅▅	
父母辛亥水	▅▅▅▅▅	
妻財辛丑土	▅▅　▅▅	應

注釋

①台閣：依漢制，為尚書台（省）的別稱。宋代稱台閣，是三省官與御史台官之別稱，秘書省、館閣官的略稱。

②外台：官名。後漢時刺史，為州郡的長官，置別駕、治中，諸曹掾屬，號為外台。

校勘記

㊀「升」，原本作「井」，疑誤，據其文意改。
㊁「丑」，原本作「鬼」，疑誤，據《卜筮元龜•求官門•占加官章》原文改。
㊂「天子詔書加官也」，原本作「天子詔加官」，疑誤，據《卜筮元龜•求官門•占加官章》原文改。

占官高卑及向何方赴任云

欲知善惡與卑高，卦看生旺定分毫，旺相名高官且貴，休囚位劣更徒勞。
鬼爻長生至帝旺者㊀，官職高。逢衰病死墓絕者，官職卑。
一二三世言咫尺，四五六世千里驛，
一二三世，歸魂，為近地，四五六世，八純㊁、遊魂，為遠地。
問道任㊂為何處官，鬼爻在乾西北客。
鬼爻在內象為近處，在坎北，艮東北，震東，巽東南，離南，坤西南，兑西。又法：以十二支為任官處，子北午南之類是也。

校勘記

㊀「鬼爻長生至帝旺者」，原本作「鬼爻至長生帝旺者」，疑誤，據《卜筮元龜・求官門・占官高卑及向何方赴任章》原文改。

㊁「八純」，原本作「三位」，疑誤，據《卜筮元龜・求官門・占官高卑及向何方赴任章》原文改。

㊂「任」，原本作「注」，疑誤，據《卜筮元龜・求官門・占官高卑及向何方赴任章》原文改。

占官得替否云

若無鬼爻官得替，亦復得去無留滯，
但月日上無鬼，官得替。外陽去疾速，外陰去遲。去還有氣，無氣不去。
子爻發動亦如之，財動必言依此計。
鬼爻持世不得替，或憂小口口舌。外卦陰，無氣不去；外卦旺相得去。子爻持世亦去，《需》卦是也。

占見任官得多少時云

子動剋官官位失，發財印亡憂祿秩，

子爻與太歲㊀並剋官鬼，削㊁爵。財與驛馬並剋父母者，追解印綬。

欲知失位多少時，退度在三三月日。

月建退一度，一個月退。兩度，兩個月。假令三月占得正月卦，為退三度。占得四月卦，為進一度。餘皆效此㊂。

校勘記

㊀「子爻與太歲」，原本作「子爻興與歲」，疑誤，據《卜筮元龜·求官門·占見任官得多少時章》原文改。

㊁「削」，原本作「則」，疑誤，據《卜筮元龜·求官門·占見任官得多少時章》原文改。

㊂「為退三度。占得四月卦，為進一度。餘皆效此」，原本作「退三度。得四月卦，進一度」，疑誤，據《卜筮元龜·求官門·占見任官得多少時章》原文改。

占居官有疾病否云

凡卦變為囚死鄉，居官身病至衰亡，

卦與㈠本宮及世應囚死者，居官憂病。若無氣帶殺入墓，憂死亡。

無氣帶殺終有禍，更值空亡必有喪。鬼動若逢休廢地，此身退失終無位，

居官職，鬼爻動必凶㈡，鬼無氣降位。

胎沒並之世自微，更加刑殺為衰耳。

刑殺與卦並動，帶刑殺剋卦世凶㈢。

校勘記

㈠「與」，原本作「有」，疑誤，據《卜筮元龜·求官門·占見任官得多少時章》原文改。

㈡「凶」，原本作「囚」，疑誤，據《卜筮元龜·求官門·占見任官得多少時章》原文改。

㈢「刑殺與卦並動，帶刑殺剋卦世凶」，原本脫漏，據《卜筮元龜·求官門·占見任官得多少時章》原文補入。

占求官任所有無云

父母之爻為誥牒，任官之處是其財，
父母爻為印，財爻為祿㊀。
財落空亡無任所，空持誥牒意徘徊。
假令甲辰旬，卜得乾宮卦，甲寅木為財。甲辰旬中無寅卯，名財落空亡，無食祿處㊁。
父母被剋㊂誥身破，財爻被破任官危，
任官處不定也。
歲月之沖須重說，日時之剋可輕推㊃。
假令太歲在亥，卜得坤宮卦，以乙巳火為誥身，亥破巳重也，日時亥㊄剋輕也。

校勘記

㊀「祿」，原本作「綬」，疑誤，據其文意改。
㊁「假令甲辰旬，卜得乾宮卦，甲寅木為財。甲辰旬中無寅卯，名財落空亡，無食祿處」，原本作「若甲辰旬，卜得乾宮卦，甲寅為財。甲辰旬中空寅卯，名財落空亡，無食祿也」，疑誤，據《卜筮元龜·求官門·占求官任所有無章》原文改。

㊂「剋」，原本作「危」，疑誤，據《卜筮元龜·求官門·占求官任所有無章》原文改。

㊃「日時之剋可輕推」，原本作「日辰之剋可輕掛」，疑誤，據《卜筮元龜·求官門·占求官任所有無章》原文改。

㊄「日時亥」，原本作「日辰沖」，疑誤，據《卜筮元龜·求官門·占求官任所有無章》原文改。

占居官安否云

本宮為吏㊀應為民，主首監臨世是身，

父母為主首，月卦為己身。身㊁得度為安，退度為失。月卦，如《乾》為四月之類。

若有子爻來剋鬼，在位彷徨憂退位。

子孫爻動，日月上帶殺㊂者，憂剋官也。

旺相相生六位安，居官無事吏民歡，

上下二象，世應相生，六爻安靜為大吉。

財動必憂亡失位，休囚墓殺細推看。

財爻動剋父母印綬，主退位也。

校勘記

㊀「本宮為吏」，原本作「世宮為官」，疑誤，據《卜筮元龜・求官門・占居官安否章》原文改。

㊁「身」，原本作「人」，疑誤，據《卜筮元龜・求官門・占居官安否章》原文改。

㊂「殺」，原本脱漏，據《卜筮元龜・求官門・占居官安否章》原文補入。

洞林秘訣云

驛馬龍德與青龍，最旺加遷祿位崇，飛伏六爻宜細取，須知四直用心攻。

更須印綬並諸德，生旺沖時定顯通，昔日道明剝之晉，癸酉無期丙子逢。

求官須用驛馬、印綬、青龍、龍德，方許遷期。

《洞林》有諸葛道明，癸酉年五月，占《剝》之《晉》云：此厚下安宅吉，先遠之。卦謂《剝》之《晉》也，丙子歲東出

《新鍥斷易天機》引例：023

來源：《洞林秘訣》占例：002

時間：癸酉年五月

伏神	乾宮：山地剝 本卦				乾宮：火地晉（遊魂） 變卦		
	妻財丙寅木	▅▅▅▅▅			官鬼己巳火	▅▅▅▅▅	
兄弟壬申金	子孫丙子水	▅▅　▅▅	世		父母己未土	▅▅　▅▅	
	父母丙戌土	▅▅　▅▅		×→	兄弟己酉金	▅▅▅▅▅	世
	妻財乙卯木	▅▅　▅▅			妻財乙卯木	▅▅　▅▅	
	官鬼乙巳火	▅▅　▅▅	應		官鬼乙巳火	▅▅　▅▅	
	父母乙未土	▅▅　▅▅			父母乙未土	▅▅　▅▅	應

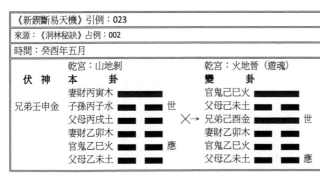

郡。何以知之？卦世在子，下伏印綬，為驛馬所扶，遷期必用月沖，所以當五月位也。注：丙子世身也，伏神在壬申金，金生水，為印綬也㊀。五月驛馬在申，印綬伏爻，五月衝子，歲刑亦在子，子年身旺，逢沖起刑發。後至丙子年臘月，道明果出東，受會稽太守也。占卜者細攻伏爻，豈止只知時下。

虎易按：「金生水，為印綬也」，印綬是父母的代稱，按「生我者為父母」的配六親法，兄弟壬申金生子孫丙子水，金轉換六親後，就是子孫的父母。「歲刑亦在子」，酉歲並非刑子，因此「逢沖起刑發」也有誤，讀者注意分辨。

鬼爻旺相無刑剋，若遇扶持高顯得，殺神世動剋官凶，虛費身心求不獲。

太歲求官常赴詔，若在宮來台省力，

官爻有氣，遇升㊁陰卦，利武職。升陽卦，利文官。鬼爻有印綬相生相扶，即得地也。如殺神世動剋官鬼，空勞往復，不遂意也。太歲爻動扶官爻，主赴詔。太歲宮來者，如丑年艮㊂宮為例，主台省奏官。

太歲宮爻九五並，或然持世有威聲。

更得印綬相符合，聖人常掛記君名，

太歲在九五爻，或世在九五爻，太歲與官爻並，更得印綬驛馬相扶，此人姓字常掛在聖人心腹，主有升除②。

官爻在內任所近，在外須還遠地差。
太歲官並多入內，或居九五步金階，
李淳風云：「身刑歲月，枉用心神，歲月建來，不求自遂」。欲得好官稱意，先看不落空亡。鬼爻有氣，進職遷官；印綬衰微，卑官薄宦。財爻敗印，福德破官，財福動時，須防擊括。居閑世動，尚可輕謀保職，世爻細推吉凶。若更青龍驛馬喜神俱動，旺相並立尤吉，終見遷升。若兼休囚，兇惡並興，維為發獎。
求官官鬼是官科，子動求官節節嗟。
父母發時為印綬，財爻發動破官科，空亡入鬼憂空返，劫殺逢官奈失何。
殺在官中來剋世，人因官鬼損身多，官臨旺相高山嶺，位入休囚淺水河。
印綬臨龍飛上位，求之速得不蹉跎。

注釋

①諸葛道明：諸葛恢，字道明，琅邪陽都人也。初任臨沂令，累遷會稽太守、中書令。參閱《晉書・列傳第四十七・諸葛恢》。
②升除：升遷，就任新的官職。

校勘記

㈠「金生水，為印綬也」，原本作「金主水，受印綬也」，疑誤，據其卦理及文意改。
㈡「升」，原本作「井」，疑誤，據其卦理及文意改。
㈢「艮」，原本作「良」，疑誤，據其卦理及文意改。

火珠林云

要官鬼有氣旺相，並印綬不落空亡。印綬者，父母爻也。忌子孫發動，並父母與官鬼落空也。

虎易按：查虛白廬藏清刻《百二漢鏡齋秘書四種》中《火珠林》（輯入心一堂古籍珍本叢刊），原本無此段內容，讀者可參閱原著。

經驗云

凡占應舉及求官，便把卦中鬼父看，鬼旺父興須有分，兄財子動定無緣。

·占趨謁第十二

鬼谷辨爻法	
六爻	大貴人
五爻	內貴
四爻	朝貴
三爻	州貴
二爻	縣貴
初爻	鄉貴

周公斷趨謁歌

欲參高貴把爻詳，

若謁貴人，以鬼谷爻位推之。如貴人臨初爻，宜謁鄉貴之類。

內外相生喜倍常，

若值內外卦相生，則主遇貴有喜也。

若遇青龍飛吉慶，

若值青龍發動，卜為吉慶。

若逢白虎動很①㊀當。

若值白虎發動，趨謁主彳良㊁當也。

和同愛子翩翩起，

若愛和同，最要子孫爻動吉。
迍滯嫌官冉冉②揚，
最嫌官鬼，若動定主迍滯。
外卦是陽兼被剋，
若外卦屬陽剋內者，如得《既濟》卦之類。
門前趨謁見恓惶③。
若果受剋于外陽，主趨謁見犧惶。
喜神驛馬兼財祿，
若得天喜驛馬，又見財祿上卦，最為吉神也。
若動應知大吉昌。
若上四位吉神，有二位上卦發動，亦主遇貴，多獲財祿之吉。

注釋

①㑥（liáng）：善。
②冉冉（rǎnrǎn）：慢慢地，漸進地。
③恓惶（xī huáng）：忙碌不安貌。

校勘記

㈡「[㑥]」，查無此字，亦不知道其音義。

卜筮元龜云

占謁見貴人云㊀

貞悔相生吉是常㊁，內外相淩凶且傷，
內外相生吉，內剋外半凶，全相生大吉。
世剋應云君主㊂怒，更剋㊃鬼爻為不祥。
應與鬼㊄及外卦為君、為名㊅。世剋應，或剋鬼，皆不悅㊆。後仿此。
悔剋貞云君主念，亦憂刑害於讒譖①，
終不及相生也。
貞剋悔為傷主心，俯仰唯須自卑欽。
應剋世云君主愛，內外相生吉為最，世應比和吉無凶，官鬼旺身樂無礙。
皆云世及應，卦與鬼，相生吉也。

注釋

①讒譖（chán zèn）：以讒言毀謗他人。

校勘記

㈠「占謁見貴人云」，原本脫漏，據《卜筮元龜•謁見門•占謁見貴人章》及本書標題體例補入。
㈡「常」，原本作「當」，疑誤，據《卜筮元龜•謁見門•占謁見貴人章》原文改。
㈢「主」，原本作「長」，疑誤，據《卜筮元龜•謁見門•占謁見貴人章》原文改。
㈣「剋」，原本作「相」，疑誤，據其文意改。
㈤「鬼」，原本作「用」，疑誤，據《卜筮元龜•謁見門•占謁見貴人章》原文改。
㈥「為名」，原本作「長若」，疑誤，據《卜筮元龜•謁見門•占謁見貴人章》原文改。
㈦「悅」，原本作「吉」，疑誤，據《卜筮元龜•謁見門•占謁見貴人章》原文改。

占得見貴人否云

欲見貴人占月卦，卦裡㈠有身相見也，

假令正月得《泰》卦：

甲寅木與身並，必與貴人平交也㈡。

占卦須看官鬼爻，官鬼生身尤益推㈢。

卦若無身又無鬼，欲見臨行必又止，卦中官鬼落空亡，此則終須不勞擬。

終不得見也。

《新鍥斷易天機》引例：024
來源：《卜筮元龜》教例：081
時間：寅月
占事：得見貴人否？
坤宮：地天泰（六合） 本　　卦 子孫癸酉金 ▅▅ ▅▅ 應 妻財癸亥水 ▅▅ ▅▅ 兄弟癸丑土 ▅▅ ▅▅ 兄弟甲辰土 ▅▅▅▅▅ 世 官鬼甲寅木 ▅▅▅▅▅ 身 妻財甲子水 ▅▅▅▅▅

校勘記

㈠「裡」，原本作「底」，疑誤，據《卜筮元龜·謁見門·占得見貴人否章》原文改。

㈡「甲寅木與身並，必與貴人平交也」，原本作「甲乙木又與身並，必與其人平交也」，疑誤，據《卜筮元龜·謁見門·占得見貴人否章》原文改。

㈢「推」，原本作「雅」，疑誤，據《卜筮元龜·謁見門·占得見貴人否章》原文改。

占見貴人有喜怒相見否云㊀

內陽外陰相見美，容貌如嗔心中喜，
內為心，外為貌。陰主不見，陽主見。陰主喜，陽主嗔。
陽爻動言出外遊，陰爻動云居內裡㊁。
外卦見陰內見陽，九五相乘㊂求吉昌，
外陰主近得相見，外陽主遠不相見。
內陰外陽不相見，雖見如嗔外作伴。
外陽內陰，見如不見，不相喜美㊃。

校勘記

㊀「占見貴人有喜怒相見否云」，原本作「占見常人或喜怒云」，疑誤，據《卜筮元龜•謁見門•占見貴人有喜怒相見否章》原文改。
㊁「裡」，原本作「底」，疑誤據《卜筮元龜•謁見門•占見貴人有喜怒相見否章》原文改。
㊂「乘」，原本作「承」，疑誤，據《卜筮元龜•謁見門•占見貴人有喜怒相見否章》原文改。
㊃「外陽內陰，見如不見，不相喜美」，原本作「外陽內陰主不吉，若見必不相喜」，疑誤，據《卜筮元龜•謁見門•占見貴人有喜怒相見否章》原文改。

占獻書云

旺相相生皆為敏，休廢不和終不允，

不和不允，內外相剋是也。

若得一陰復一陽，上下相生亦相順。

陰陽相生為順，《恒》、《泰》之類是也。陰陽相剋為逆，《未濟》之類是也。按經云：「上陰即逆不樂順」，《臨》、《小過》之類是也。

內外俱陽應生世，吉慶無疑不須記，

《訟》、《需》之類是相生也。父母爻為書信，父母化為鬼，欲求官職。父母化兄弟，欲進身求名財之事。但父母為吉神，並之則吉也。其餘仿此。

純陰囚死刑殺並，相剋還將抱憂滯㊀。

純陰怒，純陽喜。純陰帶刑殺，更加無氣相剋大凶。書啟申事，申不得者是也㊁。

外陽為聽㊂陰不從，有氣相生無氣凶，

內為身，外為君。外陰但有氣，與內相生亦吉，假令夏㊃卜，得《家人》卦是也。更須細詳之。

純陽相生喜即聽，純陰相淩似詐聾。

純陽相生，有氣而㊄喜。純陰無氣，相剋為怒。

校勘記

㊀「純陰囚死刑殺並，相剋還將抱憂滯」，原本作「陰居休囚刑殺並，相剋須防至憂滯」，疑誤，據《卜筮元龜·謁見門·占獻書章》綜合改。
㊁「申不得者是也」，原本作「不得其意者也」，疑誤，據《卜筮元龜·謁見門·占獻書章》原文改。
㊂「外陽為聽」，原本作「外陽聽順」，疑誤，據《卜筮元龜·謁見門·占獻書章》原文改。
㊃「夏」，原本脫漏，據《卜筮元龜·謁見門·占獻書章》原文補入。
㊄「而」，原本作「為」，疑誤，據《卜筮元龜·謁見門·占獻書章》原文改。

占欲見人可出不可出云

陰興之時得陰卦，相見法宜小人也，
夏至後陰氣生，卜得陰卦，是小人得其時。
陽生之後得陽卦，此則方宜士賢者。
冬至後陽氣生，卜得陽卦，是大人得其時也。得時即吉，失時即凶也㊀。
陰卦遇陽時滅沒，出則應被小人害，
君子不宜出見小人也。

陽卦遇陰弗順時，出亦難同君子愛。

陰生之時，小人道長，卜得陽卦君子凶。陽生之時，君子道長，卜得陰卦小人亦凶之類。

校勘記

㊀「也」，原本脱漏，據《卜筮元龜·謁見門·占欲見人可出不可出章》原文補入。

洞林秘訣云

參謁先須看卦名，稍逢爻動利生成，相扶相合見終美，有氣如心遂稱情。

只忌世內剋應外，其餘皆可望相迎，

只忌內剋外，世剋應。應生世，外剋內，則他人相喜，望我來求。

陰爻旺相利見武，陽爻升旺見文人。

陰爻得地旺相，利見武職及平交已下。陽爻旺相得地，利見文位及尊長等人。

世應本宮內外旺，不怕旬中犯空亡，縱然初到未得見，即時會遇甚相當。

望財須要有官鬼，伏神卦有亦為強，休囚之卦宜休望，喜神動助自過常。

休囚空亡休準擬，旺殺傷身返有傷，生合扶之卦不旺，尋常相見正忠良。

海底眼云

謁人須問謁何人，世應坐鬼枉勞心，用爻出現不乘吉㊀，往之㊁必不在家庭。

又云：凡訣謁人，以外卦取。外陽可見，外陰不見。陰化陽宜再見，陽化陰功已出。要外卦出現在家，忌外卦獨發伏藏，應動皆不見。一看財爻旺相，出現忌動，見官看官爻。謁人須問謁何人，忌世應坐鬼。

校勘記

㊀「吉」，原本作「上」，疑誤，據《海底眼•占謁人》原文改。

㊁「之」，原本作「見」，疑誤，據《海底眼•占謁人》原文改。

•占求事第十三

鬼谷辨爻法	
六爻	國事
五爻	官事
四爻	人事
三爻	家事
二爻	身事
初爻	心事

杜氏占求事歌

求事先看內卦中，

求事先當看內卦有何吉凶。

剛柔剋外所求通。

若內卦或剛或柔，能剋於外，則主求通。若外剋內，則主迍滯。

內爻無氣那能共

若值內卦無氣，縱外卦旺相，而所求終不遂心。

空處身心亦不同。

若內卦更遇空亡，主身與心違，縱與人謀事，亦不同也。

內外相生俱有氣，
若內卦與外卦相生有氣則吉，如《風水渙》卦之類是也。
事皆成就荷天公。
若果相生有氣，則謀事盡皆成就，得天公之庇蔭者也。

經驗云

出行謁貴及尋人，兄鬼交重不可親，子旺財興㊀須吉利，父興既去又回程。

校勘記

㊀「興」，原本作「明」字，疑誤，據《卜筮全書·闡奧歌章·出行章》原文改。

•占鬥毆第十四

鬼谷辨爻法	
六爻	官司
五爻	持刃
四爻	持杖
三爻	拳手
二爻	罵詈①
初爻	口爭

李淳風論鬥毆歌

應被大殺鬥皆傷，

若值大殺臨于應爻，定主毆傷十分重也。殺例見總斷云。

世兑臨斯身主強，

若世在兑宫，主自身強壯。

旺相內中皆剋外，

若值卦身旺相，內又剋外，最吉。

安然領取賊消亡。

卦既吉，縱有殺傷，主其賊消亡也。

九二處重兼六五，

九二與六五，二爻值動㊀最凶。

必須爭競事忙忙，

卦既凶，必主爭競之事，忙忙無了時也。

陰陽中半徒相守，

若得一陰一陽之卦，斷不成爭，徒相守也。

世應比和兩不傷。

若得㊁世應比和，主彼此兩無相傷也。

注釋

①罵詈（mà lì）：辱罵詛咒。

校勘記

㊀「動」，原本作「重」，疑誤，據其文意改。

㊁「得」，原本作「與」，疑誤，據其文意改。

海底眼占征戰云

以世爻為主

出戰交鋒問敗羸，怕嫌鬼旺剋持身，世墓我軍不可動，應衰彼陣折人兵。
世坐陰宮宜後舉，身臨陽象利先征，子孫得地將軍勝，妻財糧草要相應㊀。
火鬼剋身防劫寨，水發官鄉㊁不可停，土動八方兵不一，木官生世有增兵㊂。
金火不宜持世應，兩家流血害交征，兄弟奪糧嫌變發，父母旌旗忌動興。
土為炮石金為刃，木為舟車火為營㊃，動爻剋世防刺客㊄，世應俱空報㊅太平。

校勘記

㊀「應」，原本作「乘」，疑誤，據《海底眼•占征戰》原文改。
㊁「水發官鄉」，原本作「水發於官」，疑誤，據《海底眼•占征戰》原文改。
㊂「木官生世有增兵」，原本作「木官傷世有生兵」，疑誤，據《海底眼•占征戰》原文改。
㊃「木為舟車火為營」，原本作「木為舟車，火為營寨」，疑誤，據《海底眼•占征戰》原文改。

原文改。

㊄「動爻剋世防刺客」，原本作「火爻剋世，提防刺客」，疑誤，據《海底眼·占征戰》原文改。

㊅「報」，原本作「得」字，疑誤，據《海底眼·占征戰》原文改。

新鍥纂集諸家全書大成斷易天機五卷終

新鍥纂集諸家全書大成斷易天機卷之六

作者 劉世傑 編著
清虛子 魏禎 序
豫錦誠 徐紹錦 校正
閩書林 鄭雲齋 梓行

•占詞訟第十五

鬼谷辨爻法	
六爻	聖駕
五爻	臺部
四爻	監司
三爻	州府
二爻	縣司
初爻	耆保

王輔嗣斷公訟歌

日辰剋鬼我身贏，
看日所屬何辰，若剋於鬼，則主公事得贏。
鬼剋日辰他身旺，
若日辰為鬼所剋，則主敵手獲勝。
日辰生鬼事遲延㈠，
若日辰生起官鬼，則主官事遲也。
鬼生日辰事搖漾①。
若官鬼生起日辰，則主事理搖漾不定。
日辰與鬼不相剋，
日辰官鬼不相剋，則無害。
此事終須㈡有比和，
兩不相剋，則主見比和也。
日辰或與鬼沖並，
日辰若與官鬼沖並，亦吉。

兩邊相見自消磨。

物極則反，若見沖並，主兩邊自息訟也。

若值㊂解神官事散，

孫臏論解神詩云：「解神正二起于申，三四原來向酉陳，五六卻歸犬律立，七八還與豬為鄰。九十之中逢馬位，鼠牛之月入羊群，從此解神官事散，從前災禍總離身」。若卦中有此解神，斷然主公事自然消散不成。

虎易按：「解神」與「月解神」起例相同，只是歌訣有異。讀者可參見前「月解神」。

更逢天喜樂陶陶，

天喜，即天喜神，訣見總斷歌中。若上卦，必無憂，而有喜慶也。

世前為鎖後為關，

世前二辰為鎖，世後二辰為關。若逢凶殺發動，主有鎖禁之憂㊃。

鬼旺剋身主脊杖。

若值鬼爻反剋本身，主遭杖也。

身剋宗廟有刑憲，

宗廟，第六爻是。若被身剋，立見刑傷。

宗廟剋身道理強，

若宗廟剋於本身，則主有理。
身衰怕被日辰剋，
身爻衰弱，若被日辰所剋為不吉。
死絕長年獄裡藏。
若身值死絕，主死於獄中也。
宗廟死絕事當寧，
看第六爻居何辰，若值火則從寅位起長生，遇死絕日，即休息也。
大壯知他理不明，
若得《大壯》卦，所問定是不明公事。
子孫臨身官㊄事散，
若得子孫持世，則公事斷然消散。
鬼來剋世是輸名。
若身受剋於官鬼，必定見輸。
明夷卦主幽囚禁，
若得《明夷》卦，主被囚禁，不能脫也。
父母爻交事未亨，

若見父母爻動，公事日下未亨。
鬼在伏中難解脫，
若見官鬼臨於伏神，主難解脫。
財居飛上易調停。
若財爻持世，則公事易調停也。
眾陽在外無輸象，
若外卦皆屬陽，斷無輸敗。
刑殺臨身自殺刑。
鬼谷天刑殺例云：「辰卯寅丑子亥戌酉申未午巳，從正月起辰，逆行至於巳」。遇動必主自刑。

注釋

①搖漾：搖動蕩漾。此處指事情反復，不易平靜。

校勘記

㈠「遲延」，原本作「遲遲」，疑誤，據《卜筮全書·闡奧歌章·詞訟章》原文改。

㈡「須」，原本作「知」字，疑誤，據《卜筮全書·闡奧歌章·詞訟章》原文改。
㈢「值」，原本作「並」，疑誤，據《卜筮全書·闡奧歌章·詞訟章》原文改。
㈣「世前二辰為鎖，世後二辰為關。若逢凶殺發動，主有鎖禁之憂」，原本作「世前二神為鎖，世後三神為關。若臨世爻，大假失理」，疑誤，據《卜筮全書·闡奧歌章·詞訟章》原文改。
㈤「官」，原本作「知」，疑誤，據《卜筮全書·闡奧歌章·詞訟章》原文改。

天玄賦曰

偉哉行事有功㈠，廣播聲名於天下。必也使民無訟，須存正直於心中。大爭則兵革交征，小競則文詞相訴。

欲分勝負，先將世應推詳。

凡爭訟曲直，世剋應者我勝，應剋世者他勝。然應雖剋世，而世旺，彼雖害我，而不能深傷。世靜而剋應，而應發動，彼有通變之謀，終不受剋。若有吉神扶持，必有貴人倚靠，終不能侵。若世應皆旺，勝敗之機未可決，但究日辰生合何爻，並刑剋那爻，便知端的。

要決因依，但把鬼爻推究。

占公訟以鬼爻為主，更以六神參究，來歷因依，了然在目矣。

青龍鬼，婚姻訟(二)。

朱雀鬼，罵詈口舌，文書契約，吏人爭鬥，喧鬧是非(三)。

勾陳鬼，田土屋宅，山林樹木訟。若兄化鬼，房族致爭。

騰蛇鬼，被人連累。

白虎鬼，與人爭鬥，白虎帶殺加兄弟動，事屬刑名。

玄武鬼，姦淫盜賊訟。

官剋應，他人遭責。鬼傷世，自己逢迍。

凡占訟，世應相剋，以決輸贏。

一說：世剋應，我訟他。應剋世，他訟我。輸贏從鬼斷。鬼剋世，官司不順，我廣費資財。鬼剋應，他人遭責，彼虧我勝(四)。應空不受剋，他人亦無妨。世空同斷(五)。

又云：世應俱空，兩家退悔，官司將有解散之意(六)。

一卦兩官，權柄何曾歸一。六爻無父，文書終久難成。

一卦之中，不宜見兩鬼。若兩鬼出(七)現，權不歸一，事體反覆。若一鬼或動旺，即取其方向，便知那一官(八)執權。

父母為文書案驗，卦無父母，案卷未成。父母旺空，文書未就。休囚空亡，其事不成。或父母逢太歲、月建沖，上司必有駁。父母加太歲動，主(九)上司弔卷。父母帶吉神，終無大咎㊉。凶神相遇，則事凶。

他訴訟，看鬼位休囚。我興詞，怕財爻旺相。

凡他訟我，要鬼位㊀休囚，不宜旺相，旺動其事必成。妻財本剋父母，若我興詞，不宜見之。若逢動或持世，狀詞終不準。若得日辰沖散財爻，我事庶幾可振㊁。又云：他興訴㊂，須要官鬼休囚墓絕，則無大害。若生旺，其事必成，終難隱沒。得遇沖散，事稍輕。

官鬼空亡墓絕，須知無貴主張。

凡占，不問原告被告，若官鬼空亡墓絕，或卦無官鬼，決無官府主張其事㊃。鬼雖墓絕，而財爻旺動相生，此之謂絕處逢生，須用資財囑託，姑待官鬼旺相月日，方可成訟。更值子孫發動，仍復無氣，縱然費盡資財，亦無益於事㊄。

世應帶合比和，終久有人和會。

若世應帶合，事體本要成。若但比和，而不相害，兩家有和會之心。若子孫動，當勸和公事。世應比和，而官鬼旺動，剋傷世應，兩家欲休，官府不放㊅。若遇解神，庶幾可散。

鬼化鬼移權更案，兄化兄蕩產傾家。

若遇鬼化鬼，其事反覆。或移權更案，事幹兩司，或舊事再發。前卦鬼衰，後卦鬼旺，昔日之事雖小，今日反成大事。前鬼旺，後鬼衰，其事先重後輕，虎頭蛇尾。

兄弟乃剋財之神，若旺動，不免廣費資財，休囚稍可。若又化出兄弟，必主使兩重財，或兩處使錢。更加大耗，主蕩產傾家。若加劫殺及咸池，必被小人陰私，趁勢劫騙。若逢鬼動，終久必知之也㊆。

太歲鬼臨，其事必干臺憲。天獄殺動，此身須入牢房。

占訟，若鬼加太歲及月建，必幹台憲省部。鬼衰難用此斷，自宜通變，復取人事決之，庶無失矣。

天獄殺者，「正月逢亥二月申，三月隨蛇四月寅，五月循環又至亥，周而復始定其神」。若世在艮宮，加天獄及關鎖者，我必有關禁。在應，他當之。

關鎖殺者，「春關牛與蛇，夏關龍猴嗟，秋怕豬羊位，冬犬虎交牙」。春以丑為關，巳為鎖。夏以辰為關，申為鎖。秋未關亥鎖，冬戌關，寅鎖。爭訟遇關必被關，遇鎖必被鎖，各有分明。

官旺日則面折庭諍①，鬼休時則停留長智。

占訟，欲知何日興，何日息，但把鬼爻推究。鬼旺日，其事㊇必興，當見臨庭折證。若值鬼衰，其事必停。鬼值沖，官司有冗②，未及究問。鬼值日辰刑，上司有言責，其事必然稍緩也。

欲識何時結斷，鬼爻墓絕推詳。

占訟，始終成敗，皆從鬼斷。其事有定限，庶可推詳。夫結絕決斷，實為難事。其有動經十餘年，或三五載，一月半月者。其事要決，必須先達人事，度其輕重，知其時務，復取卦爻。子孫發動，官鬼空亡無氣入墓，窮㊈其鬼絕年月日，然後方可雍容，推其意而言之。

要知不受刑傷，子位興隆剖決。

子孫為福德之神，官訟牽連，獄囚禁繫，杖責臨身，此爻發動，一概可免㊉。爭訟陷於獄中，不受刑責者，實為難事，莫非天恩天赦，安得如此，占者須尋天赦天喜。子孫動，臨世應，及父母者，非無杖責也。訣在何時消脫，天喜子孫旺相年月是。

世上論官訴訟，多因性氣資財。

民間爭訟，小則是非口舌，大則訴訟經官，未有不因酒色財氣③也，四者起訟之根源。人能逃此，自然上下和平，公私利濟，必無爭訟之患。

注釋

①面折庭諍（zhèng）：指直言敢諫。謂在朝廷上犯顏直諫，據理力爭。

②冗（rǒng）：散。

③酒色財氣：嗜酒、好色、貪財、逞氣。此四事最為常人所好，卻最易害人，所以世俗每以此為「人生四戒」。

校勘記

㈠「功」，原本作「方」，疑誤，據《卜筮全書·天玄賦·詞訟章》原文改。

㈡「訟」，原本作「諧」，疑誤，據《卜筮全書·天玄賦·詞訟章》原文改。

㈢「喧鬧是非」，原本脫漏，據《卜筮全書·天玄賦·詞訟章》原文補入。

㈣「他人遭責，彼虧我勝」，原本作「他人必有責」，疑誤，據《卜筮全書·天玄賦·詞訟章》原文改。

㈤「斷」，原本作「此」，疑誤，據《卜筮全書·天玄賦·詞訟章》原文改。

㈥「兩家退悔，官司將有解散之意」，原本作「兩家不願官司，皆有解散之意」，疑誤，據《卜筮全書·天玄賦·詞訟章》原文改。

㈦「出」，原本脫漏，據《卜筮全書·天玄賦·詞訟章》原文補入。

㈧「官」，原本作「員」字，疑誤，據《卜筮全書·天玄賦·詞訟章》原文改。

㈨「主」，原本脫漏，據《卜筮全書·天玄賦·詞訟章》原文補入。

㈩「咎」，原本作「事」，疑誤，據《卜筮全書·天玄賦·詞訟章》原文改。

⑪「位」，原本脫漏，據《卜筮全書·天玄賦·詞訟章》原文補入。

⑫「若我興詞，不宜見之。若逢動或持世，狀詞終不準。若得日辰沖散財爻，我事庶幾可振」，原本作「若我興訴，不宜見之。若逢動或持世，狀詞終不成。若得沖散財爻，我事庶幾可振」，疑誤，據《卜筮全書·天玄賦·詞訟章》原文改。

⑬「訴」，原本作「詞」，疑誤，據《卜筮全書·天玄賦·詞訟章》原文改。

⑭「凡占，不問原告被告，若官鬼空亡墓絕，或卦無官鬼，決無官府主張其事」，原本作「凡占，不問原告被論，若官鬼空亡墓絕，或卦無官鬼，無貴人主張」，疑誤，據《卜筮全書·天玄賦·詞訟章》原文改。

⑮「縱然費盡資財，亦無益于事」，原本作「縱然費財，亦無所益」，疑誤，據《卜筮全書·天玄賦·詞訟章》原文改。

⑯「若子孫動，當勸和公事。世應比和，而官鬼旺動，剋傷世應，兩家欲休，官府不放」，原本作「若見子孫發動，勸和必成。世應雖和，而官鬼旺動，傷剋世應，兩家欲休，官鬼不放」，疑誤，據《卜筮全書·天玄賦·詞訟章》原文改。

⑰「若又化出兄弟，必主使兩重財，或兩處使錢。更加大耗，主蕩產傾家。若加劫殺及咸池，必被小人陰私，趁勢劫騙。若逢鬼動，終久必知之也」，原本作「若化兄弟，必主使兩重財，或兩處使錢。更加大耗殺，主蕩傾家產。若加劫殺及咸池，必被他人陰私，趁勢劫騙財物。若逢鬼動，終久知之」，疑誤，據《卜筮全書·天玄賦·詞訟章》原文改。

⑱「其事」，原本作「其日」，疑誤，據《卜筮全書·天玄賦·詞訟章》原文改。

⑲「窮」，原本脫漏，據《卜筮全書·天玄賦·詞訟章》原文補入。

⑳「子孫為福德之神。官訟牽連，獄囚禁繫，杖責臨身，此爻發動，一概可免」，原本脫漏，據《卜筮全書·天玄賦·詞訟章》原文補入。

經驗云

青龍動主和，朱雀官偏拗，勾陳公差來，白虎杖比較。騰蛇鐵鎖拘，玄武吏典狡，若依此訣推，百試無不效。

卜筮元龜云㊀

予詳觀之，言詞淆亂，道理不明，故不復贅。

虎易按：原本標題及「予詳觀之，言詞淆亂，道理不明，故不復贅」，編排在「經驗云」後。但以下十節內容，均錄自《卜筮元龜•公訟門》，據其內容歸類，改排在此處。讀者可參閱《卜筮元龜•公訟門》原著。

校勘記

㊀「卜筮元龜云」，原本脫漏，據以下內容及本書標題體例補入。

占解刑法云

卦有刑來解判者，木刑金破㊀財是也。

假令二月《節》之《隨》卦㊁：

九二丁卯木動，名虎來刑子。雖卯刑子，帶福德尤吉㊂。六四戊申金動，剋丁卯木，名解木刑。日上見金制卯者，名解也。餘仿此。

虎易按：原本作「假令二月得《節》卦」，據後文「九二丁卯木動」、「六四戊申金動」原文改作《節》之《隨》卦。

「九二丁卯木動，名虎來刑子」，《節》為子月卦，指卦中卯木動化寅木，寅屬虎，來刑月卦子，所以稱為「名虎來刑子」。

「六四戊申金動，剋丁卯木，名解木刑」，指申金動剋制動爻卯木，解除了卯木對子水之刑，所以稱為「名解木刑」。

《新鍥斷易天機》引例：025					
來源：《卜筮元龜》教例：126					
時間：二月					
坎宮：水澤節（六合）			震宮：澤雷隨（歸魂）		
本　　卦			**變　　卦**		
兄弟戊子水	▅▅　▅▅		官鬼丁未土	▅▅　▅▅	應
官鬼戊戌土	▅▅▅▅▅		父母丁酉金	▅▅▅▅▅	
父母戊申金	▅▅　▅▅	應　╳→	兄弟丁亥水	▅▅▅▅▅	
官鬼丁丑土	▅▅　▅▅		官鬼庚辰土	▅▅　▅▅	世
子孫丁卯木	▅▅▅▅▅	○→	子孫庚寅木	▅▅　▅▅	
妻財丁巳火	▅▅▅▅▅	世	兄弟庚子水	▅▅▅▅▅	

雖然金動日辰沖，此亦還同未蒙解。

若寅日或正月卜得《艮》㊃卦：

此破在申㊄，又帶絕氣，大寅㊅亦同一解也。

虎易按：「此破在申，又帶絕氣」，正月申金休囚無氣，臨寅日為日破，申又絕於寅日。「大寅亦同一解也」，指正月的月令為「寅」，月比日大，故稱「大寅」。申逢正月為月破，與臨寅日一樣為破，所以稱為「大寅亦同一解也」。

《新鍥斷易天機》引例：026		
來源：《卜筮元龜》教例：127		
時間：寅日或正月		
艮宮：艮為山（六沖）		
本　　卦		
官鬼丙寅木	▅▅▅▅▅	世
妻財丙子水	▅▅　▅▅	
兄弟丙戌土	▅▅　▅▅	
子孫丙申金	▅▅▅▅▅	應
父母丙午火	▅▅　▅▅	
兄弟丙辰土	▅▅　▅▅	

校勘記

㊀「破」，原本作「被」，疑誤，據《卜筮元龜·公訟門·占解刑法章》原文改。

㊁「《節》之《隨》卦」，原本作「《節》卦」，疑誤，據其文意改。

㊂「帶福德尤吉」，原本作「帶福德青龍吉」，疑誤，據《卜筮元龜·公訟門·占解刑法章》原文改。

㊃「艮」，原本作「此」，疑誤，據《卜筮元龜·公訟門·占解刑法章》原文改。

㊄「此破在申」，原本作「赦在申申」，疑誤，據《卜筮元龜·公訟門·占解刑法章》原文改。

㊅「大寅」，原本作「無力」，疑誤，據《卜筮元龜·公訟門·占解刑法章》原文改。

占宜遣何官職人解之云

大刑月建並來剋，宜使其人用氣力㊀，

大刑者，虎刑也。假令六㊁月亥為虎刑，屬水，遇在辰戌丑未日㊂，或㊃土命人，土剋水，故也。他倣此。大刑正月起辰，逆㊄行十二宮。

虎易按：「大刑者，虎刑也」之說，無其他資料可考，故存此說。「假令六月亥為虎刑」，《京氏易傳》曰：「虎刑五月午，在《離》卦，右行」。此處「假令六月亥為虎刑」，與《京氏易傳》所稱「虎刑」不符，請讀者注意分辨。

太歲爻驚剋大刑，恩赦必來為救矣。

太歲剋虎刑，赦書救。月建剋，諸侯救。時剋，令長救。大殺剋虎殺，監司救之。

校勘記

㊀「宜使其人用氣力」，原本作「宜使其人著力氣」，疑誤，據《卜筮元龜·公訟門·占宜遣何官職人解之章》原文改。

㊁「六」，原本作「八」，疑誤，據《卜筮元龜·公訟門·占宜遣何官職人解之章》原文改。

㊂「遇在辰戌丑未日」，原本作「遇在辰辰戌丑未月」，疑誤，據《卜筮元龜·公訟門·

占宜遣何官職人解之章》原文改。

㈣「或」，原本脫漏，據《卜筮元龜·公訟門·占宜遣何官職人解之章》原文補入。

㈤「逆」，原本作「順」，疑誤，據《卜筮元龜·公訟門·占宜遣何官職人解之章》原文改。

占禁繫云

何以知人憂禁繫，得剝遯蒙皆為例㈠，蠱旅見時為獄中，六害日期為禁制。

《艮》象為獄門，《旅》卦《遯》、《蒙》、《剝》㈡之類是也。有此象，而以六害為準則。

假令見《坎》：

六害在未。

見《艮》：

六害在巳㈢日入也。仿此㈣。

虎易按：「假令見《坎》：六害在未」，指未與世爻子相害。「見《艮》：六害在巳日入也」，

《新鍥斷易天機》引例：027		
來源：《卜筮元龜》教例：128		
坎宮：坎為水（六沖）		
本　　卦		
兄弟戊子水	▅▅　▅▅	世
官鬼戊戌土	▅▅▅▅▅	
父母戊申金	▅▅　▅▅	
妻財戊午火	▅▅　▅▅	應
官鬼戊辰土	▅▅▅▅▅	
子孫戊寅木	▅▅　▅▅	

《新鍥斷易天機》引例：028		
來源：《卜筮元龜》教例：129		
艮宮：艮為山（六沖）		
本　　卦		
官鬼丙寅木	▅▅▅▅▅	世
妻財丙子水	▅▅　▅▅	
兄弟丙戌土	▅▅　▅▅	
子孫丙申金	▅▅▅▅▅	應
父母丙午火	▅▅　▅▅	
兄弟丙辰土	▅▅　▅▅	

指巳與世爻寅相害。

酉日卜云㊄世戌來，卜者身憂入獄災，

假令酉日卜得《頤》卦：

酉害戌，即酉日入也。

酉爻發動皆如此，卦臨酉戌亦還該。

八月得九月卦，酉日入。九月得八月卦，戌日入。

害者：子害未，丑害午，寅害巳，卯害辰，申害亥，酉害戌。其他必仿此推也。

《新鍥斷易天機》引例：029

來源：《卜筮元龜》教例：**130**

時間：酉日

巽宮：山雷頤（遊魂）

本　　卦

兄弟丙寅木 ▅▅▅▅▅

父母丙子水 ▅▅ ▅▅

妻財丙戌土 ▅▅ ▅▅ 世

妻財庚辰土 ▅▅ ▅▅

兄弟庚寅木 ▅▅ ▅▅

父母庚子水 ▅▅▅▅▅ 應

校勘記

㊀「何以知人憂禁繫，得剝遯蒙皆為例」，原本作「何以知人憂禁得，夬剝遯蒙皆為例」，疑誤，據《卜筮元龜•公訟門•占禁繫章》原文改。

㊁「《剝》」，原本脫漏，據《卜筮元龜•公訟門•占禁繫章》原文補入。

㊂「巳」，原本作「午」，疑誤，據六害體例改。

㊃「仿此」，原本脫漏，據《卜筮元龜•公訟門•占禁繫章》原文補入。

㊄「云」，原本作「為」，疑誤，據《卜筮元龜•公訟門•占禁繫章》原文改。

占公事出日云

欲知禁㊀者言出時，卦生之日以為期，假令卦爻火為世，火位長生寅上推。

假令火爻持世，火長生在寅，故知是正月或寅日出也。

先看鬼被日辰剋，日辰剋之出未得，

以干為日，支為辰。假令戊辰土為日辰，卜得純《離》卦：

以水為鬼，日辰支干俱帶土，剋水，故知未出也㊁。

日辰扶鬼事為遲，鬼剋日辰出無疑。

假令甲寅乙卯日，卜得《離》宮卦：

是日辰扶鬼㊂。

《新鍥斷易天機》引例：030		
來源：《卜筮元龜》教例：131		
時間：戊辰日		
離宮：離為火（六沖）		
本　　卦		
兄弟己巳火	▅▅▅▅▅	世
子孫己未土	▅▅　▅▅	
妻財己酉金	▅▅▅▅▅	
官鬼己亥水	▅▅▅▅▅	應
子孫己丑土	▅▅　▅▅	
父母己卯木	▅▅▅▅▅	

《新鍥斷易天機》引例：031		
來源：《卜筮元龜》教例 132		
時間：甲寅乙卯日		
離宮：離為火（六沖）		
本　　卦		
兄弟己巳火	▅▅▅▅▅	世
子孫己未土	▅▅　▅▅	
妻財己酉金	▅▅▅▅▅	
官鬼己亥水	▅▅▅▅▅	應
子孫己丑土	▅▅　▅▅	
父母己卯木	▅▅▅▅▅	

庚申辛酉日，卜得《乾》宮卦：

是鬼剋日辰也㈣。

校勘記

㈠「禁」，原本作「訟」，疑誤，據《卜筮元龜・公訟門・占公事出日章》原文改。

㈡「以干為日，支為辰。假令戊辰土為日辰，卜得純《離》卦：以水為鬼，日辰支干俱帶土，剋水，故知未出也」，原本作「以干為甲，爻為辰。假令戊辰土為，卜得純《離》卦，以水為鬼，日辰支干俱帶土剋水，故知其未出也」，疑誤，據《卜筮元龜・公訟門・占公事出日章》原文改。

㈢「是日辰扶鬼」，原本作「是日辰戊申」，疑誤，據《卜筮元龜・公訟門・占公事出日章》原文改。

㈣「是鬼剋日辰也」，原本作「是鬼剋」，疑誤，據《卜筮元龜・公訟門・占公事出日章》原文改。

《新鍥斷易天機》引例：032		
來源：《卜筮元龜》教例：133		
時間：庚申辛酉日		
乾宮：乾為天（六沖）		
本	**卦**	
父母壬戌土	━━━━━	世
兄弟壬申金	━━━━━	
官鬼壬午火	━━━━━	
父母甲辰土	━━━━━	應
妻財甲寅木	━━━━━	
子孫甲子水	━━━━━	

占禁繫見關鑰云㊀

旺卦為關相為鑰，春分震旺巽為相，八卦還依八節推，繫者破㊁關重被縛，

八節，即立春艮旺震相，後仿此。立春丑旺寅相，春分寅旺卯相，立夏巳旺午相，夏至午旺未相。鬼㊂爻動，遭之繫禁準。他皆倣此。

鑰即為匙關為鎖，匙居鑰上因內坐，鑰居關上即為關，更遇日辰衝破散。

假令春分酉日，卜得《恒》卦：

外震春分為關，酉日破在震，名關鑰破。他皆倣此。雖關鑰旺，但遇酉，終不久禁也。

虎易按：原標題作「占禁繫見關鑰拼與訴訟何人前後訣云」，但只有「占訴訟何人前後云」的內容。「占禁繫見關鑰云」的內容，混入後面「占訴訟歷幾司云」內。據《卜筮元龜•公訟門》原本排列，將《卜筮元龜•公訟門•占禁繫見關鑰章》內容歸類調整至此。將《卜筮元龜•公訟門•占訴訟何人前後云》內容，另作標題如後。

《新鍥斷易天機》引例：033		
來源：《卜筮元龜》教例：134		
時間：春分 酉日		
震宮：雷風恒		
本　　卦		
妻財庚戌土	⚋	應
官鬼庚申金	⚋	
子孫庚午火	⚊	
官鬼辛酉金	⚊	世
父母辛亥水	⚊	
妻財辛丑土	⚋	

校勘記

㊀「占禁繫見闗鑰云」，原標題拼作「占禁繫見闗鑰拼與訴訟何人前後訣云」，疑誤，據《卜筮元龜•公訟門》及本書標題體例改。

㊁原本作「被」字，據《卜筮元龜•公訟門•占禁繫見闗鑰章》原文改作「破」字。

㊂「鬼」，原本脱漏，據《卜筮元龜•公訟門•占禁繫見闗鑰章》原文補入。

占訴訟何人前後云㊀

外剋内卦身先訟，内身剋外㊁被他論，上下比和不相害，則占世爻與應陳。外剋内，他觸己，己即論他。内剋外，己觸他，他訟己。世應内外相生俱是。陽鬼空亡身不訟，陰鬼休囚彼不論，二鬼比和各休廢㊂，從此消散兩家分。散㊃不成訟也。

校勘記

㊀「占訴訟何人前後云」，原標題拼作「占禁繫見闗鑰拼與訴訟何人前後訣云」，疑誤，據《卜筮元龜•公訟門》及本書標題體例改。

㊁「外」，原本作「後」，疑誤，據《卜筮元龜·公訟門·占訴訟何人前後章》原文改。

㊂「廢」，原本作「囚」，疑誤，據《卜筮元龜·公訟門·占訴訟何人前後章》原文改。

㊃「散」，原本作「分散」，疑誤，據《卜筮元龜·公訟門·占訴訟何人前後章》原文改。

占訴訟姻田財物同云

訴訟爭財卜得泰，寅午戌兮劫殺亥，

《泰》卦：

以甲寅木為鬼，以癸亥水為財。寅午戌劫殺在亥，是奪他財。正月卜得此卦亦㊀然。此卦雖奪有理，為內外及世應相生，故也。

假令《同人》卦：

世爻己亥水，以壬申金為財，亥卯未劫殺在申，

《新鍥斷易天機》引例：034		
來源：《卜筮元龜》教例：111		
坤宮：地天泰（六合）		
本	卦	
子孫癸酉金	▅▅ ▅▅	應
妻財癸亥水	▅▅ ▅▅	
兄弟癸丑土	▅▅ ▅▅	
兄弟甲辰土	▅▅▅▅▅	世
官鬼甲寅木	▅▅▅▅▅	
妻財甲子水	▅▅▅▅▅	

《新鍥斷易天機》引例：035		
來源：《卜筮元龜》教例：112		
離宮：天火同人（歸魂）		
本	卦	
子孫壬戌土	▅▅▅▅▅	應
妻財壬申金	▅▅▅▅▅	
兄弟壬午火	▅▅▅▅▅	
官鬼己亥水	▅▅▅▅▅	世
子孫己丑土	▅▅ ▅▅	
父母己卯木	▅▅▅▅▅	

強奪無理也。

但言欲奪占其身，細想六爻看劫會。

卦劫子孫，論奪人口㊁。卦劫父母，論奪屋宅。卦劫妻財，奪他產業。卦劫官鬼，奪他職位。若鬼動，終是相奪。如月卦是寅午戌，則㊂亥為劫，又看亥為本卦何屬者焉。

校勘記

㊀「亦」，原本作「有」，疑誤，據《卜筮元龜•公訟門•占訴訟姻田財物同章》原文改。

㊁「論奪人口」，原本作「論奪財祿」，疑誤，據《卜筮元龜•公訟門•占訴訟姻田財物同章》原文改。

㊂「則」，原本脫漏，據《卜筮元龜•公訟門•占訴訟姻田財物同章》原文補入。

占訴訟爭財得財否云

卦中無財浪言述㊀，財化為官徒費筆，

官者，鬼也。

得遯直須拋卻休，遇復報云終不失。

《復》卦：
相剋，不可訴。雖無理，終得財。與卦並，又㊁持世，得也。

虎易按：「相剋」，指內外卦相剋。「與卦並」，指世爻庚子，與月卦子並。

《遯》卦：
雖相生，有理，終無財。他仿此。

校勘記

㊀「述」，原本作「說」，疑誤，據《卜筮元龜•公訟門•占訴訟爭財得財否章》原文改。

㊁「又」，原本脫漏，據《卜筮元龜•公訟門•占訴訟爭財得財否章》原文補入。

《新鍥斷易天機》引例：036		
來源：《卜筮元龜》教例：113		
坤宮：地雷復（六合）		
本卦		
子孫癸酉金	▅▅　▅▅	
妻財癸亥水	▅▅　▅▅	
兄弟癸丑土	▅▅　▅▅	應
兄弟庚辰土	▅▅　▅▅	
官鬼庚寅木	▅▅　▅▅	
妻財庚子水	▅▅▅▅▅	世

《新鍥斷易天機》引例：037			
來源：《卜筮元龜》教例：**114**			
	乾宮：天山遯		
伏神	本卦		
	父母壬戌土	▅▅▅▅▅	
	兄弟壬申金	▅▅▅▅▅	應
	官鬼壬午火	▅▅▅▅▅	
	兄弟丙申金	▅▅▅▅▅	
妻財甲寅木	官鬼丙午火	▅▅　▅▅	世
	父母丙辰土	▅▅　▅▅	

占訴訟財㊀是何色目財云

欲知財是他人物，本宮財是外宮出，

假令《乾》，甲寅木，本宮財。化為《剝》卦㊁：

外宮財終出，丙寅木是外宮財也。他仿此。

財當本位若非公，忽是私財終有失。

《剝》上九丙寅，丙寅木上鬼生故㊂。

校勘記

㊀「財」，原本脫漏，據《卜筮元龜・公訟門・占訴訟財是何色目財章》原文補入。

㊁「卦」，原本脫漏，據《卜筮元龜・公訟門・占訴訟財是何色目財章》原文補入。

㊂「《剝》上九丙寅，丙寅木上鬼生故」，原本作「內寅木上鬼生，故也」，疑誤，據《卜筮元龜・公訟門・占訴訟財是何色目財章》原文改。

《新鍥斷易天機》引例：038

來源：《卜筮元龜》教例：1115

乾宮：乾為天（六沖）				乾宮：山地剝		
本　　卦				**變　　卦**		
父母壬戌土	▅▅▅▅	世		妻財丙寅木	▅▅▅▅	
兄弟壬申金	▅▅▅▅		○→	子孫丙子水	▅▅　▅▅	世
官鬼壬午火	▅▅▅▅		○→	父母丙戌土	▅▅　▅▅	
父母甲辰土	▅▅▅▅	應	○→	妻財乙卯木	▅▅　▅▅	
妻財甲寅木	▅▅▅▅		○→	官鬼乙巳火	▅▅　▅▅	應
子孫甲子水	▅▅▅▅		○→	父母乙未土	▅▅　▅▅	

占論㈠訟有理否云

內外相生世應和，皆為得理更無過，

《臨》、《泰》之類是相生：

陽鬼論他，陰鬼被訟㈡也。

相剋被嗔兼被責，參差即被下遭磨。

相剋失理，相生得理。先求其象，一陰一陽，須㈢視其相生。

《新鍥斷易天機》引例：039	《新鍥斷易天機》引例：040
來源：《卜筮元龜》教例：116	來源：《卜筮元龜》教例：117
坤宮：地澤臨	坤宮：地天泰（六合）
本　　卦	本　　卦
子孫癸酉金 ▅▅　▅▅	子孫癸酉金 ▅▅　▅▅ 應
妻財癸亥水 ▅▅　▅▅ 應	妻財癸亥水 ▅▅　▅▅
兄弟癸丑土 ▅▅　▅▅	兄弟癸丑土 ▅▅　▅▅
兄弟丁丑土 ▅▅　▅▅	兄弟甲辰土 ▅▅▅▅▅ 世
官鬼丁卯木 ▅▅▅▅▅ 世	官鬼甲寅木 ▅▅▅▅▅
父母丁巳火 ▅▅▅▅▅	妻財甲子水 ▅▅▅▅▅

其間有理而無財，《咸》卦是：

無理無財而有罪，《升》卦是：

《新鍥斷易天機》引例：041		
來源：《卜筮元龜》教例：118		
兌宮：澤山咸		
本　　卦		
父母丁未土	▅▅　▅▅	應
兄弟丁酉金	▅▅▅▅▅	
子孫丁亥水	▅▅▅▅▅	
兄弟丙申金	▅▅▅▅▅	世
官鬼丙午火	▅▅　▅▅	
父母丙辰土	▅▅　▅▅	

《新鍥斷易天機》引例：042		
來源：《卜筮元龜》教例：119		
震宮：地風升		
本　　卦		
官鬼癸酉金	▅▅　▅▅	
父母癸亥水	▅▅　▅▅	
妻財癸丑土	▅▅　▅▅	世
官鬼辛酉金	▅▅▅▅▅	
父母辛亥水	▅▅▅▅▅	
妻財辛丑土	▅▅　▅▅	應

有理有財而有罪者，《泰》與《豐》是：

無理無財而無罪者㊃，《中孚》卦是也：

中孚無子爻也。《臨》卦，故知無罪。《泰》、《豐》卦有罪，是鬼臨卦也，故知有罪。他皆倣此也㊄。

虎易按：以上內容，論述混亂不清，讀者可參考。

《新鍥斷易天機》引例：043		
來源：《卜筮元龜》教例：**120**		
坤宮：地天泰（六合）		
本　　卦		
子孫癸酉金	⚋	應
妻財癸亥水	⚋	
兄弟癸丑土	⚋	
兄弟甲辰土	⚊	世
官鬼甲寅木	⚊	
妻財甲子水	⚊	

《新鍥斷易天機》引例：044		
來源：《卜筮元龜》教例：**121**		
坎宮：雷火豐		
本　　卦		
官鬼庚戌土	⚋	
父母庚申金	⚋	世
妻財庚午火	⚊	
兄弟己亥水	⚊	
官鬼己丑土	⚋	應
子孫己卯木	⚊	

《新鍥斷易天機》引例：045		
來源：《卜筮元龜》教例：**122**		
艮宮：風澤中孚（遊魂）		
本　　卦		
官鬼辛卯木	⚊	
父母辛巳火	⚊	
兄弟辛未土	⚋	世
兄弟丁丑土	⚋	
官鬼丁卯木	⚊	
父母丁巳火	⚊	應

內外相生世應剋，理得半之全不得。

爭財合分，假令《賁》與《節》：

是內外相生，世應相剋。仿此㈥。

貞悔世應兩比和，道理平平必無惑。

假令純《乾》、《震》、《兌》，三卦是矣。

校勘記

㈠「論」，原本脫漏，據《卜筮元龜・公訟門・占論訟有理否章》原文補入。

㈡「訟」，原本作「盜」，疑誤，據《卜筮元龜・公訟門・占論訟有理否章》原文改。

㈢「須」，原本作「次」，疑誤，據《卜筮元龜・公訟門・占論訟有理否章》原文改。

㈣「者」，原本脫漏，據《卜筮元龜・公訟門・占論訟有理否章》原文補入。

㈤「也」，原本脫漏，據《卜筮元龜・公訟門・占論訟有理否章》原文補入。

《新鍥斷易天機》引例：046		
來源：《卜筮元龜》教例：123		
艮宮：山火賁（六合）		
本　卦		
官鬼丙寅木	▅▅▅▅▅	
妻財丙子水	▅▅　▅▅	
兄弟丙戌土	▅▅　▅▅	應
妻財己亥水	▅▅▅▅▅	
兄弟己丑土	▅▅　▅▅	
官鬼己卯木	▅▅▅▅▅	世

《新鍥斷易天機》引例：047		
來源：《卜筮元龜》教例：124		
坎宮：水澤節（六合）		
本　卦		
兄弟戊子水	▅▅　▅▅	
官鬼戊戌土	▅▅▅▅▅	
父母戊申金	▅▅　▅▅	應
官鬼丁丑土	▅▅　▅▅	
子孫丁卯木	▅▅▅▅▅	
妻財丁巳火	▅▅▅▅▅	世

㈥「內外相生世應剋，理得半之全不得。爭財合分，假令《賁》與《節》：是內外相生，世應相剋。仿此」，原本脫漏，據《卜筮元龜•公訟門•占論訟有理否章》原文補入。

占訴訟歷幾司云

卦涉兩司有兩鬼，三爻為官二為吏，

兩司兩鬼，不然，舊事每動。若年月日時上帶鬼，亦過數司。三爻陽位為官，二爻陰位為吏。二爻為縣，三爻為州府，四爻為監司，五爻為台部。有爻帶鬼，係此處也。仿此㈠。

欲知官吏必為人，福德長生墓爻是。

子在官爻上長生，或當生墓者，吏。官吏者，有人情。當鬼生，鬼正墓者，即為祟。仿此也。

卦裡關連有幾人，鬼爻二五位言陳。

假令《大過》卦：

鬼在三，三人。鬼在五，五人。仿此。見下爻有空亡，必有人，必未出。無氣者憂病，被殺入墓象者憂死。仿此㈡。

虎易按：原本此後還有「旺卦為關相為鑰」等內容，是《卜筮元龜•占禁繫見關鑰章》的內容，歸類調整入《卜筮元龜云•占禁繫見關鑰章》。

《新鍥斷易天機》引例：048		
來源：《卜筮元龜》教例：125		
震宮：澤風大過（遊魂）		
本　卦		
妻財丁未土	▅▅　▅▅	
官鬼丁酉金	▅▅▅▅▅	
父母丁亥水	▅▅▅▅▅	世
官鬼辛酉金	▅▅▅▅▅	
父母辛亥水	▅▅▅▅▅	
妻財辛丑土	▅▅　▅▅	應

校勘記

㊀「兩司兩鬼，不然，舊事每動。若年月日時上帶鬼，亦過數司。三爻陽位為官，二爻陰位為吏。二爻為縣，三爻為州府，四爻為監司，五爻為台部。有爻帶鬼，繫此處也。仿此」，原本作「兩司兩鬼，不動，舊事每動。若年月日時帶鬼，過數司」，疑誤，據《卜筮元龜•占訴訟歷幾司章》原文改。

㊁「欲知官吏必為人」之後內容，原本脫漏，據《卜筮元龜•占訴訟歷幾司章》原文補入。

洞林秘訣云

第一先看卦名義，兄弟持世休論理，卦裡有財可爭財，天喜世內為勝宜。子孫解殺解官刑，伏神為鬼爭不止，鬼動剋應他有刑，世應比和終順美。天喜子孫在內或持世，我得勝矣。世應比和並六合，終是勸。或初爻合，變卦凶，則勸後卻爭。自宜仔細推。

坎為獄門兼血光，子午血光同此意，卯酉破皮丑未逃，震足為鬼防刑治。巽為繩索吊牽連，坤離文章明順義，兌乾鬼殺旺金傷，無氣休囚輕不至。一鬼一司三鬼三，坤卦能順艮能止。

坎為獄門，又為血光，主見血。子午亦為血光。卯酉為皮丑未逃。鬼爻在震受剋，防刑治。巽為繩索，主吊縛。坤離為文章，主明而順。乾兌為金，鬼爻帶殺者，主金刀之傷。無殺者不至。一鬼爻為一司，變卦及四直上來，有五七鬼者，即用五七司了絕。伏神為鬼，先有官鬼結絕了，又防再發。只用坤卦順利，艮地至止。

聖人經言訟中吉，爭之不足謙有餘，責己不至見終凶，不費資財勝了渠。

最忌伏神為鬼。詳見伏神章。

火珠林云

論官吏訟入公庭，大壯欺他理不贏，子若臨身官事散，鬼來剋世是輸名。

明夷卦出憂囚禁，父母爻交事未寧，鬼在休中難解脫，財來飛去易經停。

象陽在外無輪象，刑殺歸身自殺刑，虎動憂愁龍動吉，總無相剋是輕輕。

虎易按：查虛白廬藏清刻《百二漢鏡齋秘書四種》中《火珠林》（輯入心一堂古籍珍本叢刊），原本無此段內容，讀者可參閱原著。

海底眼云

禁係憂官兩未萌，應為對主世為身，鬼旺墓鄉須下獄，官臨歲動達朝廷。

鬼爻出現催公判，卦若傷財理不明，應爻坐[一]鬼他遭責，身下藏官我不贏。
卦值兩官因舊[二]事，兄爻發動起同人，財多損子災難脫，輕者徒流重者刑。
又云：脫事遇官尋福德，父興財發事關身，動爻剋世人來損，兄[三]動虛憂假作真。
凡占官訟，以世爻為主[四]，不問旺相休囚，但以世爻持福德，更看剋爻定之。凡下狀論官[五]，要官爻旺相，可宜先舉。若休囚，不可用[六]。若卦中官鬼持世，去必遭虧，更有罪名[七]。若父動剋世，因勾惹之事。世空自散宜和解，應空詞者沒期程。

校勘記

[一]「坐」，原本作「生」，疑誤，據《海底眼•占官訟》原文改。
[二]「舊」，原本作「田」，疑誤，據《海底眼•占官訟》原文改。
[三]「兄」，原本作「鬼」，疑誤，據《海底眼•占官訟》原文改。
[四]「凡占官訟，以世爻為主」，原本脫漏，據《海底眼•占官訟》原文補入。
[五]「論官」，原本脫漏，據《海底眼•占官訟》原文補入。
[六]「不可用」，原本作「不可陳論」，疑誤，據《海底眼•占官訟》原文改。
[七]「去必遭虧，更有罪名」，原本作「去必有罪名」，疑誤，據《海底眼•占官訟》原文改。

•占賊盜第十六

鬼谷辨爻法	
六爻	方道
五爻	州府
四爻	縣道
三爻	鎮市
二爻	鄰里
初爻	家賊

張子房捕盜法

木鬼東方人是實，

鬼爻屬木，則是東方人。他可類推。

卦中須認鬼為賊，

大凡占盜，認鬼為賊，更以鬼谷爻法論之。

鬼在二爻鄰里偷，

若鬼在二爻，係鄰里人偷。在四五爻，則是州縣之賊。他可類推。

若在初爻未將出。

鬼在初爻，只是家賊，其物藏在家，未曾拿得去。

世應相生恐是虛，
世生於應，恐不曾被盜。如《益》卦之類是也：

《新鍥斷易天機》教例：054		
巽宮：風雷益		
本　　卦		
兄弟辛卯木	▅▅▅▅▅	應
子孫辛巳火	▅▅▅▅▅	
妻財辛未土	▅▅　▅▅	
妻財庚辰土	▅▅　▅▅	世
兄弟庚寅木	▅▅　▅▅	
父母庚子水	▅▅▅▅▅	

虎易按：《益》卦並非世應相生，而是應剋世，此例有誤，請讀者注意分辨。

歸魂物不離親戚，
若得歸魂卦，其物必是親戚提去。
財爻在內怕空亡，
若財爻落空，必難尋見。
子位交重物歸室。
子孫爻若動，主前被盜之物再歸家。

天玄賦云

其中暗昧陰私，莫出姦淫盜竊。
用鬼為賊，須尋來處之蹤由。
以鬼為賊，若見持世，乃貼身之賊。在初爻是家賊，二三爻鄰里賊。在外是外賊，在六爻是遠處賊。鬼帶羊刃、劫殺、懸針，是強盜賊。賊來須捕鬼生方，且如鬼屬金，乃西方賊，從東南方上來。看在何爻，卻詳微細之處，其餘仿此。鬼屬陽，日間來。鬼屬陰，夜間來。陰鬼化陽，夜至日方退。陽鬼㊀化陰，日至夜方偷。男賊女賊，亦不出於陰陽推斷㊁。

推物憑財，當捕墓中之方向。

凡推財物，當以財屬五行辨之㊂。金財，金銀銅鐵錫；加朱雀，是鍋鐺之類。木財，紙漆茶布及木竹器皿。水財，是珍珠水晶，或盛酒水之器，或魚鹽酒醋。火財，乃綾羅緞疋絲綿。土財，五穀；若臨朱雀，恐是田土，又憑契約。

若要知貴賤高低，損害新舊，但憑衰旺。財旺新，休囚舊。又看刑沖，若財爻月建旺，被日辰沖，其物雖貴，中有破損。若財雖旺，被旁爻動來刑沖，其物雖美，亦有損壞。若被旁爻剋，而得日辰合，必損後修補之物，此件多是金爻用之。夫妻財，乃失脫之用爻。

虎易按：「夫妻財」，不是指「夫妻」的意思，其「夫」字是文言指示代詞，相當於「這」或「那」字。用現代文字方式，即「這妻財」，供讀者參考。

欲知其藏匿何方，但尋財墓處便是㊃。且如金財在丑、《艮》方，木財在未、《坤》方㊄，水土財在辰、《巽》方，火財在戌、《乾》方。

凡占欲知何處失財，但看財絕方向是也。財在內家中失落，居外在外失落。若五爻動，路上遺失。若鬼空亡無氣，日辰扶合財爻，財爻化入墓中，此乃未經賊手㊅，不曾失脫，其物藏於㈦器皿之中。

財化鬼必無尋路，鬼化財終可獲贓。

凡卦中財化鬼，其物已變化了，至後無蹤跡影響。鬼若逢沖，而日辰扶合財爻，其物未散。若非子孫發動，亦不可知。如鬼動化財，物雖偷去，未曾經變化，終可以尋，或有將去不盡遺下物件。尚未出藪①，終可捕獲。但看其子孫旺、官鬼受制時，自然敗露㈧。若在內卦，不過家人鄰里，緊緊詢問，當暗中脫出。若見財爻旺相，鬼臨吉神，在初爻及持世，乃自家親人移動物色，未可見，非外人偷。鬼動或空亡，移物之人必然不在家。

妻財最怕空亡，官鬼豈宜扶合。

財在內卦㈨，不落空亡，其物可見。財在外動，物已去遠，終難得見。若見子孫發動，其物未散，值空亡不吉。鬼若日辰扶合，乃真賊，慣得其中滋味，必有人做腳，須防再來。且日辰合住鬼爻，必有窩頓之家，深藏固閉，賊不易敗也㈩。

金爻帶鬼，便言割壁穿窬②。木位逢官，定是鋤泥掘洞。

要知鬼賊行藏，豈離五行定奪。鬼爻屬金，用刀鐵入門開戶，割壁穿窬。木鬼，鋤泥掘洞，過屋懸樑。水鬼，灌水銷聲，吹燈滅火。火鬼，劈環開鎖，點火飛螢。土鬼，涉溪跳澗，洞散水成池，撒鹽掩臂。若見金木相化，其變金衰而木旺，其賊始捋③刀鐵開門，不能成就，然後掘洞鋤泥。餘鬼仿此。

看在那爻發動，便知何處歸來。

以上須論盜賊所為，未審何處做作。如金爻發動，賊向西方來。木爻發動，賊在東方來[十一]。

若金鬼三四爻動，或旁爻動剋三四爻，必曾用刀鐵剮門戶；若在六爻或剋六爻，是割壁穿窬。

木鬼若在初爻發動，或剋初爻，便言于後門邊掘洞之類；若在三四爻，則言大門前。在六爻，跳牆越塹，或牆下掘洞。

水鬼在三四爻動，或剋三四爻，必用水灌門閂；加污穢殺，必是遺尿浸灌。

若卦無火，或火空亡，必是澆死火種，或接筒吹燈。假如己丑日，動剋二爻白虎，必從廚灶前，鍋釜之類。火鬼在三四爻動，髣門環開鎖，或揮螢筒燭手照。若剋三爻，房中有失，不然，香火堂內有失，香爐燭臺供器之類。

土鬼四散有人做窩藏，難以捉獲。

又云：土鬼乃土人，非他方之賊。

以上五樣爻鬼，但舉其大綱，不可執一斷之。但看鬼在何爻發動沖剋，便依上推之。

一云：陰鬼夜，陽鬼日者，非是。

子動傷官，日下須當捉獲。

子孫為捉賊之人，旺動必當時下，便能捉獲[十二]。亦可知其人，若見子孫動剋官，偷時被人撞見。要知蹤跡，但尋子孫方位，問人必有著落。

若子孫屬木，且四散尋賊，亦不遠。如卯爻子孫動，見穿青婦人，便[13]知消息。屬寅，乃穿青男子，或遇草頭及木字邊旁姓人說消息。若遇巳爻子孫動，必見紅衣女子方知[14]；帶殺，乃曲腳婦人；胎養，乃小女子。午乃穿紅男子，旺相，是銀鐵等匠[15]；休囚，乃挑柴炭人，問之可知。申乃穿白衣人，或木匠鐵[16]匠。酉乃賣酒人、持酒人，可知消息。亥乃穿黑衣人，或守田土之人，或挑水之人，或洗衣之人，皆宜問消息。子是穿黑衣不頂帽男子，及釣魚人，靜中看見，問其消息。辰乃竹林木中，墓邊人家可問。戌有黃犬吠人家，或牽引犬人問。丑是守牛人，或是耕夫。未是牧羊人[17]，可知其的。

以上當別旺相休囚，可知少壯老弱。若鬼化子孫，必須告官，方能捉獲。勾陳乃捕賊之人，若剋玄武，其賊必擒[18]。

日辰剋鬼，當時曾被驚疑。

凡日辰並動爻沖官鬼，上盜時被主人家驚覺。如金鬼畏火，若遇日辰沖，上盜時見燈明，復退隱。若火爻動來沖剋[19]，其時有人燭燈外窺見影響形跡。木鬼值日辰沖剋，行竊時曾觸銅鐵器皿作聲，賊心驚恐[20]。若金爻動剋鬼，賊來聞金石之聲，或觸銅鐵器響。若金爻空，乃人之聲，胎養小兒啼，庫墓老人咳，未敢下手。水鬼值日辰沖剋，畏牆壁堅固，地形路徑高低，其賊疑懼，終無十分偷掠，若戌土動來剋，多是大吠，帶殺被犬傷。火鬼被日辰沖剋，遇水濕螢筒，觸物傷眼目，主賊人被追落水[三]。若水動傷鬼，必有人登廁小遺飲水之類，幾乎撞見。土鬼被日辰沖剋[三]，畏門戶牢緊，若見木來剋，必聞門戶聲[三]驚疑。本爻若加穢汙殺動者，聞蓋盆之聲驚恐。以上數端，皆以類而推，唯占者至誠至敬，自然靈驗也[四]。

一卦兩官，內外二人謀計。

凡一卦不宜見兩鬼，兩鬼俱動，必是外勾裡連，二賊同謀。要知內何人，一依前斷。若外鬼動，內鬼不動，不過知情。若兩鬼皆不動，但取其臨玄武、劫殺，當權者為正賊。

六爻無鬼，中間恐自遺亡。

六爻無鬼，財不空亡，乃自遺失，非人偷也，財旺可尋。若財帶亡神動，有鬼爻不動，亦是自失，然後被人獲去，終不可見。若無鬼而兄弟化鬼，或加青龍動者，非人偷，或曾有人借去，遺亡在彼。若鬼雖動，又兼兄弟旺動，物雖賊偷，非能入己，又被他人將去。

財立內爻，珍寶不離于井灶。財居外卦，金珠豈遠于棟樑。

凡占失脫，必先窮究，財物若在，但將財爻為用。若財在初爻，其物未散。若動遇水，藏井內。動遇木，動遇土，皆地基。土旺動方埋，墓絕埋久，胎養方起意埋藏，未曾下手。若財在二爻，藏近灶去處，或正屋中間，若旁爻動來合財，必將他物遮蔽。若在三爻靜，物在房內。三爻水財，其物必近豬圈。三爻與日辰合，其物近門左側。財在四爻，物出大門外，或遠門內，或鄰家。財在五爻，將在路，動則去遠。財在六爻，屋上藏。木財動，牆上藏。財臨勾陳，在木上動，必在斗拱④。土臨騰蛇，瓦硯下。若土化土，物在隔壁內。此一節，非止論盜賊，自家遺失，亦可知著落。

須教仔細參詳，方可雍容斷決。

此章論盜賊等暗昧之事。古人云：「失盜不占」。何也？關乎性命禍福，豈可輕言。倘推究有差，他人受無辜之害，皆因術數不精，遂成冤枉，故不可妄與人言。

要占輕微之失脫，更加玄妙之功夫。

凡小可失脫，泛泛求之，雖不足稱為盜賊，亦玷辱於人，不可妄斷。

鬼屬陽，男子偷，細察休囚旺相。鬼屬陰，女子竊，精詳庫墓胞胎。

小可失脫，不可一概論，但當分別陰陽，較量衰旺，方知的實⑤。若陽鬼男子偷，陰鬼女人竊。鬼旺後生偷，庫墓老人偷，胎養小兒偷。不論陰陽，男女衰旺，一體推詳。若陰化陽，婦人偷，男子將去。陽化陰，男子偷，藏女人處。不然，日間見物夜間偷，或夜間㊄竊，日中將去。此亦舉其大綱，更宜詳之。

定人形，以五行推。決面目，以六神斷。

凡占，但作婚姻中五行六神推究，取其形貌。大凡欲定人形，故是難事，占者不可不知。但要識其奥妙，不可妄斷。

財逢生氣，必亡走獸飛禽。

凡論生氣，正月子上順行，一月一位，數至歲終。卦中財臨生氣，必是能[26]走動之物。子與丑合皆言牛，寅言虎，卯與戌合皆犬，辰與酉合皆雞，亥言豬。凡遇生氣，其物未曾殺害，若化為死氣庫墓，必被烹宰[27]。若卦無金動，不見血死。死氣者，正月起午上順行。不問是何物，遇之皆不吉。

墓值刑沖，徒有堅牆固壁。

占失脫，最忌財墓逢沖。假如辰日占得《震》卦：

《新鍥斷易天機》引例：049		
《卜筮全書》教例：023		
時間：辰日		
震宮：震為雷（六沖）		
本　卦		
妻財庚戌土	▅▅　▅▅	世
官鬼庚申金	▅▅　▅▅	
子孫庚午火	▅▅▅▅▅	
妻財庚辰土	▅▅　▅▅	應
兄弟庚寅木	▅▅　▅▅	
父母庚子水	▅▅▅▅▅	

世上財入墓，正被日辰沖散庫中之財，最為不吉。縱有惡犬藩籬，亦難防禦[28]。餘仿此。

若見卦無財位，便當推究鬼爻。

凡推物色，專究財爻。若卦無財，將何以別？但看鬼爻五行所屬，觀其動靜衰旺之機。加之刑沖剋害，其物貴賤高低，了然在目。如鬼爻旺相，本竊好物，卻被日辰沖害，雖貴而無用。若鬼爻雖衰，際遇日辰拱合，其物雖賤而得時。此則表其一二，更宜推究。

水鬼興隆，無出綾羅錦繡。

若卦裡無財，當考鬼之所屬[29]。水鬼發動興隆，必是綾羅錦繡緞匹之類。若休囚，不過絲綿絹帛。其餘鬼，仿此推之。

火官衰死，不過銅鐵鍋鐺。

火鬼加貴興隆，必是金銀器皿，無氣銅鐵。若在二爻，必是鍋鐺之類。

欲知何日亡財，但看鬼逢⑳生旺。要決何時捉獲，精詳官被刑沖。

凡占家宅，若鬼臨玄武發動，當有盜賊起心㉑。要知何時，但看官鬼生旺，遠以月斷，近以日推㉒。如專占失脫，不可用月斷，但鬼爻生旺日是也。若卦逢六合，鬼值動爻刑剋，便可斷其動爻生旺日捉捕㉓。凡日辰刑沖最急。若旁爻動來相生，必有人救。若大象可獲，亦待旁爻受制日可捉獲㉔。

虎易按：原本此後還有「饑寒起盜心，亦為困窮而至此。富貴享遐福，莫非營運而後能。齎財于蛟龍背上行舟，負命于虎狼叢中取路。欲究心中之疑慮，端詳爻上之吉凶」，據《卜筮全書•天玄賦•求財章》編排體例，改排在「占求財•天玄賦」內。

注釋

①藪（sǒu）：指人或東西聚集的地方。

②穿窬（yú）：亦作「穿踰」。指打洞穿牆的偷竊行為。

③捋（luō）：用手抓住東西的某一部分，向別的部分移動壓取。

④斗拱：中國建築特有的一種結構。在立柱和橫樑交接處，從柱頂上加的一層層探出成弓形的承重結構叫拱，拱與拱之間墊的方形木塊叫斗。合稱斗拱。

⑤的實：確實，真實。

校勘記

㈠「鬼」，原本脱漏，據《卜筮全書·天玄賦·盜賊章》原文補入。

㈡「男賊女賊，亦不出於陰陽推斷」，原本脱漏，據《卜筮全書·天玄賦·盜賊章》原文補入。

㈢「當以財屬五行辨之」，原本脱漏，據《卜筮全書·天玄賦·盜賊章》原文補入。

㈣「欲知其藏匿何方，但尋財墓處便是」，原本作「占云：物去但尋財墓處」疑誤，據《卜筮全書·天玄賦·盜賊章》原文改。

㈤「木財在未、《坤》方」，原本作「木財在《坤》、未方」，疑誤，據《卜筮全書·天玄賦·盜賊章》原文改。

㈥「財爻化入墓中，此乃未經賊手」，原本作「財化入墓」，疑誤，據《卜筮全書·天玄賦·盜賊章》原文改。

㈦「于」，原本脱漏，據《卜筮全書·天玄賦·盜賊章》原文補入。

㈧「尚未出藪，終可捕獲。但看其子孫旺、官鬼受制時，自然敗露」，原本脫漏，據《卜筮全書•天玄賦•盜賊章》原文補入。

㈨「卦」，原本脫漏，據《卜筮全書•天玄賦•盜賊章》原文補入。

㈩「鬼若日辰扶合，乃真賊，慣得其中滋味，必有人做腳，須防再來。且日辰合住鬼爻，必有窩頓之家，深藏固閉，賊不易敗也」，原本作「鬼若日辰扶出，乃真賊，慣得其中滋味。鬼值日辰合，必有人做腳，須防再來」，疑誤，據《卜筮全書•天玄賦•盜賊章》原文改。

㈩一「如金爻發動，賊向西方來。木爻發動，賊在東方來」，原本脫漏，據《卜筮全書•天玄賦•盜賊章》原文補入。

㈩二「旺動必當時下，便能捉獲」，原本作「旺動必捉獲」，疑誤，據《卜筮全書•天玄賦•盜賊章》原文改。

㈩三「便」，原本作「方」，疑誤，據《卜筮全書•天玄賦•盜賊章》原文改。

㈩四「必見紅衣女子方知」，原本作「必見穿紅女子方知」，疑誤，據《卜筮全書•天玄賦•盜賊章》原文改。

㈩五「是銀鐵等匠」，原本作「是鐵銀匠」，疑誤，據《卜筮全書•天玄賦•盜賊章》原文改。

㈩六「鐵」，原本作「針」，疑誤，據《卜筮全書•天玄賦•盜賊章》原文改。

㈩七「或是耕夫。未是牧羊人」，原本作「未是耕夫及牧羊人」，疑誤，據《卜筮全書•天玄賦·盜賊章》原文改。

⑱「若鬼化子孫，必須告官，方能捉獲。勾陳乃捕賊之人，若剋玄武，其賊必擒」，原本作「若鬼化日，必須告官，方能捉捕。勾陳乃捕賊之人，其神剋世玄武，其賊必獲」，疑誤，據《卜筮全書·天玄賦·盜賊章》原文改。

⑲「若火爻動來沖剋」，原本作「若火動相剋」，疑誤，據《卜筮全書·天玄賦·盜賊章》原文改。

⑳「行竊時曾觸銅鐵器皿作聲，賊心驚恐」，原本作「曾觸銅鐵器作聲，賊心驚疑」，疑誤，據《卜筮全書·天玄賦·盜賊章》原文改。

㉑「主賊人被追落水」，原本脫漏，據《卜筮全書·天玄賦·盜賊章》原文補入。

㉒「剋」，原本脫漏，據《卜筮全書·天玄賦·盜賊章》原文補入。

㉓「聲」，原本脫漏，據《卜筮全書·天玄賦·盜賊章》原文補入。

㉔「以上數端，皆以類而推，唯占者至誠至敬，自然靈驗也」，原本作「以上特舉其一，兩端見剋應也，於正事則無用焉」，疑誤，據《卜筮全書·天玄賦·盜賊章》原文改。

㉕「間」，原本脫漏，據《卜筮全書·天玄賦·盜賊章》原文補入。

㉖「能」，原本脫漏，據《卜筮全書·天玄賦·盜賊章》原文補入。

㉗「其物未曾殺害，若化為死氣庫墓，必被烹宰」，原本作「其物必在，未經變化。若

化為死氣庫墓，必被人烹了」，疑誤，據《卜筮全書•天玄賦•盜賊章》原文改。

⑱「亦難防禦」，原本作「亦無所憚」，疑誤，據《卜筮全書•天玄賦•盜賊章》原文改。

⑲「當考鬼之所屬」，原本作「便當考鬼」，疑誤，據《卜筮全書•天玄賦•盜賊章》原文改。

⑳「逢」，原本作「爻」，疑誤，據《卜筮全書•天玄賦•盜賊章》原文改。

㉑「凡占家宅，若鬼臨玄武發動，當有盜賊起心」，原本作「凡占家宅，若鬼臨玄武，必亡財失畜之凶」，疑誤，據《卜筮全書•天玄賦•盜賊章》原文改。

㉒「推」，原本作「言」，疑誤，據《卜筮全書•天玄賦•盜賊章》原文改。

㉓「便可斷其動爻生旺日捉捕」，原本作「動爻生旺日捉獲」，疑誤，據《卜筮全書•天玄賦•盜賊章》原文改。

㉔「亦待旁爻受制日可捉獲」，原本作「亦待出旬推之」，疑誤，據《卜筮全書•天玄賦•盜賊章》原文改。

經驗云

凡人占卦問失物，官鬼交重必是賊，父興兄動恐難尋，子發財安必易獲。

虎易按：「經驗云」內容，原本編排在「卜筮元龜云」之後，按內容歸類，將此改排在「卜筮元龜云」之前。

卜筮元龜云

占賊徒前作何名色㈠

旺相鬼爻為吏人，青龍臨鬼又臨身，更云驛馬臨官並，休廢㈡於人停歇人。胎沒陰爻懷胎婦㈢，子爻臨鬼出家人，囚即囚徒憂厄難，死是奴婢疾病人。

校勘記

㈠「占賊徒前作何名色云」，原本脫漏，據《卜筮元龜·盜賊門·占賊徒前作何名色章》及本書標題體例補入。

㈡「廢」，原本作「囚」，疑誤，據《卜筮元龜·盜賊門·占賊徒前作何名色章》原文改。

㈢「胎沒陰爻懷胎婦」，原本作「胎投陰爻懷孕婦」，疑誤，據《卜筮元龜·盜賊門·占賊徒前作何名色章》原文改。

占知賊男女姓名云

鬼爻是陽陽即男，鬼爻是陰陰即女，其取四象勝者焉，睹㊀其形色相參舉。四象者，上下㊁爻體，兼內外四象也。象中有本宮鬼者，與日干相合為姓。假令甲乙日，卜得純《艮》卦：上爻㊂體見震，震屬木，鬼爻配日之甲乙，日亦屬木，木㊃木相並，為林姓。如不帶鬼，即取鬼爻配日。它皆倣此例也㊄。

虎易按：「四象者，上下爻體，兼內外四象也」。從其所附卦例看，應該是指主卦、互卦的上下卦之象。

以其卜日配其應，考其四象者誰勝，如無四象並鬼爻，姓字見焉可假證。

日干配㊅鬼，若不成姓，即以支干配鬼，若不成姓，即以納音配之。

《新鍥斷易天機》引例：050

來源：《卜筮元龜》教例：088

時間：甲乙日

占事：占男女、姓名？

艮宮：艮為山（六沖）

本　　卦

官鬼丙寅木 ▅▅▅▅▅ 世

妻財丙子水 ▅▅　▅▅

兄弟丙戌土 ▅▅　▅▅

子孫丙申金 ▅▅▅▅▅ 應

父母丙午火 ▅▅　▅▅

兄弟丙辰土 ▅▅　▅▅

校勘記

㊀「睹」，原本作「觀」，疑誤，據《卜筮元龜·盜賊門·占知賊男女姓名章》原文改。

㊁「下」，原本作「六」，疑誤，據《卜筮元龜·盜賊門·占知賊男女姓名章》原文改。

㊂「爻」，原本作「支」，疑誤，據《卜筮元龜·盜賊門·占知賊男女姓名章》原文改。

㊃「木」，原本作「二」，疑誤，據《卜筮元龜·盜賊門·占知賊男女姓名章》原文改。

㊄「它皆倣此例也」，原本作「他仿此例最靈」，疑誤，據《卜筮元龜·盜賊門·占知賊男女姓名章》原文改。

㊅「配」，原本作「犯」，疑誤，據《卜筮元龜·盜賊門·占知賊男女姓名章》原文改。

占賊藏物處云

火鬼南方人盜將，持物東行寅卯藏，

在寅卯方者，取象父母家也。如子就母象，子在母腹中，藏久不見也㊀。餘仿此。

埋在山間岩石下，其餘諸卦準斯詳。

假令《乾》以火為鬼，火以木為母，丑寅㊁為艮，艮屬山也。

虎易按：「火以木為母」，是按「生為者為父母」的體例，將卦中木爻轉換為火之父母。「丑寅為艮」，指《艮》卦後天八卦方位為東北，地支配丑寅。

金鬼西方人盜去，將物東南辰巳貯，

言在巳者，金鬼以土為母，土寄旺在丙，在巳也。

若非竹木㊂積為堆，即是叢林棲隱下。

斜㊃路在巽東南，或在叢林籬竹木林下。巽若無氣，即竹木堆下。

水鬼北方人所偷，持向西南申未頭，牛羊堆糞求不得，卻向尿中窟裡搜。

斜路西南，或近生水地起，或是女家、寡女家、母㊄藏寄也。

土鬼四季人盜之，

辰戌丑未方是四季。

持向東行出向離，若不窯爐鐵冶處，須向庖廚①屋下窺。

庖廚屬火，故也。

木鬼東方人盜卻，物在天門戌亥角，藏㊅在高樓運轉家，往至尋之應捉著。

若非井泉池湖之側，即西方功德寺觀尋之。

注釋

①庖廚（páochú）：廚房，也指廚師。

校勘記

㈠「子在母腹中，藏久不見也」，原本作「子在母腹中藏也」，疑誤，據《卜筮元龜·盜賊門·占賊藏物處章》原文改。

㈡「丑寅」，原本作「寅卯」二字，疑誤，據其卦理原文改。

㈢「木」，原本作「林」，疑誤，據《卜筮元龜·盜賊門·占賊藏物處章》原文改。

㈣「斜」，原本作「邪」，古同「斜」，按現代用字方式原文改。後文遇此字，均依此例改作，不另作校勘說明。

㈤「母」，原本脫漏，據《卜筮元龜·盜賊門·占賊藏物處章》原文補入。

㈥「藏」，原本作「辰」，疑誤，據其文意改。

占尋賊蹤問人云

外乾望門西北行，登陟高樓望野平，若逢乘馬放牧㈠者，即問此人知姓名。乾為馬，馬屬西北方，為斜路。若火在戌，合在老公家停止也㈡。

外坤西南去甚遲，當有耕鋤人見之，若遇驅牛放㈢羊者，因斯問取的無疑。坤是陰卦，故云遲，亦為斜路。若木為鬼，木墓在未，合近寡婦家止住也。

外震東行去不安，隱在叢林社樹間，

震言不停不住，驚恐不息㈣。若土水為鬼，土水死於卯，墓在辰，長男家停止，《豫》卦是也：

虎易按：，此處引「豫」卦為例不當。《豫》卦鬼雖在外卦，但為庚申金，並非為水土鬼，請讀者注意分辨。

隨車逐馬為奴僕，問得其人意暫開。

震為正路，亦為車馬也㈤。

外巽東行辰㈥巳方，或是神林樹㈦下止，但欲借問向何人，必遇婦人並女子。

巽為斜路，亦為神林。若水土為鬼，墓俱在辰。長女家停止。

外坎盜人正北奔，渡江涉水入溝存，若見驅豬臨水者，必獲蹤由豈妄言。

非但驅豬水邊，亦在船舫㈧中藏。

外離南行尋盜者，藏身隱在窯爐下，不是庖廚炊爨人，即近修持文藝者。

離為窯灶煆煉㈨之處，木鬼死於午，離為灶。旺相是

《新鍥斷易天機》引例：051		
來源：《卜筮元龜》教例：089		
震宮：雷地豫（六合）		
本　　卦		
妻財庚戌土	▅▅　▅▅	
官鬼庚申金	▅▅　▅▅	
子孫庚午火	▅▅▅▅▅	應
兄弟乙卯木	▅▅　▅▅	
子孫乙巳火	▅▅　▅▅	
妻財乙未土	▅▅　▅▅	世

文書字㈩，讀書之處，或燒窯冶鑄。無氣，是炊爨庖廚之人。

外艮盜人東北尋，隱在深丘山野林，

深丘者㈪，是在墓也。艮為丘墓，象丘形，為土堆也。休廢為古墓，旺相為山林也。

若遇獵人放鷹鷂，知其蹤跡可搜擒。

艮為斜路，金為鬼，墓在丑，即射獵人家停止㈫。

外兌西行群隊多，還經藪澤②渡江河，若非女子浣③衣絮，即是捕魚人見他。

水旺相為江河，無氣為坡湖。若火鬼在㈬于酉，即少女家止。

注釋

①庖廚（páochú）：廚房，也指廚師。

②藪澤：水流彙聚的地方。

③浣（huàn）：洗。

校勘記

㈠「牧」，原本作「技」，疑誤，據《卜筮元龜·盜賊門·占尋賊蹤問人章》原文改。

㈡「合在老公家停止也」，原本作「合在亥公家止也」，疑誤，據《卜筮元龜·盜賊門·

占賊藏物處章》原文改。

㊂「放」，原本作「牧」，疑誤，據《卜筮元龜•盜賊門•占尋賊蹤問人章》原文改。

㊃「息」，原本作「時」，疑誤，據《卜筮元龜•盜賊門•占尋賊蹤問人章》原文改。

㊄「亦為車馬也」，原本作「亦為市馬」，疑誤，據《卜筮元龜•盜賊門•占賊藏物處章》原文改。

㊅「辰」，原本作「未」，疑誤，據《卜筮元龜•盜賊門•占尋賊蹤問人章》原文改。

㊆「樹」，原本作「山」，疑誤，據《卜筮元龜•盜賊門•占尋賊蹤問人章》原文改。

㊇「舫」，原本作「舟」，疑誤，據《卜筮元龜•盜賊門•占尋賊蹤問人章》原文改。

㊈「煆煉」，原本作「煙火」，疑誤，據《卜筮元龜•盜賊門•占賊藏物處章》原文改。

㊉「字」，原本作「是」，疑誤，據《卜筮元龜•盜賊門•占尋賊蹤問人章》原文改。

⑪「深丘者」，原本作「失物」，疑誤，據《卜筮元龜•盜賊門•占賊藏物處章》原文改。

⑫「止」，原本作「住」，疑誤，據《卜筮元龜•盜賊門•占尋賊蹤問人章》原文改。

⑬「在」，原本作「午」，疑誤，據《卜筮元龜•盜賊門•占尋賊蹤問人章》原文改。

占捉得賊否云

日為君長辰為吏，時剋賊人須好記，

干為日，支為辰，納音為時，此三辰有為卦子者，捉得㈠賊人。先以內卦旺相剋外為上，若外卦旺相剋內，捉不得。

春分得㈡《豫》卦及《小過》是也：

《新鍥斷易天機》引例：052	
來源：《卜筮元龜》教例：090	
時間：春分	
占事：捉得賊否？	
震宮：雷地豫（六合）	
本　　卦	
妻財庚戌土	▅▅　▅▅
官鬼庚申金	▅▅　▅▅
子孫庚午火	▅▅▅▅▅ 應
兄弟乙卯木	▅▅　▅▅
子孫乙巳火	▅▅　▅▅
妻財乙未土	▅▅　▅▅ 世

《新鍥斷易天機》引例：053	
來源：《卜筮元龜》教例：091	
時間：春分	
占事：捉得賊否？	
兌宮：雷山小過（遊魂）	
本　　卦	
父母庚戌土	▅▅　▅▅
兄弟庚申金	▅▅　▅▅
官鬼庚午火	▅▅▅▅▅ 世
兄弟丙申金	▅▅▅▅▅
官鬼丙午火	▅▅　▅▅
父母丙辰土	▅▅　▅▅ 應

日辰剋賊稱心懷，賊剋日辰難遂意。干剋鬼，貴人捉得。驛馬與支干並，官職捉得㊂。

假令壬癸日，卜得《乾》卦也：

《乾》㊃以火為賊人，壬癸為捉人。壬祿在亥，癸祿在子㊄，剋鬼，是貴人捉得。

虎易按：「驛馬在癸」，與驛馬體例不符，按其文意改作「癸祿在子」。

若庚申辛酉日，卜得《乾》卦：

名賊剋君長。鬼剋日辰，卻被賊傷，故云。

外裡財爻與殺並，不逐其賊而自至，鬼與財㊅並賊自敗，賊㊆與殺並人自送來。財扶㊇子孫，出家人送來。帶財驛馬，官職人送來。後仿此。

休囚生內賊來降，外陽旺相難尋矣。

《新鍥斷易天機》引例：054	
來源：《卜筮元龜》教例：092	
時間：壬癸日	
占事：捉得賊否？	
乾宮：乾為天（六沖）	
本　　卦	
父母壬戌土 ▅▅▅▅▅	世
兄弟壬申金 ▅▅▅▅▅	
官鬼壬午火 ▅▅▅▅▅	
父母甲辰土 ▅▅▅▅▅	應
妻財甲寅木 ▅▅▅▅▅	
子孫甲子水 ▅▅▅▅▅	

《新鍥斷易天機》引例：055	
來源：《卜筮元龜》教例：093	
時間：庚申辛酉日	
占事：捉得賊否？	
乾宮：乾為天（六沖）	
本　　卦	
父母壬戌土 ▅▅▅▅▅	世
兄弟壬申金 ▅▅▅▅▅	
官鬼壬午火 ▅▅▅▅▅	
父母甲辰土 ▅▅▅▅▅	應
妻財甲寅木 ▅▅▅▅▅	
子孫甲子水 ▅▅▅▅▅	

外陰無氣生內者，賊來降伏。外陽旺相剋內者，賊難捉。外陽無氣入墓者，雖是陽卦，亦是尋逐。皆倣此㊈。

校勘記

㊀「得」，原本作「徥」，疑誤，據《卜筮元龜·盜賊門·占捉得賊否章》原文改。

㊁「得」，原本脫漏，據《卜筮元龜·盜賊門·占捉得賊否章》原文補入。

㊂「驛馬與支干並，官職捉得」，原本脫漏，據《卜筮元龜·盜賊門·占捉得賊否章》原文補入。

㊃「乾」，原本脫漏，據《卜筮元龜·盜賊門·占捉得賊否章》原文補入。

㊄「癸祿在子」，原本作「驛馬在癸」，疑誤，據其卦理及文意改。

㊅「財」，原本作「賊」，疑誤，據《卜筮元龜·盜賊門·占捉得賊否章》原文改。

㊆「賊」，原本作「財」，疑誤，據《卜筮元龜·盜賊門·占捉得賊否章》原文改。

㊇「扶」，原本作「並」，疑誤，據《卜筮元龜·盜賊門·占捉得賊否章》原文改。

㊈「亦是尋逐。皆倣此」，原本作「亦可尋遂。餘仿此」，疑誤，據《卜筮元龜·盜賊門·占捉得賊否章》原文改。

占辨飛伏其賊難易尋捉云

飛爻為身伏為賊，飛剋伏神為捉得，世下為伏神，飛爻為世身。

假令乾宮一世《姤》：

初六辛丑土為飛，甲子水為伏，名飛剋伏也。

伏剋飛爻賊害身，飛伏相生亦難捉㊀。

伏剋飛者，《旅》卦是也：

丙辰土為飛，己卯木為伏，木剋土㊁，名伏剋飛。

飛伏相生者，《睽》卦是也：

在世㊂飛爻己酉金，伏神丙戌土，金土相生，難尋捉也。仿此也㊃。

校勘記

㊀「捉」，原本作「獲」，疑誤，據《卜筮元龜・盜賊門・占辨飛伏其賊難易尋捉章》原文改。

《新鍥斷易天機》引例：056			
來源：《卜筮元龜》教例：094			
乾宮：天風姤			
伏神	本卦		
	父母壬戌土	━━━━	
	兄弟壬申金	━━━━	
	官鬼壬午火	━━━━	應
	兄弟辛酉金	━━━━	
	子孫辛亥水	━━━━	
子孫甲子水	父母辛丑土	━━　━━	世

《新鍥斷易天機》引例：057			
來源：《卜筮元龜》教例：095			
離宮：火山旅			
伏神	本卦		
	兄弟己巳火	━━━━	
	子孫己未土	━━　━━	
	妻財己酉金	━━━━	應
	妻財丙申金	━━━━	
	兄弟丙午火	━━　━━	
父母己卯木	子孫丙辰土	━━　━━	世

㈡「木剋土」，原本脫漏，據《卜筮元龜·盜賊門·占辨飛伏其賊難易尋捉章》原文補入。
㈢「在世」，原本脫漏，據《卜筮元龜·盜賊門·占辨飛伏其賊難易尋捉章》原文補入。
㈣「仿此也」，原本脫漏，據《卜筮元龜·盜賊門·占辨飛伏其賊難易尋捉章》原文補入。

占逃亡去處云

先定世為逃亡身，須看世下一爻神，
外為逃，內為亡，應為逃，世為亡。世應內外相生者，逃得遠矣。
一爻是水渡河去，一爻是木泛船人。
假令《恒》卦：
三世辛酉金，世下一爻辛亥水扶金，是渡河去。
世下土爻經陸計，若是火爻傍官勢，金爻行作乞託人，

《新鍥斷易天機》引例：058		
來源：《卜筮元龜》教例：096		
	艮宮：火澤睽	
伏神	本卦	
	父母己巳火 ▅▅▅▅▅	
	兄弟己未土 ▅▅ ▅▅	
兄弟丙戌土	子孫己酉金 ▅▅▅▅▅	世
	兄弟丁丑土 ▅▅ ▅▅	
	官鬼丁卯木 ▅▅▅▅▅	
	父母丁巳火 ▅▅▅▅▅	應

《新鍥斷易天機》引例：059	
來源：《卜筮元龜》教例：097	
震宮：雷風恒	
本卦	
妻財庚戌土 ▅▅ ▅▅	應
官鬼庚申金 ▅▅ ▅▅	
子孫庚午火 ▅▅▅▅▅	
官鬼辛酉金 ▅▅▅▅▅	世
父母辛亥水 ▅▅▅▅▅	
妻財辛丑土 ▅▅ ▅▅	

凡卦與世㊀剋爻者，不行此路。爻若剋卦世，亦懼不行。爻若與世應相生，必行此路去。

占此依之無凝滯。

校勘記

㊀「世」，原本作「伏」，疑誤，據《卜筮元龜・盜賊門・占逃亡去處章》原文改。

海底眼云

官鬼當頭是賊爻，交動傷身禍必遭，更㊀得子孫來解救，不臨旺相也難逃。

應是㊁兄弟，本貫相識人家。

應是㊂官鬼，有人勾引出去，或官司去處。

應是父母，投㊃親戚家，或宜入㊄手藝人家。

應是妻㊅財，奴婢妓㊆弟人家。

應是子孫，在㊇寺觀廟宇處。

校勘記：

㈠「更」，原本作「再」，疑誤，據《海底眼·論財爻》原文改。
㈡㈢「是」，原本作「在」，疑誤，據《海底眼·應與用同》原文改。
㈣「投」，原本作「或」，疑誤，據《海底眼·應與用同》原文改。
㈤「或入」，原本作「或宜入」，疑誤，據《海底眼·應與用同》原文改。
㈥「妻」，原本脫漏，據《海底眼·應與用同》原文補入。
㈦「妓」，原本作「姑」，疑誤，據《海底眼·應與用同》原文改。
㈧「在」，原本脫漏，據《海底眼·應與用同》原文補入。

•占遺失第十七

鬼谷辨爻法	
六爻	珍玉
五爻	金銀
四爻	銅鐵
三爻	綾羅
二爻	綢絹
初爻	布帛

孫臏斷遺失歌

凡占遺失逐爻詳，
若鬼臨初爻動，則是失去布帛也。後仿此。
子動偷蹤初處藏，
若子孫動，其物未曾失，宜往初安處尋之。
物去最嫌財入墓，
若失物，值財入墓鄉，定難尋也。
財來須認鬼生鄉。
若鬼屬寅卯，宜出東方尋，則有財。

財化為鬼無尋處，若財爻化為鬼爻，斷然無處可搜尋也。
鬼化為財不出疆，若鬼爻化為財爻，其物未曾出疆，可急尋之。
妻處不宜逢劫殺，若妻爻逢劫殺臨之，最不宜也。
財中最忌遇空亡。若財爻落空亡，決主已失之物難追。
裡財靜者徒尋覓，若內財休囚無氣，徒勞尋覓。
外卦財興出遠方。若外卦發動，主所失之物已轉出遠方去也。若苦搜尋，徒費心力也。

卜筮元龜云

占失財云㊀

財爻在內只在房，鬼爻不動物未將，財爻化鬼人為盜，鬼爻是火在南方。
鬼爻內發近人偷，或是家中自盜留，鬼爻在外賊遠遊，若欲追求須早求。
鬼爻在初由在內，三為閭裡①主在外㊁，四是賊人至遠外，五六得之出外界。
鬼爻是陽男子偷，若是陰爻女人藏，凡有子爻終是得，如無福德必難降。
雖有子爻，無氣亦捉不得㊂。

注釋

①閭里：鄉里，泛指民間。

校勘記

㊀「占失財云」，原本脫漏，據《卜筮元龜·盜賊門·占失財章》及本書標題體例補入。
㊁「三為閭裡主在外」，原本作「二為閭裡三在外」，疑誤，據《卜筮元龜·盜賊門·占失財章》原文改。
㊂「雖有子爻，無氣亦捉不得」，原本作「須有子孫爻，無氣亦不能捉」，疑誤，據《卜筮元龜·盜賊門·占失財章》原文改。

洞林秘訣云

死氣生氣偷與遺，先定其失後詳推，卦財休囚死氣論，卦與財旺生氣推。
卦靜只看子孫位，不是人偷是自遺，卦若不空真穩當，變入無財莫覓追。
生氣臨身終不失，日辰臨者自當回，
卦與財爻無氣，或無財，死氣推之。如在，生氣推之。六爻安靜，或更子孫持世，皆無人偷，是自遺失。財旺有氣不空亡者，尋得。卦無財或變卦無財，休尋。生氣物爻臨身日辰者，不失。如失，須酉日占，或酉爻持世為例。

虎易按：「如失，須酉日占，或酉爻持世為例」，此句似乎不完整，不知其到底是什麼意思。

又云：
勾陳剋世尋不見，世剋勾陳物易尋，騰蛇身財自忘卻，財穩福德信字音。
玄武鬼爻如不動，財爻墓旺可追尋，偷與逃亡休問卜，但教棄了莫勞心。
淳風論走失盜賊云：「《噬嗑》卦：
為飛爻相生，即走失難尋。
《夬》卦：

為內外相刑，自合彰露①」

虎易按：「《夬》卦為內外相刑」，不知指內外何爻相刑，疑為有誤。

凡身剋物，所取皆難。物若剋身，不求自得。外應為逃亡之事，內世為失物之家，伏神又是逃亡者。飛剋伏，勾陳剋玄武，捉人定得。凡占失盜，皆以玄武為賊，伏神為逃亡，以勾陳及飛爻為捉人，須看玄武與伏爻所屬，便可定其人，及知其方位。

火珠林云

應為逃者世為郎，外卦為逃內主張，主若剋逃無去路，逃能剋主必迷亡。

伏神又是奔逃者，若剋飛爻不返鄉，殺入財中來剋世，須憂失主按逃傷。

欲知逃者何方去，外卦看是去何方。

《新鍥斷易天機》引例：060	
來源：《洞林秘訣》教例：006	
巽宮：火雷噬嗑	
伏神	本卦
	子孫己巳火 ▅▅▅▅▅
子孫辛巳火	妻財己未土 ▅▅　▅▅ 世
	官鬼己酉金 ▅▅▅▅▅
官鬼辛酉金	妻財庚辰土 ▅▅　▅▅
	兄弟庚寅木 ▅▅　▅▅ 應
	父母庚子水 ▅▅▅▅▅

《新鍥斷易天機》引例：061
來源：《洞林秘訣》教例：007
坤宮：澤天夬
本卦
兄弟丁未土 ▅▅　▅▅
子孫丁酉金 ▅▅▅▅▅ 世
妻財丁亥水 ▅▅▅▅▅
兄弟甲辰土 ▅▅▅▅▅
官鬼甲寅木 ▅▅▅▅▅ 應
妻財甲子水 ▅▅▅▅▅

又云：

欲覓他人外卦推，卦陰相遇卦陽遲，陰化為陽身欲出，陽化為陰外始歸。

外卦屬陰而靜，即便相遇。屬陽而動，即難尋覓。或陰化作陽，是其人身欲出。子陽化陰，是其人在外方歸。

凡占失物，玄武為失物。金爻是銀錢等物，庚戌辛亥是釵釧，火水是生氣物，土爻是土中物件，木爻是衣服器物之類。

又云：

若是逃亡兼走失，用鬼為賊財為物，財爻在內不空亡，子位交重物歸室。

鬼在二三鄰里偷，若在內爻未將出，八純奔走在他方，歸魂物不離親戚。

世應相生內外和，家中自匿虛啾唧②，遊魂內外且追尋，木鬼東方人是實。

又云：

凡占失物免恓惶，子動偷蹤沒處藏，物去但尋財入墓，賊去須認鬼生鄉。

財化入鬼無尋路，鬼化為財不出疆，妻處不宜逢劫殺，財中須忌遇空亡。

裡邊財靜堪尋覓，外面財興去遠方，尋看卦中如是土，東邊正是賊居場。

虎易按：查清刻漢鏡齋四種本《火珠林》（心一堂已出版），原本無此段內容，讀者可參閱原著。

海底眼云

失物未知何物色，先向財爻伏下尋，財爻不動宜尋覓，鬼現家親是外人。

妻財在內不出屋，子旺還須禱㈠告親，應動物藏方變轉，亂發遺亡失不明㈡。

以應爻為主㈢，以財為物，以鬼為賊。出現最急，旁爻為次㈣。凡財出現，在五爻之上㈤，不動可見。若伏在下，其物隱藏㈥，須是日辰生扶出乃可見。

損失動爻隨件數，物色還將㈦類上陳，出現妻財㈧多不失，鬼臨本象主㈨家親。

鬼休財靜終須見，坤艮之宮莫去尋，應動偷藏賊已去㈩，六爻亂發不分明。

非鬼為賊，獨發之爻亦可取。若以鬼爻為賊，更以日干為主分辨⑪老少。凡失六畜，只以子孫為用，父母動便休也。

注釋

①彰露（zhāng lù）：顯露，敗露。

②啾唧（jiū jī）：猶嘀咕。多指煩躁不安。

校勘記

㈠「禱」，原本作「祝」，疑誤，據《海底眼•占失物》原文改。

㈡「應動物藏方變轉，亂發遺亡失不明」，原本脫漏，據《海底眼•占失物》原文補入。
㈢「以應爻為主」，原本在標題下，疑誤，據《海底眼•占失物》原文改排在此。
㈣「旁爻為次」，原本作「旁爻次之」，疑誤，據《海底眼•占失物》原文改。
㈤「上」，原本作「下」，疑誤，據《海底眼•占失物》原文改。
㈥「其物隱藏」，原本作「其物藏匿」，疑誤，據《海底眼•占失物》原文改。
㈦「將」，原本作「從」，疑誤，據《海底眼•占失物》原文改。
㈧「出現妻財」，原本作「出現財爻」，疑誤，據《海底眼•占失物》原文改。
㈨「主」，原本作「王」，疑誤，據《海底眼•占失物》原文改。
㈩「應動偷藏賊已去」，原本作「伏動偷財人已去」，疑誤，據《海底眼•占失物》原文改。
⑪「辨」，原本脫漏，據《海底眼•占失物》原文補入。

‧占逃亡第十八

鬼谷辨爻法	
六爻	外道
五爻	在州
四爻	在縣
三爻	在鎮
二爻	在市
初爻	在鄉

張子房捕亡歌

世為亡兮應逃失，

以世爻為被走之人，應爻為已走之人。

外為逃失內為亡，

以外爻為已走之人，內卦為被走之人。

亡若剋逃無去路，

若值亡剋逃失，其人決然去不得。

若逢反剋主潛身。

若值逃亡反剋，主潛身，無尋路也。

伏神又是逃亡者，
又以伏神為逃亡，看所屬而用之。
飛剋伏神不還鄉㊀，
若飛神是金，伏神屬木，則是遇有相剋，定主已走之人不返鄉也。
逃亡和合即時轉，
若逃與亡比和，主其人自然歸家。
外卦重交出外方。
若外卦發動，主其人遠出外方，難尋覓也。後仿此。

校勘記

㊀「飛剋伏神不還鄉」，原本作「若剋飛神不還鄉」，疑誤，據其卦理及文意改。

海底眼云

走閃先求得用神，福藏寺觀父投親，兄弟動連必有伴，伏坐財鄉隱婦人。
動官官舍近軍伍，動水河邊近水亭，木動上船金動瓦，火為鬧市甚分明。

土㈠城大路山崗嶺，用上㈡親方自得真，事㈢爻出現人非遠，用墓刑空可急尋㈣。
鬼爻發動人難捉，遊魂應變走他方，歸魂不久還鄉井，世動興身在路傍。

又云㈤定方云㈥

走閃先觀世應神，應爻發動便難尋，世臨四五無蹤跡，初二三爻在目㈦今。
八純身伏求方所，應現墓方尋的真，獨發之爻亦可取，自知賊者屈和伸。

又八卦定方云㈧

乾圓㈨天父玉樓君，坤方地母釜台臣，震長雷霆園林木，巽直風高花草繩㈩。
坎實雨露舟車獄，離顯日火灶牢禽，艮重門山雲霧露，兑霞缺⑪澤妓軍營。

校勘記

㈠「土」，原本作「二」，疑誤，據《海底眼•占逃亡》原文改。
㈡「上」，原本作「主」，疑誤，據《海底眼•占逃亡》原文改。
㈢「事」，原本作「用」，疑誤，據《海底眼•占逃亡》原文改。

㊃「用墓刑空可急尋」，原本作「用墓刑空可急尋。又云」，疑誤，據《海底眼•占逃亡》原文改。
㊄「云」，原本脫漏，據《海底眼•占逃亡》原文補入。
㊅「又八卦定方云」，此標題原本排在「八純身伏求方所」後，據《海底眼•又云定方》原文，改排在此處。
㊆「目」，原本作「日」，疑誤，據《海底眼•又云定方》原文改。
㊇「又八卦定方云」，原本作「又八卦定走方云」，疑誤，據《海底眼•八卦定方》原文改。
㊈「乾圓」，原本作「純乾」，疑誤，據《海底眼•八卦定方》原文改。
㊉「巽直風高花草繩」，原本作「巽直風高化章程」，疑誤，據《海底眼•八卦定方》原文改。
⑪「缺」，原本作「決」，疑誤，據《海底眼•又云定方》原文改。

•占求財第十九

鬼谷辨爻法	
六爻	店舍
五爻	道路
四爻	車馬
三爻	行李
二爻	伴侶
初爻	己身

孫臏論出入求財歌

世應是財求易得，
若值鬼財臨世應爻，出入求財，定易得也。
卦若無財少準憑，
若值鬼財爻，凡欲求財，未可準望。
財爻化鬼成凶象，
若財爻之卦化鬼，求財定主見凶。
鬼化為財是吉神。
若鬼爻化而為財，則主獲利數倍。

財被空亡難把捉，
若妻財落空，占求財，決難準擬。
若逢二殺賊相侵，
二殺者，刼殺、天賊殺也。刼殺注見前。鬼谷論天賊歌云：「天賊來臨防失脫，從丑逆數分明說，財動不可出門庭，財物途中憂被賊」。如正月起丑，逆數十二位是。若值動，主在路被賊人謀刼也。
難求外怕財爻動，
若妻爻在外發動，財定難求也。
易覓財時在內興。
若財爻內動，財易求也。
世若剋財休啟齒，
值世爻剋妻，不必開口說求財。
財來剋世得千金，
財來剋世，得財萬倍。
諸爻若總無財象，
若內外卦無妻爻，定難求財。

子動龍交亦可尋。
若子孫會青龍動，則財亦可尋覓也。
世應若合最為吉，
若世應爻相合，最為吉昌也。
子孫合時為福德，
若子孫爻與財爻合，極為妙也。
月德月建要相扶，
月德月建若上卦相合，最吉。
求財數倍終須得。
若月德月建上卦相合，主十分得利。
內為人兮外地頭，
內卦為人，外卦為地頭，出行求財，最要論此。
人剋地頭有淹留，
若內卦剋外卦，求財主有淹留。
地頭剋人兼旺相，
若外卦反剋內卦，更得旺相，最為吉昌。
若遇求財數倍收。

若地頭剋人，求財主萬倍。
日辰剋我貨出手，
若日辰剋身，貨物喜脫手。
若剋地頭賊相守，
若財爻剋四五爻，主有賊人謀算也。
青龍發動最為佳，
若青龍動，最吉。
陰陽得位財須有。
若得一陰一陽之卦，求財定有。
外卦無氣應剋身，
若外卦無氣，應又剋世，斷不為吉。
若值空亡憂病生，
值外卦及身落空，斷主病生也。
土爻持世如何離，
若土爻持世，出行求財，如何離得。
陰爻持世主陰人。
若值陰爻持世，主臨行有陰人相阻。

天玄賦云

饑寒起盜心，亦為困窮而至此。富貴享遐福，莫非營運而後能。齎財①于蛟龍背上行舟，負命于虎狼叢中取路。欲究心中之疑慮，端詳爻上之吉凶㈠。求財之言艱險，於斯可見，但能信占卜，必無不測之禍。若出外求財，須言禍福之分。在家求財，亦有得失之別。學者可不究哉。卜以決疑，不疑何卜？凡來占者，必有疑慮之事，當詳吉凶衰旺。見財福如值故人，遇兄鬼如逢仇敵㈡。

將本求財，妻位偏宜旺相。

凡占求財，先達㈢人事，然後決斷。若將本求財，必要財爻旺相，剋世生世則吉㈣，世剋財則凶。若卦有兩財，外財旺而內財空，本雖少而利則㈤多。若內財旺而外財空，利息淡薄㈥，但可勾本。歌訣云：「內外財爻俱死絕，將本生涯斂手②折，財不上卦及空亡，買賣經商連本滅。財爻絕處又逢生，利息依然動歡悅，妻財雖旺不剋世，卻向爻中看亡劫。先生若也問求財，請看天仙玄妙訣㈦」。

空拳問利，官鬼喜遇興隆。

空手求財者，不過是百工技藝之人㈧、吏人。凡占，以官鬼為主。旺相財空，鬧處得財。青龍鬼，饋送得財。朱雀鬼，文書口舌之財。勾陳鬼，財穩無反覆。騰蛇鬼，事未伶俐，是於人之財，或是人帶挈③之財。白虎鬼，必是詐取。玄武鬼，是騙人，陰私不明之財；若陰鬼加咸池，必得女人財。

鬼化為財，剋世須云大吉。財爻化鬼，逢空可謂全凶。

鬼化財，從空而至。且來剋世，是利追我而走，故云大吉。財化鬼，自有化無。又落空亡，是消磨殆盡，故曰全凶㊈。

凡遇財化財本吉，中亦有別焉。前卦財旺，化財無氣，午前占宜速求，向後財必薄。午後占言宜早，求財利豐盈，今財稍薄不如前。若前卦財衰而化財旺，反此斷之，必無差失。若鬼化財吉，卦中財本生官鬼，而鬼反化財，此之謂鬼送財。若得剋世乃大吉，世剋便凶。午前占遇財化鬼，謂之鬼偷財。財得日辰扶合，或動爻生扶，謂之財入鬼手，庶無傷也。若旺財化衰鬼，其財不全。若衰財化為旺鬼，須防兩倍折財。財爻更值空亡，大凶之兆。

父化妻爻，當涉艱辛始得。財連兄位，縱然積聚當分。

凡父化財，不容易得，必先難後獲。最不宜父旺財衰，旺則艱辛多而財少。衰則用力少而財多。若財化父㊉，得後艱辛。父帶貴，可言倚靠。若加太歲殺，因財染病歸。兄弟乃剋財之神，卦中發動，財雖剋世，亦無全得，或是象出於眾則可。若持世上，難起謀望之心。前卦財雖旺而化兄弟，當見聚而後分，若果與人分利則無妨。若兄化財，則主先散而後聚，或謀出於眾，利歸一源，或始艱辛，然後稱心。凡父兄化財，縱有艱辛亦吉。

凶神沖散財爻，切忌風波險阻。

凡凶神來剋沖財爻[11]，行船便見風波之患。世爻若值吉神，身雖無[12]咎，財必飄散。凶神若遇虎蛇剋世，財命不可保全[13]。若在家求財，不必如此斷，必主凶人攪散，或因財引惹公事。若值解神，卻得無事。

劫[14]殺加臨兄弟，須防盜賊相侵。

劫殺乃求財之[15]大忌，若臨財位，必不可得。若臨兄弟發動，得財之後，防有失脫。若更玄武加臨，必有盜賊劫掠之禍[16]。若得貴人臨鬼持世，雖有賊來，無[17]傷於我。如逢鬼動，兄弟受制，縱有凶神，亦無大患[18]。鬼爻無氣則無權，兄弟依然來作禍[19]。

子動會青龍，乃生財之大道。

若卦內[20]無財，而子孫旺動，亦可求謀，更臨青龍，比同有財之卦[21]，乃大吉。若值休囚，更宜斟酌。若鬼化子孫，謂之鬼運財來付好人，宜隔手求。蒼屏有歌曰：「鬼化為財及子孫，求財最利稱心情[22]，更逢福德來生世，安坐高堂也獲珍」。若子孫化子孫，財從兩處生，財既是兩處生[23]，宜兩處求，或與人同求，大吉。

父興臨白虎，為絕利之根源。

子孫乃生財之神，比同水之有源[24]，源頭受剋則泉竭，泉水旺盛[25]則流長。若財位逢長生，福德臨官，此等求財，綿綿不絕。或財雖旺，子孫死絕，只許一度，後再難求[26]。子孫雖旺，父母來剋，謂之絕生財之源，雖有錢財，亦無接續。若遇日辰相合，庶幾不被剋傷㊲。

世剋動財，若趕沙場之馬。

大凡求財，財來生世剋世則易，財來逐我，如涸澤取魚，伸手便得。若世剋動財，是我去逐利，如沙丘劣馬④，愈趕愈奔，終難上手㊳。

大凡求財，財在內動易求，外動難求。如世生動財，若得日辰合住，財庶可以得。若世剋動財，是我去逐利，如沙丘劣馬，愈趕愈奔，終難上手，縱與日辰相合，亦不可得。倘世爻無氣，財在內動稍可，外動則沙場趕馬，言必不可得也。

財生靜世，如逢涸澤之魚。

凡財爻動生世、合世、剋世，持世，皆大吉之兆，財來逐我，如涸澤取魚，伸手便得㊴。惟怕兄弟發動則有害，衰則無妨。若財生世，最利空手求，將本求亦為美。合世須防世剋財，難得亦難遂。言涸澤之魚，言易得也。

剋害刑沖迫兄鬼，則災殃消散。

剋者，剋勝也。古云：「相生須用他生我，相剋還須我剋他」。亦有吉凶之分，不可概論。凡占求財，財福吉神剋我則吉，兄鬼凶神剋我則凶，我剋之則憂愁散，我剋財福則無財。

害者，地支相淩。求財遇之，吉凶相半。有日辰害，有動爻害，今人但以害為一體，不知各有別焉。且如卯害辰也，卯是旺木害辰墓土，木者土之官，乃官勢相害。寅巳相害者，寅有臨官之木，巳有臨官之火，兩官競強而爭，進退相害也。午丑相害，午有旺火，害丑中之墓金，火為金之官，乃官鬼相害也。子未相害者，未帶墓木，害子之旺水[30]，乃夫妻相害也。申亥相害者，申為臨官之金，亥為臨官之水，各持臨官之氣，兩強相爭，進退相害也。戌酉相害者，戌為墓火，酉為旺金，墓火加旺金之氣，故相淩害，此鬼賊妒嫉相害也。《燭神經》言：「子沖午，午合未，子惡未為黨，故相仇害」。《明理論》言：「未帶墓木，害子之旺水[31]，其義兩途，只合從相害者論」。張天覺云：「凡作子害未之類者驗，凡遇害妻財，則財有妨。害鬼殺，則鬼無用。害彼則吉，害我則凶」。占者當分衰旺，若我世旺，彼雖欲害而無傷。若害爻旺，則凶。

刑者，陰陽反德也。若加羊刃，可謂極凶刑傷也。刃者，殺也。有刑而無刃，則不殺。凡占刑，刑鬼殺凶神則吉，刑財福吉神則凶。世應皆怕逢刑，刑世則傷我，刑應則對主遭傷。求財必應世合會，然後能成，若受刑傷，安可就也。

沖者，十二支戰擊之象。有日辰沖，世應沖。求財見沖則難就，沖散財則無財。吉神被沖則凶，惡殺逢沖則吉。

兄鬼，皆求財之忌神。今彼受制，不惟求財有望，抑且災散禍消矣[32]。

生扶拱合輔財福，則貨寶豐盈。

妻財子孫，生涯緊要。且有生扶拱合，豈不財貨盈溢，珍寶滿箱[33]。

生者，陰陽交會而相生也。日辰生財福則吉，生鬼殺則凶。財生世則易求，世生財則難求。若應生世，他人就我。世生應，我趕他人。世應雖相生，逢沖亦有阻。

扶者，為日辰扶。又曰：「父母扶兄弟，兄弟扶子孫，子孫扶妻財，妻財扶官鬼，官鬼扶父母，此五行之通例」。以上動則言扶，不動則不可言也。凡動爻扶者，不如日辰扶者。凡動爻謂之旁扶，日辰謂之正扶。若扶財福則吉，扶鬼殺則凶。凡遇絕逢，逢扶則生，生爻逢扶則旺，動爻遇扶則急，靜爻遇扶則興。凡用爻遇沖，得動爻來扶，為之有救。若扶爻遇刑沖，則無用也。

虎易按：「扶者，為日辰扶」。《卜筮全書•黃金策•總斷千金賦》：「扶者，謂卯爻見寅日，酉爻見申日，子見亥，午見巳，丑未見辰戌之類，是也」。又曰「父母扶兄弟，兄弟扶子孫，子孫扶妻財，妻財扶官鬼，官鬼扶父母，此五行之通例」，按此說，應該是「生」的概念。兩者論述有差異，我的看法，「扶」的概念，應該以前者為宜，供讀者參考。

拱者，陰陽之至理，君臣之大節也。凡臨官遇帝旺，謂之拱。假如亥日占，亥爻發動，子爻持世是也。凡遇財福拱我，則得人佐助，財利倍常。若我拱兄弟，是他人把權，其財爻縱旺，亦難稱遂。

虎易按：「拱者」，「假如亥日占，亥爻發動，子爻持世是也」，《卜筮全書•黃金策•總斷千金賦》曰：「拱者，如寅爻見卯日，申爻見酉日，亥見子，巳見午之類，是也」。兩者論述有差異，我的看法，「拱」的概念，也應該以後者為宜，供讀者參考。

合者，陰陽之和，天地之德也。凡合財福則吉，合鬼殺則凶也。凡合處逢生，比同甕中捉鼈，必無遺漏矣。

以上四者，大抵為福，然此亦有吉凶之變，學者不可一概論之。若能深究其情，推詳其義，萬物之理其備矣，豈求財一章之用耶。

前卦有財後卦無，不利於後。前卦無財後卦有，艱難在前。

妻財乃卦中之用神，一卦之大體，若無財，則無準。前卦有財後卦無，不利於後，宜速求，遲則難得㈤。前卦無財後卦有，艱難在前，宜待時行事，或看財爻旺相年月，方可謀望。

財合日辰，方能入手。財逢墓庫，便可歸懷。

欲知何日可得入手，但看財爻衰旺。財旺逢墓庫日得，財衰看生旺日得。以上乃方欲謀望求財可用，已在間深則不然。生旺還他生旺日得，財爻入墓或當日得，財興日辰合得。

注釋

①齎（jī）財：攜帶錢財。

②斂手：拱手。

③帶挈：攜帶，帶領。

④劣馬：性情燥烈，不服駕馭的馬。

校勘記

㈠「饑寒起盜心，亦為困窮而至此。富貴享遐福，莫非營運而後能。齎財于蛟龍背上行舟，負命于虎狼叢中取路。欲究心中之疑慮，端詳爻上之吉凶」，原本編排在「占賊盜•天玄賦云」末，疑誤，據《卜筮全書•天玄賦•求財章》編排體例，改排在此處。

㈡「求財之言艱險，於斯可見，但能信占卜，必無不測之禍。若出外求財，須言禍福之分。在家求財，亦有得失之別。學者可不究哉。卜以決疑，不疑何卜？凡來占者，必有疑慮之事，當詳吉凶衰旺。見財福如值故人，遇兄鬼如逢仇敵」，原本脫漏，據《卜筮全書•天玄賦•求財章》原文補入。

㈢「達」，原本作「推」，疑誤，據《卜筮全書•天玄賦•求財章》原文改。

㈣「若將本求財，必要財爻旺相，剋世生世則吉」，原本作「若是將本求財，須財爻旺相，剋世則吉」，疑誤，據《卜筮全書·天玄賦·求財章》原文改。

㈤「則」，原本脫漏，據《卜筮全書·天玄賦·求財章》原文補入。

㈥「若內財旺而外財空，利息淡薄」，原本作「若內生旺，外逢沖，利息輕薄」，疑誤，據《卜筮全書·天玄賦·求財章》原文改。

㈦「內外財爻俱死絕，將本生涯斂手折，財不上卦及空亡，買賣經商連本滅。財爻絕處又逢生，利息依然動歡悅，妻財雖旺不剋世，卻向爻中看亡劫。先生若也問求財，請看天仙玄妙訣」，原本作「內外財爻俱死絕，斂手本錢折一半，財不上卦及空亡，經商買賣連本滅。財爻絕處若逢生，利息依然動歡悅，妻財雖旺不剋世，卻向爻中看亡劫。先生若也問求財，宜看天玄仙妙訣」，疑誤，據《卜筮全書·天玄賦·求財章》原文改。

㈧「不過是百工技藝之人」，原本作「無過是工藝」，疑誤，據《卜筮全書·天玄賦·求財章》原文改。

㈨「鬼化財，從空而至。且來剋世，是利追我而走，故云大吉。財化鬼，自有化無。又落空亡，是消磨殆盡，故曰全凶」，原本脫漏，據《卜筮全書·天玄賦·求財章》原文補入。

㈩「父」，原本作「爻」，疑誤，據其卦理及文意改。

⑪「爻」，原本脫漏，據《卜筮全書·天玄賦·求財章》原文補入。

⑫「無」，原本作「弗」，疑誤，據《卜筮全書·天玄賦·求財章》原文改。

⑬「凶神若遇虎蛇剋世，財命不可保全」，原本作「凶神若值虎蛇剋世，財今未可並全」，疑誤，據《卜筮全書·天玄賦·求財章》原文改。

⑭「劫」，原本作「惡」，疑誤，據《卜筮全書·天玄賦·求財章》原文改。

⑮「之」，原本脫漏，據《卜筮全書·天玄賦·求財章》原文補入。

⑯「必有盜賊劫掠之禍」，原本作「恐賊盜相侵之患」，疑誤，據《卜筮全書·天玄賦·求財章》原文改。

⑰「無」，原本作「勿」，疑誤，據《卜筮全書·天玄賦·求財章》原文改。

⑱「亦無大患」，原本作「亦無患矣」，疑誤，據《卜筮全書·天玄賦·求財章》原文改。

⑲「兄弟依然來作禍」，原本作「兄弟依然作禍主矣」，疑誤，據《卜筮全書·天玄賦·求財章》原文改。

⑳「內」，原本作「裡」，疑誤，據《卜筮全書·天玄賦·求財章》原文改。

㉑「更臨青龍，比同有財之卦」，原本作「更得青龍，此同有財之卦」，疑誤，據《卜筮全書·天玄賦·求財章》原文改。

㉒「求財最利稱心情」，原本作「求財最利損他人」，疑誤，據《卜筮全書·天玄賦·求財章》原文改。

㉓「財既是兩處生」，原本脫漏，據《卜筮全書·天玄賦·求財章》原文補入。

㉔「源」，原本作「根」，疑誤，據《卜筮全書·天玄賦·求財章》原文改。

⑮「盛」，原本作「水」，疑誤，據《卜筮全書·天玄賦·求財章》原文改。

⑯「或財雖旺，子孫死絕，只許一度，後再難求」，原本作「如或財爻帶旺，子孫死絕，只許一度，再難求」，疑誤，據《卜筮全書·天玄賦·求財章》原文改。

⑰「傷」，原本作「也」，疑誤，據《卜筮全書·天玄賦·求財章》原文改。

⑱「大凡求財，財來生世剋世則易，財來逐我，如涸澤取魚，伸手便得。若世剋動財，是我去逐利，如沙丘劣馬，愈趕愈奔，終難上手」，原本作「大凡求財，財在內動易求，外動難求。如世生動財，若得日辰合住，財庶可以得。若世剋動財，是我去逐利，如沙丘劣馬，愈趕愈奔，終難上手，縱與日辰相合，亦不可得。倘世爻無氣，財在內動稍可，外動則沙場趕馬，言必不可得也」，疑誤，據《新鍥斷易天機·占求財·天玄賦云》原文改。

⑲「財來逐我，如涸澤取魚，伸手便得」，原本作「乃唾手可得」，疑誤，據《卜筮全書·天玄賦·求財章》原文改。

⑳㉑「水」，原本作「土」，疑誤，據其卦理及文意改。

㉒「兄鬼，皆求財之忌神。今彼受制，不惟求財有望，抑且災散禍消矣」，原本脫漏，據《卜筮全書·天玄賦·求財章》原文補入。

㉓「妻財子孫，生涯緊要。且有生扶拱合，豈不財貨盈溢，珍寶滿箱」，原本脫漏，據《卜筮全書·天玄賦·求財章》原文補入。

㉔「遲則難得」，原本作「遲則無用」，疑誤，據《卜筮全書·天玄賦·求財章》原文改。

經驗云

凡人占卦問求財，父動難求鬼動災，子發財明須得意，兄興遲滯是非來。

卜筮元龜云㊀

校勘記

㊀「卜筮元龜云」，原本脫漏，據以下內容及本書標題體例補入。

占辨君子小人求財云

小人求財得乾卦，心底無良行劫害。

此人必占，為小人之道。

假令巳酉丑月㊀，卜得《乾》卦：

《新鍥斷易天機》引例：062		
來源：《卜筮元龜》教例：039		
時間：巳酉丑月		
乾宮：乾為天（六冲）		
本　　卦		
父母壬戌土	━━━━	世
兄弟壬申金	━━━━	
官鬼壬午火	━━━━	
父母甲辰土	━━━━	應
妻財甲寅木	━━━━	
子孫甲子水	━━━━	

是㊁劫在寅，乾以寅為財，故也。又《乾》乃四月卦屬巳，及巳酉劫在寅，名身有劫也，故知為小人之道。凡人求財，須要㊂身旺相，與青龍龍德合，則君子得財。

虎易按：原本作「假令甲子辰月，卜得《乾》卦，是劫在寅」，據劫殺例「巳酉丑劫殺在寅，申子辰劫殺在巳，寅午戌劫殺在亥，亥卯未劫殺在申」，知其「假令甲子辰月」有誤原文改作「假令巳酉丑月」。附「劫殺」表，供讀者參考。

地支／神殺	寅	卯	辰	巳	午	未	申	酉	戌	亥	子	丑
劫殺	亥	申	巳	寅	亥	申	巳	寅	亥	申	巳	寅

巳酉丑兮卜得泰，寅午戌兮劫殺害。

此名卦殺㊃劫財也。

虎易按：「此名卦殺劫財也」，指《泰》是正月卦，月卦身屬寅，巳酉丑劫殺在寅，所以稱為「卦殺」。

申子辰兮驛馬寅，財與寅兮六合亥。

此名卦與驛馬與官財併合，是官人求財也㊄。

《新鍥斷易天機》引例：063

來源：《卜筮元龜》教例：040

時間：巳酉丑

坤宮：地天泰（六合）

本　卦

子孫癸酉金　▅▅　▅▅　應
妻財癸亥水　▅▅　▅▅
兄弟癸丑土　▅▅　▅▅
兄弟甲辰土　▅▅▅▅▅　世
官鬼甲寅木　▅▅▅▅▅
妻財甲子水　▅▅▅▅▅

虎易按：「申子辰兮驛馬寅，財與寅為六合亥」，指申子辰得《泰》卦，驛馬為寅。《泰》是正月卦，月卦屬寅，官鬼也是寅，與財爻亥水合。所以稱為「卦與驛馬與官財併合」。

校勘記

㊀「巳酉丑月」，原本作「甲子辰月」，疑誤，據後文之意原文改。

㊁「是」，原本作「乃」，疑誤，據《卜筮元龜·求財門·占辨君子小人求財法章》原文改。

㊂「須要」，原本作「雖有」，疑誤，據《卜筮元龜·求財門·占辨君子小人求財法章》原文改。

㊃「殺」，原本脫漏，據《卜筮元龜·求財門·占辨君子小人求財法章》原文補入。

㊄「也」，原本脫漏，據《卜筮元龜·求財門·占辨君子小人求財法章》原文補入。

占人有意還財否云

世應相生有還意㈠，雖道無財常準擬，

《咸》卦之類是也：

虎易按：《咸》卦應爻丁未土，生世爻丙申金。

外生內卦有還心，內外比和終有益。

但見內外世應，全㈡相生比和，不落空亡者，雖未有財，長有還心。

《渙》卦之類是也：

虎易按：《渙》卦內坎水生外巽木，世爻辛巳火生應爻戊辰土。

《新鍥斷易天機》引例：064		
來源：《卜筮元龜》教例：041		
兌宮：澤山咸		
本　　卦		
父母丁未土	▅▅　▅▅	應
兄弟丁酉金	▅▅▅▅▅	
子孫丁亥水	▅▅▅▅▅	
兄弟丙申金	▅▅▅▅▅	世
官鬼丙午火	▅▅　▅▅	
父母丙辰土	▅▅　▅▅	

《新鍥斷易天機》引例：065		
來源：《卜筮元龜》教例：042		
離宮：風水渙		
本　　卦		
父母辛卯木	▅▅▅▅▅	
兄弟辛巳火	▅▅▅▅▅	世
子孫辛未土	▅▅　▅▅	
兄弟戊午火	▅▅　▅▅	
子孫戊辰土	▅▅▅▅▅	應
父母戊寅木	▅▅　▅▅	

子與財爻動生世，他心自來還有意，
假令《賁》卦，丙子水動，化為《家人》卦：
辛巳火動，是生世者是也。
虎易按：《賁》之《家人》，雖然妻財丙子
水動，可以生世爻己卯木，但水動化巳為化絕。
此例選用不太恰當，讀者能理解作者之意，參考
即可。
相生無財意欲還，相剋無財徒再詣①。

《新鍥斷易天機》引例：066			
來源：《卜筮元龜》教例：043			
艮宮：山火賁（六合）		巽宮：風火家人	
本　　卦		**變　　卦**	
官鬼丙寅木 ▅▅▅▅▅		官鬼辛卯木 ▅▅▅▅▅	
妻財丙子水 ▅▅　▅▅	✕→	父母辛巳火 ▅▅▅▅▅	應
兄弟丙戌土 ▅▅　▅▅ 應		兄弟辛未土 ▅▅　▅▅	
妻財己亥水 ▅▅▅▅▅		妻財己亥水 ▅▅▅▅▅	
兄弟己丑土 ▅▅　▅▅		兄弟己丑土 ▅▅　▅▅	世
官鬼己卯木 ▅▅▅▅▅ 世		官鬼己卯木 ▅▅▅▅▅	

卦全相剋，雖有財，意未還，《大壯》、《小過》之類是：

《新鍥斷易天機》引例：067		
來源：《卜筮元龜》教例：044		
坤宮：雷天大壯（六沖）		
本　　卦		
兄弟庚戌土	▅▅　▅▅	
子孫庚申金	▅▅　▅▅	
父母庚午火	▅▅▅▅▅	世
兄弟甲辰土	▅▅▅▅▅	
官鬼甲寅木	▅▅▅▅▅	
妻財甲子水	▅▅▅▅▅	應

《新鍥斷易天機》引例：068		
來源：《卜筮元龜》教例：045		
兌宮：雷山小過（遊魂）		
本　　卦		
父母庚戌土	▅▅　▅▅	
兄弟庚申金	▅▅　▅▅	
官鬼庚午火	▅▅▅▅▅	世
兄弟丙申金	▅▅▅▅▅	
官鬼丙午火	▅▅　▅▅	
父母丙辰土	▅▅　▅▅	應

虎易按：「卦全相剋」，指內外卦相剋。《大壯》下乾金剋上《震》木，《小過》上《震》木剋下艮土。

內與外相生，世應相剋，有財欲還，《萃》、《井》卦之類是也：

《新鍥斷易天機》引例：069		
來源：《卜筮元龜》教例：046		
兌宮：澤地萃		
本　　卦		
父母丁未土	▅▅ ▅▅	
兄弟丁酉金	▅▅▅▅▅	應
子孫丁亥水	▅▅▅▅▅	
妻財乙卯木	▅▅ ▅▅	
官鬼乙巳火	▅▅ ▅▅	世
父母乙未土	▅▅ ▅▅	

《新鍥斷易天機》引例：070		
來源：《卜筮元龜》教例：047		
震宮：水風井		
本　　卦		
父母戊子水	▅▅ ▅▅	
妻財戊戌土	▅▅▅▅▅	世
官鬼戊申金	▅▅ ▅▅	
官鬼辛酉金	▅▅▅▅▅	
父母辛亥水	▅▅▅▅▅	應
妻財辛丑土	▅▅ ▅▅	

虎易按：《萃》卦下《坤》土生上兌金，世爻乙巳火剋應爻丁酉金。《井》卦上《坎》水生下《巽》木，世爻戊戌土剋應爻辛亥水。

注釋

①詣（yì）：前往，去到。

校勘記

㊀「世應相生有還意」，原本作「世應相生有意還」，疑誤，據《卜筮元龜•求財門•占人有意還財否章》原文改。

㊁「全」，原本脫漏，據《卜筮元龜•求財門•占人有意還財否章》原文補入。

占求財何日得云

凡占求財何日得，死財財生日月得㊀，死氣財，財入長生時日得。假令以木為財，秋㊁則屬死氣，得亥日是財生之日。生財財合墓為期，以此推之必無惑。生氣財，財入墓日得。假令以木為財，十月占得，生於亥，是生財。死午葬未，即是五月六月、午未日得財。它皆倣此㊂。

上下相生可剋時，剋外徒言相合期，凡卦旺相，言生剋時有應。若無氣，內剋外，期無應。他並仿此。

更想空亡兼退度，百般云得亦遲疑。卦遇空亡退度，難剋時也。

校勘記

㊀「得」，原本作「剋」，疑誤，據其文意改。

㊁「秋」，原本脫漏，據其文意補入。

㊂「死午葬未，即是五月六月、午未日得財。它皆倣此」，原本作「死在午未，即是五月六月，午未用得財。後皆倣此」，疑誤，據《卜筮元龜·求財門·占求財何日得章》原文改。

占出入財吉凶云

內陽財空還變陽，不宜入財多散亡，
內見《乾》、《坎》㊀《艮》、《震》，又是陽爻者，主去。
內陰財爻還變陰，如期則吉不須吟。
內《巽》、《離》、《坤》、《兌》為陰，旺相相生大吉，宜入財。外剋內卦宜出財，
內剋外亦宜入財。但相生為上。
外陰財陰出財吉，外陽財陽宜貯密，
陽主震動，不宜出財。陰主安靜，宜出，亦不失也。
俱㊁陰為好吉無疑，若是純陽多散失。
純陰宜出財，亦宜入財，相生大吉。純陽不宜出錢物㊂。

校勘記

㊀「坎」，原本作「爻」，疑誤，據《卜筮元龜•求財門•占出入財吉凶章》原文改。
㊁「俱」，原本作「但」，疑誤，據《卜筮元龜•求財門•占出入財吉凶章》原文改。
㊂「物」，原本脫漏，據《卜筮元龜•求財門•占出入財吉凶章》原文補入。

占財庫吉凶云

入財財庫化為鬼，此主折財耗害耳，假令坎卦火為財，火喪在戌此為是。

《坎》以火為財，以戌為財庫。九五戊戌土為《坎》鬼，故主此庫折財。四墓中帶鬼者耗折，官庫財吉㊀。

校勘記

㊀「《坎》以火為財，以戌為財庫。九五戊戌土為《坎》鬼，故主此庫折財。四墓中帶鬼者耗折，官庫財吉」，原本脱漏，據《卜筮元龜·求財門·占財庫吉凶章》原文補入。

《新鍥斷易天機》引例：071		
來源：《卜筮元龜》教例：048		
坎宮：坎為水（六沖）		
本　　卦		
兄弟戊子水	▅▅　▅▅	世
官鬼戊戌土	▅▅▅▅▅	
父母戊申金	▅▅　▅▅	
妻財戊午火	▅▅　▅▅	應
官鬼戊辰土	▅▅▅▅▅	
子孫戊寅木	▅▅　▅▅	

李淳風云

財爻及鬼爻俱發，即教謹慎盜賊。妻位與驛馬同功，必被尊年括削。是知伏神剋飛即難取，財飛臨伏神即易求。震巽宜竹木之類，乾兌乃金銀之類，坎為水族魚鹽，離是火燭絲綵，坤艮二宮之卦，田土五穀之財。若不辨認祖宗，即憑何而取象。買賣貞悔相生，又怕兩宮休廢。內貞動而悔靜，即為交易難成。兩象齊發相生，買賣必然成就之兆。

海底眼云

占求財物㈠，以財爻為主

占財旺相喜持世，出現生扶可乘勢，脫貨求財要用興，開店交關安者利。月破空亡未可憑，飛爻剋制徒留意，若求爭鬥㈡撼錢財，但看財生命者是。

虎易按：以上內容，《海底眼•占求財物》原作有注釋，讀者可參閱原著。

校勘記

㈠「占求財物」，原本脫漏，據《海底眼•占求財物》及本書標題體例補入。

㈡「鬥」，原本作「鬮」，疑誤，據《海底眼•占求財物》原文改。

占博戲求財云

博戲求財財是本，子孫出現世臨之，更乘旺相無刑剋，管取歌歡㈠稱意歸㈡。

世應見鬼㊂應爻剋，縱有財神也是輸，福德休囚遭㊃陷伏，往求㊄空去下功夫。

間爻動，衝撞多。兄弟動，多阻隔。官財動，必輸㊅。

校勘記

㊀「管取歌歡」，原本作「管取歡欣」，疑誤，據《海底眼•占博戲》原文改。

㊁「稱意歸」，此後原本作「稱意歸又云」，疑誤，據《海底眼•占博戲》原文改。

㊂「世應見鬼」，原本作「世出現鬼」，疑誤，據《海底眼•占博戲》原文改。

㊃「遭」，原本作「皆」，疑誤，據《海底眼•占博戲》原文改。

㊄「求」，原本作「來」，疑誤，據《海底眼•占博戲》原文改。

㊅「兄弟動，多阻隔。官財動，必輸」，原本作「兄弟動多鬧，官動財動必然輸」，疑誤，據《海底眼•占博戲》原文改。

金鎖玄關總論財云

此一法，前後古人所卜者，只看卦內財㊀爻有無。殊不知福能生財，如卦中無財爻，但得福爻旺相，求財必遂。

又一法，卦內全無財氣，又無福德，月令中是財亦可成。或言買賣、借貸、取討皆屬財，但財爻剋身世，便許有財。凡卦中財爻被辰午酉亥四字沖制，皆為不公不實之財，有詐，為妄取之財。如買物亦賣物，亦有不真實，更防欺脫，凡占財，只怕此四字入卦，兄弟劫財。財多乃太過，福多卻有財。吉爻持世得財吉，辰午酉亥得財凶。卦內有財剋合他爻，不得財。財爻是月建便得財，財爻休囚，不剋身世，合他爻不吉。如㊁財爻生旺，本卦有氣，即應得財速，無氣遲。福化財吉利，財得之善。兄化得之惡，主口舌，又眾人財。父母化財，長上財，又俸祿財。官化財有氣，官人財，無氣，凶惡財。財化財，將財用財，交易有合文書，財有氣，文書、賭博財。兄弟刑財，卦中三四重兄弟者，撼錢財，懼鬼動。財爻在應，取索財，財爻在世，出本營運財。財化子，子化財，販牲口、牙人之財，僧道財。父化財，財化父，文書、布㊂帛之財。財化兄，兄化財，賭博財。財化財，世應比和，課債財。財化鬼，乃官中財。

易通萬類，求財之法，要得之吉凶，不出此類矣。如何得財，諸卦通論長生日得財，且如用火得財，寅日可得也。

校勘記

㊀「財」，原本作「外」，疑誤，據其文意改。

㊁「如」，原本作「無」，疑誤，據其文意改。

㊂「布」，原本作「四」，疑誤，據其文意改。

•占買賣第二十

鬼谷辨爻法	
六爻	地頭
五爻	店舍
四爻	中途
三爻	伴侶
二爻	己身
初爻	行貨

郭璞論買賣歌

興販財爻剋世精，
凡占買賣，得財爻剋於本身，最為吉慶之兆。
兼身旺相與財並，
兼得本身旺相，與財爻並，尤為利益。
更看彼此無諸殺，
殺，即退悔殺。鬼谷例云：「春月未，夏月丑，秋月巳，冬月戌」。遇在世應動，買賣主退悔。
不落空亡有所成。

若六爻皆不落空亡，求財定得成就。
貞旺悔囚初買賣，若值卦貞旺，買賣始貞而終悔。
悔旺貞休後始贏，若值卦悔旺，買賣始悔而後貞。
卦中上下相刑剋，求財最怕內卦外卦相刑相剋。
縱有財爻空有聲。若值刑剋，縱財爻上卦，亦不多得。

卜筮元龜云

占求財買賣云㊀

財爻持世兼剋身㊁，此皆得利自然真，財旺買物金玉貴，休囚賣㊂必賤如塵。
賣財世應旺相實，買遇休囚貨盈益，卦有三金得寶多，離象見之無不吉。
凡卦無財鬼剋身，亡遺㊃應是遇偷人，貞悔相生都有氣，財並龍德迨①㊄金銀。

注釋

①迨（dài）：到。

校勘記

㈠「占求財買賣云」，原本脫漏，據《卜筮元龜•求財門•占求財買賣章》及本書標題體例補入。

㈡「身」，原本作「世」，疑誤，據《卜筮元龜•求財門•占求財買賣章》原文改。

㈢「賣」，原本作「買」，疑誤，據《卜筮元龜•求財門•占求財買賣章》原文改。

㈣「亡遺」，原本作「遺亡」，疑誤，據《卜筮元龜•求財門•占求財買賣章》原文改。

㈤「迨」，原本作「倍」，疑誤，據《卜筮元龜•求財門•占求財買賣章》原文改。

占凡四五處求財，買何為得財云㈠

欲得財爻旺相實，不落空亡故㈡為吉，財爻發㈢動兼剋身，此處得云為第一。

卦裡無財遯蹇流，直說須云抛卻休，鬼化為財財易得，財化為鬼失財憂。

財憂兄弟終言剋，兄弟憂財終可得，化為子位亦無憂，以此推之必無惑。

虎易按：以上內容，《卜筮元龜・求財門》原作有注釋，讀者可參閱原著。

校勘記

㊀「占凡四五處求財，買何為得財云」，原本作「占四五處求財，買賣何如得財云」，疑誤，據《卜筮元龜・求財門・占凡四五處求財，買何為得財章》原文改。

㊁「故」，原本作「便」，疑誤，據《卜筮元龜・求財門・占凡四五處求財，買何為得財章》原文改。

㊂「發」，原本作「初」，疑誤，據《卜筮元龜・求財門・占凡四五處求財，買何為得財章》原文改。

占本宮財與鬼並，憂失財云

求財遇萃必折本，世與鬼並那堪忖㊀，當須㊁防慎以為懷，憂逢盜賊自侵損。

《萃》：

兌宮二世卦，本宮丁卯木為財，飛爻乙巳火為兌宮鬼，

《新鍥斷易天機》引例：072			
來源：《卜筮元龜》教例：038			
	兌宮：澤地萃		
伏神	本卦		
	父母丁未土	▅ ▅	
	兄弟丁酉金	▅▅▅	應
	子孫丁亥水	▅▅▅	
	妻財乙卯木	▅ ▅	
妻財丁卯木	官鬼乙巳火	▅ ▅	世
	父母乙未土	▅ ▅	

是財化為鬼也㊂。

校勘記

㊀「世與鬼並那堪忖」，原本作「世與鬼並即堪林」，疑誤，據《卜筮元龜·求財門·占本宮財與鬼並，憂失財章》原文改。

㊁「當須」，原本作「須當」，疑誤，據《卜筮元龜·求財門·占本宮財與鬼並，憂失財章》原文改。

㊂「兌宮二世卦，本宮丁卯木為財，飛爻乙巳火為兌宮鬼，是財化為鬼也」，原本脫漏，據《卜筮元龜·求財門·占本宮財與鬼並，憂失財章》原文補入。

占求財買賣行何方有㊀吉凶云

本宮絕命及入墓，兼之鬼墓同相顧，墓絕之方最為凶，若欲經求避其路。

生氣長生是吉方，世爻旺㊁處即宜良，八卦之方同此說，終身無病亦無傷。

虎易按：以上內容，《卜筮元龜·求財門》原作有注釋，讀者可參閱原著。

經驗總斷買賣交易云

凡占買賣與交易，子動財興為大吉，兄鬼爻搖合不成㊂，父興枉費千般力。

校勘記

㊀「有」，原本作「得」，疑誤，據《卜筮元龜・求財門・占求財買賣行何方有吉凶章》原文改。
㊁「宜」，原本作「為」，疑誤，據《卜筮元龜・求財門・占求財買賣行何方有吉凶章》原文改。
㊂「兄鬼爻搖合不成」，原本作「鬼兄搖搖難合就」，疑誤，據《卜筮全書・闡奧歌章・求財買賣章・附交易》原文改。

●占出行第二十一

鬼谷辨爻法	
六爻	家庭
五爻	道路
四爻	戶㈠
三爻	門㈡
二爻	身
初爻	足

虎易按：《火珠林》與《海底眼》「六爻定體」，均以三爻為「門戶」位。本書「占出行」與「占行人」鬼谷辨爻法，均以三爻為戶，四爻為門。《卜筮全書●黃金策●行人》曰：「三爻為門，四爻為戶」，在實踐應用中，似乎更為合理一些。綜合上述原因，將原文改作三爻門，四爻戶。後面內容，均依此改作，不另注釋。

校勘記

㈠「戶」，原本作「門」，疑誤，據《卜筮全書●黃金策●行人》「三爻為門，四爻為戶」原文改。

㈡「門」，原本作「戶」，疑誤，據《卜筮全書●黃金策●行人》「三爻為門，四爻為戶」原文改。

周公斷出行歌

遠行須要路相宜，
若遠行要得吉卦，則路途通達。
世墓凶方不可移，
若世入辰戌丑未爻，其方決凶，不可去也。
金色繞身南必惡，
若世屬金，則不宜往南方。
火光持世北須疑。
若世屬火，則不宜北邊去。
世前有鬼常無準，
若鬼在世前一位㈠，主人去就無定準。
飛上安官且莫之，
若鬼爻持世，心有所往，宜止之。
身與殺並身必謹，
殺，即往亡殺。鬼谷訣云：「正月寅，二月巳，三月申，四月亥，五月卯，六月午，七月酉，八月子，九月辰，十月未，十一月戌，十二月丑是也」。若遇殺與世並，切不可往，往必亡。

俱陽去速見陰遲。

若值純陽卦，則主去速。純陰卦，則主去遲。

校勘記

㊀「位」，原本作「值」，疑誤，據其文意改。

天玄賦云

坐賈行商，皆為厭貧求富貴。曉行夜宿㊀，只因圖利起經營。欲財溢於千箱，須賓士於萬里。未卜其中之得失，便言路上之行藏。

凡占出行，無非問一身之禍福，一路之吉凶，便須察其可行不可行，方可決斷。不可全憑卦名，須要細觀爻象。

且如《恒》卦：

《新鍥斷易天機》引例：073		
《卜筮全書》教例：024		
震宮：雷風恒		
本　　卦		
妻財庚戌土	▅▅　▅▅	應
官鬼庚申金	▅▅　▅▅	
子孫庚午火	▅▅▅▅▅	
官鬼辛酉金	▅▅▅▅▅	世
父母辛亥水	▅▅▅▅▅	
妻財辛丑土	▅▅　▅▅	

名本吉，官鬼持世，亦非美矣。

不可概論，行藏得失，列于後章。

世剋應爻，直到地頭無阻節。

凡占出行，以世為主。旺相吉，無氣凶。世剋應，坦然一路無凶兆㊁。應剋世，比同旁爻發動來相剋，當有吉凶之辨。若逢㊂財福剋我則吉，鬼殺剋我則凶。若當世墓凶方，決不可行。

鬼臨飛位，未離門戶費趑趄①。

鬼持世上，本不為佳，休囚則難起身，生旺多是去不成。若子孫發動來解㊃，庶幾可行。如或鬼爻帶貴，必因貴人遲滯，未得起身。鬼加官符、朱雀，必因官事牽連。鬼加白虎、喪門、弔客、死符、病符，恐有喪亡疾病之事。若鬼爻發動，恐無伴侶。鬼若臨㊄應，到彼謀事，終難成就矣。

世爻更值空亡，出往終難成就。

世若逢空，多是去不成，縱然強去，終是不得意而回。凡占必須看何人，若自己出，最忌世空。因經商出行，可謂大凶，必主陷本他鄉，徒勞奔走。若九流藝術，及㊅公家勾當②人占，反為吉利，空手拿財，鬧處得財，終無積聚。

子孫動，則路逢好侶。官鬼興，則途遇凶人。

子孫持世，吉無不利，必主善去吉回。若發動，必逢好侶。卦無子孫，又空亡，必無好伴，遇患難無救。若在三四爻上動，出門便逢侶。在五爻，中途相遇。在六爻，地頭相遇。若子孫帶貴人，主貴人提挈。

官鬼為凶人，旺相發動剋世，為害非輕。休囚受制，終無大事，不過伴侶有災，解神動則無妨。餘皆倣此斷之。

父母休囚，背負一琴登蜀道。

父母為行李，旺相則㊆多，休囚則㊇少，空亡則㊈無，一琴一劍，言其少也㊉。父母化兄弟，必與人同睡。兄弟化父母，必然與人合行李。父母旺空，行李雖有而不將。若同他人借行李，不宜財持世及發動，必難假借，帶合終可得之。

妻財持世，腰纏十萬上揚州。

妻財為財物、錢本之類，旺相充溢，休囚微少。財爻旺相，則腰纏十萬貫，言其多也(十一)。卦無財及空亡，必無錢本。兄弟化財，必是鬥合③來，或是借來，非己資也。

馬爻發動坤宮，遇吉神(十二)則驛程安肆④。

馬在坤象動，必陸路行，更加青龍，一路自然安逸(十三)。若當艮象動，不免阻節。若見祿馬同鄉，或馬帶貴動，必是馳驛⑤，不可泛常斷。若非其人，必是貴人同行，及根道⑥矣。

木象交重坎位，加白虎則舟揖傾危。

木在水上動，必是行舟去。若在坎宮動，亦是行舟。冬占則易去易來，三四月占未免艱澀⑦。白虎若當坎象來剋世，必遭風浪傾覆之患。解神動，驚恐未免，不致疏虞⑧。

五位㊃逢空，路上淒涼無旅店。

訣曰：「初爻空亡無腳子，二爻空亡身有阻，三爻空亡伴侶稀，四爻空亡難出戶。五爻若也值空亡，旅店荒涼受辛苦，更看六爻若逢空，地頭寂寞無人住。六爻俱不落空亡，任意揮鞭千里去」。以上論空亡者，不可一概論，必從吉凶分別，凡吉神空則凶，凶神空則吉。依此推之，萬無一失。

六爻臨鬼，地頭寂寞有憂愁。

占出行，不宜見官鬼，六爻遇之皆不利。若在初爻主腳痛，若在二爻身有災，三爻伴㊄侶必有疾。若在四爻，去後戶庭有官事相擾。在五爻道路梗㊅塞，六爻地頭，謀事難成，光景寂寞，必不得意而回歸。

參詳一卦吉凶，推究六神持剋。

青龍臨財發動，滿載而回。朱雀官爻發動㊆，必有是非口舌。勾陳臨水動，必有雨水。騰蛇帶鬼，必有憂驚怪異。白虎帶殺，必有疾病。玄武臨財，必有失脫。

以上凶神，持世剋世最忌，旺相亦忌。休囚受制，庶無大事㊇。

金爻持世，豈宜遠涉南方。木位安身，唯利高登北闕。

南方屬火，金畏之，故不宜往。北方屬水，水生木，故宜去。餘仿此例㊈。金持世，南方行謂之鬼地，大凶，宜東方行，得財吉。木持世，不利西方，宜東方行，大吉。世屬火，不利北方，東西二方大吉。世屬土，利南北二方，向東行大凶。凡占出行求財，利我剋方向。若求官見貴，大利生我方。

注釋

①趑趄（zī jū）：想前進又不敢前進。形容疑懼不決，猶豫觀望。

②勾當：事情。

③鬥合：湊合。

④安肆：安樂放縱。

⑤馳驛：舊時官員入覲或奉差出京，由沿途地方官按驛供給其役夫與馬匹廩給，稱為「馳驛」。

⑥根道：指佛學禪修。

⑦艱澀（sè）：阻滯難行。

⑧疏虞：疏忽、差錯。

校勘記

㈠「宿」，原本作「算」，疑誤，據《卜筮全書·天玄賦·出行章》原文改。
㈡「兆」，原本脱漏，據《卜筮全書·天玄賦·出行章》原文補入。
㈢「逢」，原本作「遇」，疑誤，據《卜筮全書·天玄賦·出行章》原文改。
㈣「若子孫發動來解」，原本作「若值子孫動來解」，疑誤，據《卜筮全書·天玄賦·出行章》原文改。
㈤「臨」，原本作「持」，疑誤，據《卜筮全書·天玄賦·出行章》原文改。
㈥「及」，原本脱漏，據《卜筮全書·天玄賦·出行章》原文補入。
㈦㈧㈨「則」，原本脱漏，據《卜筮全書·天玄賦·出行章》原文補入。
㈩「一琴一劍，言其少也」，原本脱漏，據《卜筮全書·天玄賦·出行章》原文補入。
⑪「財爻旺相，則腰纏十萬貫，言其多也」，原本脱漏，據《卜筮全書·天玄賦·出行章》原文補入。
⑫「吉神」，原本作「青龍」，疑誤，據《卜筮全書·天玄賦·出行章》原文改。
⑬「馬在坤象動，必陸路行，更加青龍，一路自然安逸」，原本作「馬在坤象動，必旱路上行，更加青龍，一路坦然安逸」，疑誤，據《卜筮全書·天玄賦·出行章》原文改。
⑭「位」，原本作「索」，疑誤，據《卜筮全書·天玄賦·出行章》原文改。
⑮「伴」，原本作「行」，疑誤，據《卜筮全書·天玄賦·出行章》原文改。

⑯「梗」，原本作「便」，疑誤，據《卜筮全書・天玄賦・出行章》原文改。

⑰「朱雀官爻發動」，原本作「朱雀臨官鬼動」，疑誤，據《卜筮全書・天玄賦・出行章》原文改。

⑱「以上凶神，持世剋世最忌，旺相亦忌。休囚受制，庶無大事」，原本作「以上吉凶神殺，持世剋世最急，旺相亦急。休囚受制，於旁爻發動，庶無大事也」，疑誤，據《卜筮全書・天玄賦・出行章》原文改。

⑲「南方屬火，金畏之，故不宜往。北方屬水，水生木，故宜去。餘仿此例」，原本脫漏，據《卜筮全書・天玄賦・出行章》原文補入。

經驗論出行謁貴尋人云

出行謁貴及尋人，兄鬼交重不可親，子旺財明須吉利，父興既去又回程。

占行船駕車云

船車原㈠以父為尊，父動船㈡車不久存，兄鬼動搖防盜賊㈢，子孫出現免災迍㈣。

校勘記

㊀「原」，原本作「元」，按現代用字方式改。

㊁「船」，原本作「舟」，疑誤，據《卜筮全書·闡奧歌章·舟車章》原文改。

㊂「兄鬼動搖防盜賊」，原本作「兄鬼搖搖防賊盜」，疑誤，據《卜筮全書·闡奧歌章·舟車章》原文改。

㊃「迍」，原本作「屯」，疑誤，據《卜筮全書·闡奧歌章·舟車章》原文改。

卜筮元龜云

占遠行宜向何方云㊀

欲知去處忌何方，卦臨絕墓是凶殃㊁，如乾變入離宮去，遠向南方非是良㊂。

欲知誰是出行人，卦中無者是其身，假令得遯為子孫㊃，兄弟得升如上陳。

欲知幾路為行處㊄，卦有三身三路去，兩卦當言兩路行，一路一身無所慮。

虎易按：以上內容，《卜筮元龜·出行門》原作有注釋，讀者可參閱原著。

校勘記

㈠「占遠行宜向何方云」，原本脱漏，據《卜筮元龜·出行門·占遠行宜向何方章》及本書標題體例補入。

㈡「卦臨絕墓是凶殃」，原本作「卦臨絕墓恐遭殃」，疑誤，據《卜筮元龜·出行門·占遠行宜向何方章》原文改。

㈢「遠向南方非是良」，原本作「若向南方必不良」，疑誤，據《卜筮元龜·出行門·占遠行宜向何方章》原文改。

㈣「假令得遯為子孫」，原本作「假令得遯為父子」，疑誤，據《遯》卦伏藏六親及文意改。

㈤「處」，原本作「例」，疑誤，據《卜筮元龜·出行門·占遠行宜向何方章》原文改。

占遠行或中道去歸云

外陽出行陰不行，得艮有時還自止，

陽雖成㈠行，入墓還止。陰雖不行，旺相還去。艮雖云止㈡，去亦不回來是也㈢。宜看卦象進退運氣消息焉。

有㈣爻發動來剋身，或被行人催促矣。

子爻發動來剋身㊄，被人催促。印綬爻㊅剋身，父母催促。

陽卦變陰中道歸，陰乘陽卦去如飛，世陽應陰無阻礙，世陰應陽來或遲㊆。

皆如外卦發動㊇。

離變為陽善公事，驛馬剋身行速使，

驛馬剋身或㊈世，官職人催促㊉。

鬼爻持世被勾催，仔細尋之為妙也。

鬼爻不動吉，日月剋之凶。

校勘記

㊀「成」，原本作「或」，疑誤，據《卜筮元龜•出行門•占遠行或中道去歸章》原文改。

㊁「止」，原本作「世」，疑誤，據《卜筮元龜•出行門•占遠行或中道去歸章》原文改。

㊂「去亦不回來是也」，原本作「去亦不回」，疑誤，據《卜筮元龜•出行門•占遠行或中道去歸章》原文改。

㊃「有」，原本作「子」，疑誤，據《卜筮元龜•出行門•占遠行或中道去歸章》原文改。

㊄「身」，原本脫漏，據《卜筮元龜•出行門•占遠行或中道去歸章》原文補入。

㊅「爻」，原本脫漏，據《卜筮元龜•出行門•占遠行或中道去歸章》原文補入。

㊆「世陰應陽來或遲」，原本作「世陰應陽或遲遲」，疑誤，據《卜筮元龜•出行門•占

遠行或中道去歸章》原文改。

㊇「皆如外卦發動」，原本脫漏，據《卜筮元龜·出行門·占遠行或中道去歸章》原文補入。

㊈「或」，原本脫漏，據《卜筮元龜·出行門·占遠行或中道去歸章》原文補入。

㊉「促」，原本作「去」，疑誤，據《卜筮元龜·出行門·占遠行或中道去歸章》原文改。

占人行與不行云

凡欲知人行不行，貞悔占之將自明，更想六爻何處斷，如無月建去將成。

水火臨身發應㊀疾，外陽即去君須悉㊁，外陽旺相必成行㊂，外陰無氣身㊃難出。

鬼爻發動尅其身，此則公家催促人，除斯之外有爻動，即是朋友及宗親。

以上言貞悔者，以內卦為貞，外卦為悔，本卦為貞，之卦為悔。且所論去留催促，不可一概而論。還要生旺有氣云得成，休囚刑尅決去不成也。

虎易按：以上內容，《卜筮元龜·出行門》原作有注釋，讀者可參閱原著。

校勘記

㊀「應」，原本作「病」，疑誤，據《卜筮元龜·出行門·占人行與不行章》原文改。

㊁「外陽即去君須悉」，原本作「外陽即去君毋忽」，疑誤，據《卜筮元龜•出行門•占人行與不行章》原文改。

㊂「外陽旺相必成行」，原本作「外陽旺相必登程」，疑誤，據《卜筮元龜•出行門•占人行與不行章》原文改。

㊃「身」，原本作「門」，疑誤，據《卜筮元龜•出行門•占人行與不行章》原文改。

海底眼云

遠行世墓身難動，鬼發財興莫上舟，絕命遊魂休舉步，扶身福德任前求。

又云：父母發兮風雨阻，動爻剋世路艱難，子孫出現官爻伏，旺相財爻千里安。

世動宜行，世應俱動宜速行，旁爻動利㊀遲行。八純不宜遠出，世墓方大忌。

又云：凡占遠行，財旺子孫持世，大吉。財為行李，子為福神。

又云：鬼旺多凶。若鬼爻持世，兄弟獨發，及鬼爻乘旺，入墓占身，遊魂八純，皆不可行。

校勘記

㊀「利」，原本作「則」，疑誤，據《海底眼•占出行》原文改。

•占行人第二十二

鬼谷辨爻法	
六爻	家庭
五爻	道路
四爻	戶㈠
三爻	門㈡
二爻	身
初爻	足

校勘記

㈠「戶」，原本作「門」，疑誤，據《卜筮全書•黃金策•行人》「三爻為門，四爻為戶」原文改。

㈡「門」，原本作「戶」，疑誤，據《卜筮全書•黃金策•行人》「三爻為門，四爻為戶」原文改。

周公斷行人歌

行人何日是歸程，世應值爻可待臻，

世爻為身，應爻為足。若占行人，值世應發動，則是身足亦動，宜立待之。

世上鬼臨行未得，

若鬼爻持世，主行人離未得也。

卦中有殺反遭屯。

殺，即歸忌殺。鬼谷例云：「正月丑，二月寅，三月子，只此三位，輪十二月」。若遇動，必回家凶。

青龍發動誠為吉，

若青龍發動，主行人定吉。

旺相歸魂近省親，

財鬼旺相日主歸，更得遊魂卦化為歸魂，主人回近家庭也。

世在震宮應可俟，

震者，動也。若世爻在震宮，行人可以立俟。

三四爻動見歸人。

三為門，四為戶㊀，門戶發動，行人立至。

校勘記

㊀「三為門，四為戶」，原本作「三為戶，四為門」，疑誤，據《卜筮全書•黃金策•行人》原文改。

天玄賦云

秋風颯颯，動行人塞北之悲。夜月沉沉，興遊客江南之夢㊀。剔①銀燈喜占音候，當金釵②為卜歸期。

若問子孫，須要福神生旺。或占父母，不宜印綬空亡。

父母出行看父母，子孫出行看子孫，兄弟朋友皆看兄弟，奴僕看亦㊁子孫。凡吉神臨之吉，凶神臨之凶。若卦中空亡者，多凶少吉。

應動青龍剋世，行人立至。

應動剋世即來，世動剋應未來。青龍臨應動，行人立至。動世剋動應，行人往他鄉。若世應俱靜，但看生剋制化。若世生應剋應，決未來。應生世剋世，身雖未動，已有歸意，但看衝動月日起程㊂，生旺日必到㊃。

父臨朱雀爻交，音信須來。

父母、朱雀，皆為音信，若見發動，必有信至，剋世來速，世剋來遲。若當五爻動，有信在路。帶天喜吉神剋世是喜信，加大殺凶神剋世是兇信。若父母、朱雀動處逢空，音信雖有，被人沉匿。若加太歲及官符貴人，必失文引③。父母並勾陳發動，音信雖有，帶書人有事耽擱稽遲④㊄，在路未到。

欲知車馬將回，細看門戶。

初爻足，二爻身，身足俱動則來。三四為門戶，動則速至。五爻動在途，六爻動在地頭。凡旺動則來速，發動無氣則來遲。或用爻、或應爻於門戶上動，行人即到㊅。凡動處亦有吉凶，若動爻剋應剋用，雖當門戶，亦有遲滯㊆。

要卜舟船未發，但看地頭。

鬼在地頭，未得起身。鬼在五爻，道路梗塞，必多險阻。鬼在三爻動，若加青龍貴人，謂之宅神動，剋退兄弟，宅必有氣，主滿載而回。若加凶殺，到門有横事及有疾病之擾。鬼在二爻，身有災。在初爻，主足疼。鬼臨朱雀加官符，主官災口舌，未能到。

陰宮際遇⑤騰蛇，當有還鄉之夢。

陽鬼會騰蛇，當有虛驚。陰鬼會騰蛇，當有夜夢。若在內動，此是家人夢見有人回。在外動，必行人有還家之夢。鬼會吉神，必是好夢。並凶神，不祥之夢。其夢決於鬼神生旺日得，重動已過，交動未來，待旺日方有夢。餘仿此。

咸池若臨㊇玄武，恐逢覓水之歡。

用爻若加咸池、玄武，行人在外，主有外情引惹不歸㊈。咸池、玄武動，合應爻或用爻，有覓水之歡。或青龍動合世應，必娶妾，非私情也。若臨兄弟，不免傾㊉覆資財，旺則多費，休囚輕可。咸池逢沖，入墓受制，不必言矣。

兄弟動則多費盤纏⑥，官鬼興則不諧伴侶。

兄弟若當權旺動，決然多費盤纏。若更化兄弟，不免有㊀兩倍之費，不然財物有分爭之患，休囚無氣稍輕。兄化為鬼，行李至中途必有變異，不可託人㊁。若財化兄弟，或加玄武，多是被人誆㊂騙⑦。兄弟若逢刑剋，無害。

凡官鬼旺動，兄弟空亡，或卦無兄弟，必路無伴侶，獨自登程㊃。若兄弟生旺，官鬼動無氣，無過伴侶不和，非無伴侶也。

更被凶神持剋，須防世墓空亡。若有吉曜來臨，庶免身遭否塞。

若作出行人本名占，最忌官鬼、白虎、大殺動來剋世，及怕世墓、世空，自身有疾，患難有險。若占他人，怕鬼傷剋用爻，及用爻入墓、空亡，須防危難。

若得子孫旺動，貴人及解神來相救，或日辰刑沖凶神，庶免身遭否塞。

動爻值退，登程復返他鄉。

丁丑、丁未、壬辰、壬戌，四者為㊄退神。凡用爻及動爻逢退神，行人登途，仍復返去。若動爻逢空，亦作返去斷。看在那位爻上空，便知何地轉去。餘仿此。要知行幾裡回去，但依生成數推斷。生旺倍加，死絕減半。

應位逢沖，觸景方思故里。

六爻不動，本無歸意。若日辰或動爻衝動應爻或用爻，必是睹物思鄉，方欲起意回家。凡沖處皆是絕爻，且如巳日沖亥爻，水土絕在巳，若得動爻生扶，謂之絕處逢生，歸程必速也。

勾陳發動，若逢位上便⑯淹留。折殺⑰交重，須向途中防跌蹼⑧。

勾陳發動，必主淹留。若在地頭，未能起身，若在五爻動，半路人留。若在勾陳旺動，剋持用爻及應爻，行人卒急難來。無氣發動，不過來遲，非淹留也。勾陳逢刑沖，則不必論。訣曰：「折傷四體要君知，正月雞棲逆向離，生怕高枝防跌蹼，此爻發動恐顛危⑱」。謂正月從酉上逆行也⑲。凡臨用爻動，或剋用爻，須防中途跌蹼折傷，加白虎尤甚。

虎易按：折傷殺起例不完整，《易林補遺》曰：「折殺起例：正月酉，二月午，三月卯，四月子，只此四位，周而復始」，供讀者參考。

妻財旺動加玄武，則杳絕⑨音書。

凡占望信，妻財動則剋父母，加玄武則傷朱雀，旺相發動，必無音信。妻財玄武若持世發動，尤甚於前，主無半個消息。若兄弟發動，妻財受制，則有信矣。望信須看世應中，信來兩處起交重，他興我靜魚傳信，他靜我興無雁蹤。

福德興隆遇青龍，則豐盈財寶。

如福德青龍發動，當見得意而回。青龍若臨財動者，亦須滿載而回。若子孫在內動，行人來近，將及到家。外動雖然稍遲，亦當步占遇吉而回。更見兄弟動，財寶雖多，主人分去。兄弟無氣，則無害也。

欲詳物數，五行妻位興衰。

要知物數，但看財臨五行，旺相多，休囚少，逢生倍加，受剋減半。數目照河圖數取，水一、火二、木三、金四、土五也。

要決歸期，六合動爻生旺。

動爻屬金，期在巳日並申酉日來，餘仿此推。

又云：動爻墓日亦來。遠以年月論，近以日時推㉑。又動爻與日辰合日來。且如酉日，酉爻動變，其理未至，決在墓日來，必無差失。若動爻無氣，多是旺日來。以上循環之理，要能審事通變，則無失也。

錦城雖云樂，不如早還家。茅屋未為貧，但願安樂業㉒。

俗云：洛陽雖好不如家。

注釋

①剔（tī）：挑；撥。

②金釵：婦女插於髮髻的金製首飾，由兩股合成。
③文引：證明文件。
④稽遲：延誤，滯留。
⑤際遇：遭遇，適逢其遇。
⑥盤纏：特指旅途費用。
⑦誆（kuāng）騙：欺騙。
⑧跌蹼（diē pǔ）：喻指挫折和災難。
⑨杳（yǎo）絕：隔絕。

校勘記

㈠「夜月沉沉，興遊客江南之夢」，原本作「夜月澄澄，興遊子江南之夢」，疑誤，據《卜筮全書·天玄賦·行人章》原文改。
㈡「亦」，原本脫漏，據《卜筮全書·天玄賦·行人章》原文補入。
㈢「程」，原本作「腳」，疑誤，據《卜筮全書·天玄賦·行人章》原文改。
㈣「生旺日必到」，原本作「生旺旬日必來」，疑誤，據《卜筮全書·天玄賦·行人章》原文改。
㈤「耽擱稽遲」，原本作「稽延」，疑誤，據《卜筮全書·天玄賦·行人章》原文改。

㊅「到」，原本作「至」，疑誤，據《卜筮全書·天玄賦·行人章》原文改。
㊆「若動爻剋應剋用，雖當門戶，亦有遲滯」，原本作「若或動爻剋應，應剋用爻，雖當門戶亦遲滯」，疑誤，據《卜筮全書·天玄賦·行人章》原文改。
㊇「臨」，原本作「逢」，疑誤，據《卜筮全書·天玄賦·行人章》原文改。
㊈「不歸」，原本脫漏，據《卜筮全書·天玄賦·行人章》原文補入。
㊉「傾」，原本作「傎」，疑誤，據《卜筮全書·天玄賦·行人章》原文改。
⑪「有」，原本作「用」，疑誤，據《卜筮全書·天玄賦·行人章》原文改。
⑫「不可託人」，原本作「非可靠人」，疑誤，據《卜筮全書·天玄賦·行人章》原文改。
⑬「誆」，原本脫漏，據《卜筮全書·天玄賦·行人章》原文補入。
⑭「必路無伴侶，獨自登程」，原本作「無伴侶」，疑誤，據《卜筮全書·天玄賦·行人章》原文改。
⑮「為」，原本脫漏，據《卜筮全書·天玄賦·行人章》原文補入。
⑯「便」，原本作「更」，疑誤，據《卜筮全書·天玄賦·行人章》原文改。
⑰「殺」，原本作「單」，疑誤，據《卜筮全書·天玄賦·行人章》原文改。
⑱「此爻發動恐顛危」，原本作「損卻渾身執太危」，疑誤，據《卜筮全書·天玄賦·行人章》原文改。

㊈「謂正月從酉上逆行也」，原本脫漏，據《卜筮全書·天玄賦·行人章》原文補入。

㊉「推」，原本作「掛」，疑誤，據《卜筮全書·天玄賦·行人章》原文改。

㊀「但願安樂業」，原本作「但安生處士」，疑誤，據《卜筮全書·天玄賦·行人章》原文改。

經驗總論家人詩云

子來占父幾時回，父鬼興隆一定來，兄弟搖搖多阻節，父興子動定無歸。

父占子回否

子回財動定遲留，父發無歸更可憂，若是子興兄弟㊀動，雙親頓㊁解倚門愁。

占兄弟回否

手足情深久別離，兄興父動是歸期，鬼搖財動無回日，子若興隆定是遲。

占奴婢回否

主因奴婢特來求，子動財興即轉頭，父發兄搖歸未得，鬼搖阻滯更淹留。

妻占夫回否

妻擲金錢問槁砧①，鬼財內發即回程，子興兄動他鄉客，父發歸遲卻有音。

注釋

①槁砧（gǎo zhēn）：亦作「藁砧」。古代處死刑，罪人席槁伏於砧上，用鈇斬之。鈇、「夫」諧音，後因以「槁砧」為婦女稱丈夫的隱語。

校勘記

㈠「弟」，原本作「又」，疑誤，據《卜筮全書·天玄賦·行人章》原文改。

㈡「頓」，原本作「須」，疑誤，據《卜筮全書·天玄賦·行人章》原文改。

卜筮元龜云㈠

校勘記

㈠「卜筮元龜云」，原本脫漏，據以下內容及本書標題體例補入。

占行人消息有無云

凡占家人子墓期，他人來者合為時，震宮子爻言在戌，六合他人言未知。

假令卜得《恒》卦：

庚午火為本宮子㈠，火長生在寅，正月當有消息。火墓在戌，戌日當有消息。此家內人之言也。

若卜外人，子爻在午，午與未合，未日有信，或寅日亦有消㈡息。

欲知行人何日到，月卦合神年月告，假令丙子水為身，辛丑之辰以時道。

《新鍥斷易天機》引例：074
來源：《卜筮元龜》教例：056
震宮：雷風恒
本　　卦
妻財庚戌土 ▅▅ ▅▅ 應
官鬼庚申金 ▅▅ ▅▅
子孫庚午火 ▅▅▅▅▅
官鬼辛酉金 ▅▅▅▅▅ 世
父母辛亥水 ▅▅▅▅▅
妻財辛丑土 ▅▅ ▅▅

假令㊂《賁》卦是也：

《新鍥斷易天機》引例：075		
來源：《卜筮元龜》教例：057		
艮宮：山火賁（六合）		
本　　卦		
官鬼丙寅木	▅▅▅▅▅	
妻財丙子水	▅▅　▅▅	
兄弟丙戌土	▅▅　▅▅	應
妻財己亥水	▅▅▅▅▅	
兄弟己丑土	▅▅　▅▅	
官鬼己卯木	▅▅▅▅▅	世

太歲並以月告，月建並以日告，日並以時告，皆以支干合日為期。後仿此。

校勘記

㊀「子」，原本作「午」，疑誤，據《卜筮元龜‧出行門‧占行人消息有無章》原文改。

㊁「消」，原本作「信」，疑誤，據《卜筮元龜‧出行門‧占行人消息有無章》原文改。

㊂「假令」，原本作「若」，疑誤，據《卜筮元龜‧出行門‧占行人消息有無章》原文改。

占家內行人知在何處云㊀

凡占行人在何處，子變印綬㊁父母擬，

以卦所生為子㊂爻。

虎易按：原本作「以卦所生為爻」，此句沒說明白，不易理解。據後文「子爻若是本宮子」注釋「卦生之爻，即是本宮之子」原文改作「以卦所生為子爻」。此句是指「以月卦為我」，然後按「我生者為子孫」的配六親體例，將本卦原有六親，按月卦所生者，轉換為月卦的子爻。

假令《困》卦：

五月卦，屬火，則丁未為子爻，戊寅為父母也。行人在父母處也，或叔伯處。

虎易按：「五月卦，屬火」，指《困》卦陰爻持世，按「陰世還從午月生」的起月卦體例，《困》卦為「午」月卦，五行屬火。「則丁未為子爻，戊寅為父母也」，是以「生我者為父母，我生者為子孫，剋我者為官鬼，我剋者為妻財，比和者

《新鍥斷易天機》引例：076		
來源：《卜筮元龜》教例：058		
兌宮：澤水困（六合）		
本　卦		
父母丁未土	▅▅　▅▅	
兄弟丁酉金	▅▅▅▅▅	
子孫丁亥水	▅▅▅▅▅	應
官鬼戊午火	▅▅　▅▅	
父母戊辰土	▅▅▅▅▅	
妻財戊寅木	▅▅　▅▅	世

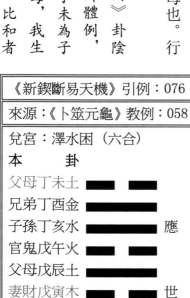

為兄弟」的配六親體例，將本卦中被月卦「午」所生的上六爻父母丁未土，轉換為月卦「午」的子孫，即所謂「子變印綬父母擬」。將本卦中生月卦「午」火的初爻妻財戊寅木，轉換為月卦「午」的父母。此例是以月卦所屬地支五行為「我」，來進行六親轉換的，讀者要注意理解清楚。

變作本宮兄弟邊，

本宮兄弟者，《萃》卦是也：

子變本宮兄弟，是親兄弟[四]處。變外宮兄弟，朋友處。

虎易按：「子變本宮兄弟，是親兄弟處」，《萃》卦六二乙巳火持世，以「陰世還從午月生」，則《萃》為未月卦。月卦未土生本卦九五兄弟丁酉金，丁酉金即為月卦未之子。丁酉金為本宮兄弟，所以稱為「子變本宮兄弟」。

《新鍥斷易天機》引例：077		
來源：《卜筮元龜》教例：059		
兌宮：澤地萃		
本　　卦		
父母丁未土	▅▅　▅▅	
兄弟丁酉金	▅▅▅▅▅	應
子孫丁亥水	▅▅▅▅▅	
妻財乙卯木	▅▅　▅▅	
官鬼乙巳火	▅▅　▅▅	世
父母乙未土	▅▅　▅▅	

若變財爻賤人處。

變入財爻，《咸》卦是也：

若變財旺相者，是本人妻室處。休囚者，賤人處。其他皆倣此。

子爻若是本宮子，行人出家寺觀止，

卦生之爻，即是本宮之子。假令金宮《否》、《觀》、《蹇》、《歸妹》卦是。

《新鍥斷易天機》引例：078		
來源：《卜筮元龜》教例：060		
	兌宮：澤山咸	
伏神	本　卦	
	父母丁未土 ▅▅ ▅▅	應
	兄弟丁酉金 ▅▅▅▅▅	
	子孫丁亥水 ▅▅▅▅▅	
	兄弟丙申金 ▅▅▅▅▅	世
妻財丁卯木	官鬼丙午火 ▅▅ ▅▅	
	父母丙辰土 ▅▅ ▅▅	

《新鍥斷易天機》引例：079	
來源：《卜筮元龜》教例：061	
乾宮：天地否（六合）	
本　卦	
父母壬戌土 ▅▅▅▅▅	應
兄弟壬申金 ▅▅▅▅▅	
官鬼壬午火 ▅▅▅▅▅	
妻財乙卯木 ▅▅ ▅▅	世
官鬼乙巳火 ▅▅ ▅▅	
父母乙未土 ▅▅ ▅▅	

《新鍥斷易天機》引例：080	
來源：《卜筮元龜》教例：062	
乾宮：風地觀	
本　卦	
妻財辛卯木 ▅▅▅▅▅	
官鬼辛巳火 ▅▅▅▅▅	
父母辛未土 ▅▅ ▅▅	世
妻財乙卯木 ▅▅ ▅▅	
官鬼乙巳火 ▅▅ ▅▅	
父母乙未土 ▅▅ ▅▅	應

《新鍥斷易天機》引例：081	
來源：《卜筮元龜》教例：063	
兌宮：水山蹇	
本　卦	
子孫戊子水 ▅▅ ▅▅	
父母戊戌土 ▅▅▅▅▅	
兄弟戊申金 ▅▅ ▅▅	世
兄弟丙申金 ▅▅▅▅▅	
官鬼丙午火 ▅▅ ▅▅	
父母丙辰土 ▅▅ ▅▅	應

假令木宮㊄，《恒》、《无妄》、《蠱》是也。

餘皆因此斷之。

行人子孫處鬼爻，**必近官僚人吏矣。**

子爻陽變鬼，近官僚。子爻陰變鬼，近人吏。帶驛馬旺者㊅，為任官處。無氣休囚，非驛馬者，惡徒侶也。

校勘記

㊀「占家內行人知在何處云」，原標題作「占家內行人知在何處

《新鍥斷易天機》引例：082		
來源：《卜筮元龜》教例：064		
兌宮：雷澤歸妹（歸魂）		
本　　卦		
父母庚戌土	▅▅　▅▅	應
兄弟庚申金	▅▅　▅▅	
官鬼庚午火	▅▅▅▅▅	
父母丁丑土	▅▅　▅▅	世
妻財丁卯木	▅▅▅▅▅	
官鬼丁巳火	▅▅▅▅▅	

《新鍥斷易天機》引例：083		
來源：《卜筮元龜》教例：065		
震宮：雷風恒		
本　　卦		
妻財庚戌土	▅▅　▅▅	應
官鬼庚申金	▅▅　▅▅	
子孫庚午火	▅▅▅▅▅	
官鬼辛酉金	▅▅▅▅▅	世
父母辛亥水	▅▅▅▅▅	
妻財辛丑土	▅▅　▅▅	

《新鍥斷易天機》引例：084		
來源：《卜筮元龜》教例：066		
巽宮：天雷无妄（六沖）		
本　　卦		
妻財壬戌土	▅▅▅▅▅	
官鬼壬申金	▅▅▅▅▅	
子孫壬午火	▅▅▅▅▅	世
妻財庚辰土	▅▅　▅▅	
兄弟庚寅木	▅▅　▅▅	
父母庚子水	▅▅▅▅▅	應

《新鍥斷易天機》引例：085		
來源：《卜筮元龜》教例：067		
巽宮：山風蠱（歸魂）		
本　　卦		
兄弟丙寅木	▅▅▅▅▅	應
父母丙子水	▅▅　▅▅	
妻財丙戌土	▅▅　▅▅	
官鬼辛酉金	▅▅▅▅▅	世
父母辛亥水	▅▅▅▅▅	
妻財辛丑土	▅▅　▅▅	

所云」，疑誤，據《卜筮元龜‧出行門‧占家內行人知在何處章》及本書標題體例改。

㊁「印綬」，原本作「應爻」，疑誤，據《卜筮元龜‧出行門‧占家內行人知在何處章》原文改。

㊂「子」，原本脫漏，據其後文注釋「卦生之爻，即是本宮之子」補入。

㊃「弟」，原本脫漏，據《卜筮元龜‧出行門‧占家內行人知在何處章》原文補入。

㊄「假令木宮」，原本作「寺是本宮」，疑誤，據其卦理及文意改。

㊅「帶驛馬旺者」，原本作「驛馬駐者」，疑誤，據《卜筮元龜‧出行門‧占家內行人知在何處章》原文改。

占行人健否云

旺相不入墓爻活，因死空亡隨水沫，

言㈠卦無氣入墓，及空亡者，皆凶。又時與消息，蓋易㈡道幽玄，體質不可尋，故以時占之。

又看上下卦如何，旺相相生行潑潑。

謂有氣也。

卦爻不化入墓中，皆為平善得安隆，反㈢之必死不須望，但去招魂作殯宮。

卦無子爻，及剋應者，行人終不歸。卦無氣，帶殺入墓者，必死。

假令十二月卜得《觀》卦，六三爻動化入《艮》：帶殺入墓。若卦象旺相，雖入墓，行人亦歸也。

《新鍥斷易天機》引例：079					
來源：《卜筮元龜》教例：068					
時間：十二月					
乾宮：風地觀				艮宮：風山漸（歸魂）	
本　　卦				**變　　卦**	
妻財辛卯木	▅▅▅▅			妻財辛卯木	▅▅▅▅ 應
官鬼辛巳火	▅▅▅▅			官鬼辛巳火	▅▅▅▅
父母辛未土	▅▅ ▅▅	世		父母辛未土	▅▅ ▅▅
妻財乙卯木	▅▅ ▅▅		╳→	兄弟丙申金	▅▅▅▅ 世
官鬼乙巳火	▅▅ ▅▅			官鬼丙午火	▅▅ ▅▅
父母乙未土	▅▅ ▅▅	應		父母丙辰土	▅▅ ▅▅

校勘記

㈠「言」，原本作「若」，疑誤，據《卜筮元龜·出行門·占行人健否章》原文改。

㊁「易」，原本作「陽」，疑誤，據《卜筮元龜·出行門·占行人健否章》原文改。
㊂「反」，原本作「返」，疑誤，據《卜筮全書·闡奧歌章·行人章·附健否》原文改。

占行人可待否云

凡占行人焉可待，外卦生身兼剋內，卦爻旺相遠言之，無氣休囚近時會。十二月卜得七八月卦，是近時也。皆以子爻為行人消息，為子以母為家，象子母相戀也。子爻在內終歸，如在近歸。卦中無子終不歸，亦無信也㊀。

校勘記

㊀「子爻在內終歸，如在近歸。卦中無子終不歸，亦無信也」，原本作「子爻在內終歸，卦中無子不歸，亦無信音也」，疑誤，據《卜筮元龜·出行門·占行人健否章》原文改。

洞林秘訣云

望歸望來及外人，或是自家族中親，先問行人是何者，依次推排即得真。
世居三四初爻位，有動人歸應似神，外剋內兮應剋世，有動的見外來人。
更得日辰爻位合，不妨門下俟賢賓，內剋外兮世剋應，爻位相刑人未臨。
親家族人看那位，爻動心歸奔步頻，或然在路多年數，未審今在何方住。
本宮外內定方隅，最忌正爻變入墓，震巽半路離變路，或為坎兆入門歸。
乾兌坤艮為難到，可將卦類細推尋。

杜氏占行人云

三門四戶動，來者在門旁，四爻在道路，五動著衣裳。
外陽變陰卦，無氣速還鄉，陰卦變陽去，旺相出他鄉。
旺官公事動，休動被脫亡，吉剋身應富，休惡剋身殃。
胎沒財爻動，留連在路傍，囚死鬼爻並，喪病不還鄉。
欲知早晚至，應外生合當。
以應合日至，外卦相生日至，又以伏神日至，又以伏神爻爻發動變日辰至。

海底眼云

以應爻為主

久望行人欲候歸，爻神出現必歸期，信來父母交重發，旺相生扶可待時㈠。
鬼動剋身兇信至，若不遺亡禍必隨㈡，要知行者來何日，先問來㈢人占是誰。
占家親在外，以墓為歸㈣。若㈤爻神出現，無日辰刑剋，行人可待。若在遠路，看用爻值何月建，以定行人。

又云：
動變行人應取之，日辰生旺定歸期，出現有氣生剋世，不落空亡亦主歸。
間動人來又阻期，月破親爻去不回，伏藏扶世日辰出，消息遠來無改移。
但以足爻、身爻動，行人皆至。世空來速，應空越旬㈥。歸魂卦，世動不來，或別處去。

又云：
若占行人看應爻，應爻合處是歸期，外陰內陽人即到，外陽內陰人未歸。
應爻旺身安，休囚事未諧。
又云：行人用財，鬼動新災，應爻坐鬼，無透不來。

但以財為用，親爻為行人，旁爻為信息。持世立至，遠三日，近當日。旺相來速，休囚來遲。財爻旺相伏藏，值日便來。旺相不值日，未到。財爻出現值墓，旺相月份方歸。大忌應爻坐鬼，兄弟須是日辰透出安靜，以財爻生日到，亂動以父母生旺日到。初足，二身，又以四爻為身。三爻動，難得便來。父母為信。或子孫旺，持世上獨發，亦來。又怕財變入空亡，只宜祿馬動，身動兼有三合，行人立至也。

虎易按：《海底眼•占行人》，無「又云：若占行人看應爻」後的內容，讀者可參閱原著。

校勘記

㈠「旺相生扶可待時」，原本作「旺相扶生可待時」，疑誤，據《海底眼•占行人》原文改。

㈡「若不遺亡禍必隨」，原本作「若不還之禍必隨」，疑誤，據《海底眼•占行人》原文改。

㈢「來」，原本作「何」，疑誤，據《海底眼•占行人》原文改。

㈣「歸」，原本作「吉」，疑誤，據《海底眼•占行人》原文改。

㈤「若」，原本脫漏，據《海底眼•占行人》原文補入。

㈥「應空越旬」，原本作「應空過一旬來」，疑誤，據《海底眼•占行人》原文改。

•占音信第二十三

鬼谷辨爻法	
六爻	吉信
五爻	喜信
四爻	僕信
三爻	書信
二爻	口信
初爻	飛信

淳風占望信歌

坤兌乾兮無信近，

若值《坤》、《兌》、《乾》三卦，望信斷無。

巽卦進退懷疑惑，

若值《巽》卦，雖有信息，懷疑惑而不寄。

震卦在途艮欲來，

值《震》卦，有信在半路來。值《艮》卦，主信立到家。

坎無音信離立至。

若《坎》卦，絕無信。《離》卦，主有信至。
望信更看在應宮，
若占望信，看應爻有何休旺㊀。
元來兩處起交重。
兩處，內外也。若值交重，宜詳審。
他興我靜魚傳信，
外為他，內為我。外動內靜，信息立至。
他靜我興雁無跡。
若值內動外靜，音信杳無。

校勘記

㊀原本作「望」字，疑誤，據其文意改作「旺」字。

經驗占約人來與不來云

約定人來何㈠不來，只㈡因兄鬼發如雷，財興子旺須臾①㈢到，父動中間書信回。

注釋

①須臾（yú）：一會兒、片刻。

校勘記

㈠「何」，原本作「人」，疑誤，據《卜筮全書•闡奥歌章•行人章•附音信》原文改。
㈡「只」，原本作「人」，疑誤，據《卜筮全書•闡奥歌章•行人章•附音信》原文改。
㈢「臾」，原本作「更」，疑誤，據《卜筮全書•闡奥歌章•行人章•附音信》原文改。

•占疾病第二十四

鬼谷辨爻法		
六爻	墳陵	頭
五爻	行兆	心
四爻	棺材	脅①
三爻	哭聲	腰
二爻	弔客	腿股
初爻	喪門	足

孫臏斷疾病歌

凡若有人占疾病，

此一句，提起一篇之綱，故不言吉凶。

先從卦中尋本命，

先於所占卦中推尋，看病人本命屬何爻，若上卦有氣則吉。

仍看來占是何人，

當定來占之人本命所屬，與病人本命有無沖剋。若得相生則吉，沖剋則凶。

剋者是何加世應。

更以世應爻看之，世為問卜，應為病人。應剋世則吉，世剋應則凶也。

福德持世鬼暫退，

子孫為福德，若持世，縱病重，其日鬼亦暫退，主減瘥五六分。

官㊀旺之日又加進，

子孫持世，但保眼下蘇醒，終不斷根。遇鬼旺日，則又主進。

卦中無鬼病難醫，

若值卦中無鬼，而病重則是天年盡，不可療也。如《風雷益》等十六卦是也。

鬼旺財興難保命。

若逢鬼爻旺相，財爻發動，主疾病連綿，十喪八九矣。

鬼殺臨身五墓侵㊁，

殺，即是喪門殺也。鬼谷論殺例云：「正月未，二月辰，三月丑，四月戌㊂，只此四位，輪十二月也」。墓，即五墓殺：「春未，夏戌，秋丑，冬辰㊃」。若值鬼臨身位，與二殺相並，必定死也。

《新鍥斷易天機》教例：

巽宮：風雷益

本卦		
兄弟辛卯木	▅▅▅▅▅	應
子孫辛巳火	▅▅▅▅▅	
妻財辛未土	▅▅　▅▅	
妻財庚辰土	▅▅　▅▅	世
兄弟庚寅木	▅▅　▅▅	
父母庚子水	▅▅▅▅▅	

鬼神休禱藥無靈，
諸凶並集，神不必禱，藥不必下，宜斷以死。
一為五臟二皮肉，
一爻為五臟，二爻為皮肉。
三為體骨腰並足。
三為體為骨，又為兩足也。
四肺心經五六頭，
四爻為肺、為心經，五爻六爻為首。
遊魂恍惚如神觸，
若值遊魂卦，主病人精神恍恍惚惚，如被鬼神所觸也。
惟有歸魂漸向安，
若值歸魂卦，則漸漸有安康也。
更尋乾首並坤腹。
《說卦》云：「乾為首，坤為腹」。如《乾》居尊，故為首。《坤》居卑，故為腹矣。
坎耳震足並巽腸，
《說卦》云：「坎為耳，震為足，巽為股」㊄也。

艮手兌口兼離目，

《說卦》云：「艮為手，兌為口，離為目」。

鬼在其中即患傷，

若鬼在頭，主頭痛。鬼在腹，主心腹痛。鬼在耳，主患停耳②。鬼在足，主患腳氣並下血等病。鬼在腸，主患小腸氣等疾。鬼在手，患癱瘓③。鬼在口，主口內生瘡。鬼在眼，主患赤眼④、瘴翳⑤之疾。

時師仔細推歸宿。

時師，指筮者。仔細，審詳也。推歸宿，當詳究前項秘訣。

木主酸痛火主瘡，

若木鬼，主酸痛。火鬼，主患瘡癤之疾。

水土虛黃並腫毒，

若水鬼土鬼，主虛黃腫毒之疾。

金為牙齒痛非常，

若金鬼，主有牙齒疼痛之疾。

切須仔細與推詳。

言不可潦草忽略也。

外剋內兮應剋世，

外剋內，如《姤》卦之類。

應剋世，如八純《艮》之類。

有藥頻頻瀉肚腸，

外既剋內，應亦剋世，斷不納藥。

《新鍥斷易天機》教例：		
艮宮：艮為山（六沖）		
本　　卦		
官鬼丙寅木	———	世
妻財丙子水	— —	
兄弟丙戌土	— —	
子孫丙申金	———	應
父母丙午火	— —	
兄弟丙辰土	— —	

《新鍥斷易天機》教例：		
乾宮：天風姤		
本　　卦		
父母壬戌土	———	
兄弟壬申金	———	
官鬼壬午火	———	應
兄弟辛酉金	———	
子孫辛亥水	———	
父母辛丑土	— —	世

內剋外兮世剋應，
內剋外，如《小畜》之類。
世剋應，如《遯》卦之類是也。
無鬼多多嘔吐傷。
內剋外，世剋應，決然無鬼，主病者多嘔吐之傷。
更看五鬼配五臟，
心屬火，肝屬木，腎屬水，肺屬金，脾屬土，此五臟所屬也。更看鬼何屬，若屬火㊅，主心家不寧。屬木，肝家有病。餘仿此。
的是⑥病源有短長，
以五鬼配五臟，則知病源有短長也。
問病切須分六親，
六親，即父母，官鬼，兄弟，妻財，子孫是也。欲占其病，須用看其上卦不上卦耳。
吉凶須要討分明。
若占六親病，最要卦中有此爻，及不落空亡。人身有

《新鍥斷易天機》教例：		
巽宮：風天小畜		
本　　卦		
兄弟辛卯木	▅▅▅▅▅	
子孫辛巳火	▅▅▅▅▅	
妻財辛未土	▅▅　▅▅	應
妻財甲辰土	▅▅▅▅▅	
兄弟甲寅木	▅▅▅▅▅	
父母甲子水	▅▅▅▅▅	世

《新鍥斷易天機》教例：		
乾宮：天山遯		
本　　卦		
父母壬戌土	▅▅▅▅▅	
兄弟壬申金	▅▅▅▅▅	應
官鬼壬午火	▅▅▅▅▅	
兄弟丙申金	▅▅▅▅▅	
官鬼丙午火	▅▅　▅▅	世
父母丙辰土	▅▅　▅▅	

氣吉，無氣則凶。更是男怕臨官，女怕沐浴日，老怕旺日，少怕衰日。其法就世上起，若世屬金，從巳起長生，遇所忌之日，則何防也。餘仿此。

父母空亡防父母，

鬼谷解云：「卦無父母，日辰刑沖白虎臨父母，父母入空亡，父母化為鬼，鬼化為父母，卦值遊魂，千死萬死。若值青龍、月建、月德合父母爻有氣，父母化為子孫，決然不死」。

財爻無氣損妻身，

鬼谷解云：「占妻病，有財爻，不落空亡，有氣則吉。無財爻，無氣，落空亡則凶」。

子孫化鬼須遭死，

鬼谷解云：「占子孫病，卦無子孫，子孫化鬼值空亡，或白虎剋子孫鬼值空亡，及遊魂卦，千死萬死。若值青龍、月建、月德合子孫，化父母，財不落空亡，日辰相生相養，決然萬安不死」。

兄弟殺臨定不貞。

鬼谷解云：「兄弟化為兄弟，憂兄弟及自身。若白虎化兄弟，六爻與大殺並，定主瘟疫氣入宅也」。大殺例在前總斷歌中㊆。

明夷蠱夬剝豐同㊇，六卦那堪㊈占病逢，

此六卦，若占病逢之，十分有九分死。

財鬼二爻俱發動，

如《解》卦：

二五㊉爻發動是也。

喪門弔客鬧匆匆。

初爻二爻又是喪門弔客，若動，其凶可知。

虎易按：「初爻二爻又是喪門弔客」，此處喪門、弔客，是以本章「鬼谷辨爻法」的爻位論的，與前「凶殺橫曆」所列起例不同，讀者注意分辨。

交重白虎臨身惡，

值白虎爻動，臨身位，定為不吉。

若在他爻亦不中，

若白虎在他爻動，亦凶也。

鬼殺並爻應發動，

殺，即浴盆殺也。鬼谷訣例詩云：「浴盆正辰未戌丑，塚墓哭聲應須有，爻休身病病難蘇，豹尾不同還有咎」。其法正月起辰，二月未，三月戌，四月丑。只在四位，行十二月。值

《新鍥斷易天機》教例：055

震宮：雷水解				兌宮：澤地萃		
本　卦				**變　卦**		
妻財庚戌土	— —			妻財丁未土	— —	
官鬼庚申金	— —	應	╳→	官鬼丁酉金	———	應
子孫庚午火	———			父母丁亥水	———	
子孫戊午火	— —			兄弟乙卯木	— —	
妻財戊辰土	———	世	○→	子孫乙巳火	— —	世
兄弟戊寅木	— —			妻財乙未土	— —	

與鬼並，及在應爻動，必主死也。

虎易按：鬼谷訣例詩，與前「凶神橫曆」所列起例不同，讀者注意分辨。

化蛇入庫的身終。

若螣蛇入辰戌丑未四爻者，必主死也。

卦變墓鄉須喪命，

若變卦身入墓鄉，主喪命。

不然亦主困濛濛，

若身入墓，縱不死，亦主病連綿也。

乾坎震巽為生魂，

此四卦乃為生魂也。

在外不死內難存。

若上四卦在外定生，在內定死也。

離坤艮兌人為鬼，

此四卦乃為鬼。

在內定生在外死，

上四卦在內主生，在外必死也。

勾陳爻動即開墳，
勾陳屬土，若動，主即時用開墳墓。
乾兌須臾為孝子。
若得《乾》、《兌》二卦，主即時用為孝子。
孫臏此訣須難知，
言此訣論生死，豈凡人所易知也。
惟在善推而已矣。
筮者善以類而推，則何所往而不知也。

注釋

①脅（xié）：從腋下到肋骨盡處的部分。
②停耳：指耳內紅腫疼痛流膿的疾病。又名聤耳。參閱《脈因證治》卷下。
③癰癤（yōngjiē）：皮膚和皮下組織化膿性炎症。俗稱「癤子」。
④赤眼：流行性結膜炎或急性傳染性結膜炎，俗稱紅眼病。
⑤瘴翳（yì）：凡眼內、外障眼病所生遮蔽視線影響視力的症狀皆可稱翳。如白內障。
⑥的是：確實是。

校勘記

㈠「官」，原本作「爻」，疑誤，據《卜筮全書•闡奧歌章•疾病章》原文改。

㈡「侵」，原本作「加」，疑誤，據《卜筮全書•闡奧歌章•疾病章》原文改。

㈢「正月未，二月辰，三月丑，四月戌」，原本作「正月戌，二月未，三月辰，四月丑」，疑誤，據《卜筮全書•闡奧歌章•住居宅第章》原文改。

㈣「春未，夏戌，秋丑，冬辰」，原本作「正月未，二月戌，三月丑，四月辰，此四位行十二月」，疑誤，據《凶神歌訣例•三丘五墓殺》起例原文改。

㈤「股」，原本作「腸」，疑誤，據《易經•說卦傳》原文改。

㈥「火」，原本作「金」，疑誤，據「心屬火」之意原文改。

㈦「大殺例在前總斷歌中」，原本在「定主瘟疫氣入宅也」之前，據本注釋文意改作在此處。

㈧「明夷蠱夬剝豐同」，原本作「明夷蠱剝夬豐同」，疑誤，據《卜筮全書•闡奧歌章•疾病章》原文改。

㈨「堪」，原本作「須」，疑誤，據《卜筮全書•闡奧歌章•疾病章》原文改。

㈩「五」，原本脫漏，據其卦理及文意補入。

天玄賦曰

國家治亂，莫非風俗紀綱。人壽夭長，豈論尫羸①壯盛㊀。養生非道，終有疾病存焉。請禱能占，便見死生決矣。

殺臨父母，當憂堂上之親。空及妻財，災㊁慮閨中②之婦。

凡占疾病，看來者何人㊂。子占父母，要父母上卦。妻占夫看鬼，夫占妻看財，父占子看子㊃，占兄弟看兄弟，占朋友亦看兄弟，占子孫看子孫，占奴僕亦看子孫。凡卦中用爻不上卦，或空亡者，則㊄多凶少吉。凡占先看何爻空亡，何爻受剋，不待言而知何人之病。若大殺、白虎持剋父母者，必占堂上雙親。財空，妻必遭損傷也。吉凶依此而斷之㊅。

決輕重存亡之兆，專察鬼爻。

鬼爻旺日沉重，庫日困迍，絕日輕可。鬼化鬼，其病進退，或有變症，或舊病㊆發，或症候駁雜。官鬼持世，病難除根，鬼爻帶殺持世，此乃瘵疾③。卦中鬼爻日辰旺，乃暴病。月建旺㊇，乃經月之疾。鬼爻無氣臨身者，乃久病，卒難痊可。卦中無鬼病難安，鬼動傷身症候急。凡占，旺鬼不死，則易愈。衰鬼不死，其病難療㊈。

定金木水火之鄉，可分症候。

欲定症候，須看鬼臨之五行。

若金鬼，肺腑病，咳嗽氣急④，虛怯⑤瘦瘠⑥，或瘡㊉癤血光，或筋骨疼痛。

木鬼，四肢不利，風氣肝膽(十一)，左癱右瘓，口眼喎斜⑦。

火鬼，頭疼腦熱，三焦口渴，加朱雀狂言亂(十二)語，陽症傷寒。

水鬼，沉寒痼冷⑧，遺精白濁，小便(十三)淋瀝⑨，吐瀉⑩嘔逆。

水火鬼，寒熱往來，脾寒⑪瘧疾⑫。

土鬼，乃脾胃發瘴，黃腫虛浮，瘟疫時氣。

若前卦火鬼，後卦水鬼，必前之症候為陽，服冷藥過多，變為陰症。若午前占，遇此兩鬼，當言勿服藥(十四)，過當後必有變化。火鬼，於火旺月日占是也，此月建正旺之神，乃真實之熱，是陽症無疑，雖服冷藥，終無變症。若無氣月分遇之，難作十分熱斷。雖日辰生旺，亦不過目下所感之熱，若服冷藥，須防變症。餘鬼仿此推之。

青龍得位，終見安康。

青龍若臨子孫，剋世期日痊安。或臨應剋世，服藥有效。若臨用爻發動，縱有凶險，亦不傷也。若帶鬼爻，亦非發狂兇惡之病。若在三爻動，香火為福。

蒼屏云：「青龍空亡並福德，病人平日無陰騭，若逢土動虎傷身，管取其年有悲泣」。

白虎傷身，必成凶咎。

蒼屏云：「君來占病決(十五)存亡，白虎加臨主哭喪，臨剋父爻當有咎，並財妻位必遭傷。

子孫際會終成吉，兄弟相逢更不昌，更值官爻持世上，己身惟恐有災殃」。

凡遇白虎交重，乃占病之大咎，無氣猶可，旺相大凶。若臨喪門、弔客、死符、喪車，持剋用爻者，若得用爻不空，是亦將死而生。用爻空亡並絕墓，十病九死。白虎空亡，若帶以上凶殺，決主喪亡。若得子孫旺動，月解興隆，庶可回生[十六]。

月解交重災漸退，天醫發動便回生。

「月解正二起于申，三四還從酉上輪，五六之月居戌上，七八能行亥上存。九十之月臨午位，子丑兩月未宮停[十七]，若值此辰官事散，縱然重病也離身」。

「天醫正卯二豬臨，三月隨丑四未尋，五蛇六兔七居亥，八丑九羊十巳存，十一再來尋卯上，十二亥上作醫人」。

以上卦中若得發動持世，或持剋用爻者，雖重病不死。旺相最吉，目下即愈。墓絕稍慢，直待旺日方安。若值空亡，其病難療[十八]。

明夷觀賁需臨，切忌世身入墓。

凡占病，怕身世隨鬼入墓，決不瘥也。

且如《風地觀》：

二爻乙巳火，鬼身亦在二爻，設或入墓，乃身隨鬼

《新鍥斷易天機》引例：080		
《卜筮全書》教例：029		
乾宮：風地觀		
本　　卦		
妻財辛卯木	▅▅▅▅▅	
官鬼辛巳火	▅▅▅▅▅	
父母辛未土	▅▅　▅▅	世
妻財乙卯木	▅▅　▅▅	
官鬼乙巳火	▅▅　▅▅	世身
父母乙未土	▅▅　▅▅	應

入墓也。

《山火賁》卦：

初爻己卯鬼，世亦在初爻，倘入墓，乃世隨鬼入墓也。

以上兩㊈卦，舉此為例，餘卦彷此推之。

凡占怕鬼墓，世墓，卦墓凶。蒼屏云：「《乾》化入《艮》父憂喪，《坤》化入《巽》母憂亡，《震》化入《坤》長男厄，《巽》化入《坤》長女當。《坎》化《巽》中中男厄，《離》化入《乾》中女卒，《艮》化風內少男傾，《兌》化山中少女卒。此是八宮來入墓，十人得病九人故」。

以上所言卦墓，不可以《乾》化入墓《艮》，只憂父亡㊉，但看病皆不吉。設若子占父，遇《乾》化《艮》，謂之應題，乃大凶。

虎易按：「《乾》化入《艮》父憂喪」，指《乾》卦屬金，《艮》卦在後天八卦方位中，處於丑位，丑為金之墓庫。其他「《坤》化入《巽》母憂亡，《震》化入《坤》長男厄，《巽》化入《坤》長女當。《坎》化《巽》中中男厄，《離》化入《乾》中女卒，《艮》化風內少男傾，《兌》化山中少女卒」，均是以後天八卦方位，處於地支墓庫而言。供讀者參考。

《新鍥斷易天機》引例：081		
《卜筮全書》教例：030		
艮宮：山火賁（六合）		
本　　卦		
官鬼丙寅木	▅▅▅▅▅	
妻財丙子水	▅▅　▅▅	
兄弟丙戌土	▅▅　▅▅	應
妻財己亥水	▅▅▅▅▅	
兄弟己丑土	▅▅　▅▅	
官鬼己卯木	▅▅▅▅▅	世

大畜豐同蠱夬，莫逢財鬼俱興。

古云：「明夷蠱夬剝豐同，六卦那堪占病逢，財鬼二爻俱發動，喪門弔客鬧匆匆」。《大畜》等六卦⑫，占病大忌。財鬼不動，未必喪亡。財鬼空亡，雖病弗死。必須把其條貫⑬，方可斷曰全凶。

上文所言財鬼發動，亦有吉凶之分。

且如《雷火豐》卦：

鬼動忌占兄弟，財動忌占父母及本身，妻占夫終無凶。其餘諸卦，依此推之。

凡人占病，怕財動鬼動，土動皆是凶。

男怕長生，兼怕未來之節。

男子怕鬼爻長生日得病，與鬼同衰旺。卦無子孫、青龍、天醫發動，鬼爻墓絕日卻死。

又云：寅日遇火鬼，巳日遇金鬼，申日水土鬼，亥日木鬼，謂之長生鬼，占者遇之，大凶在後，沉重方來。

凡決安危，先以鬼爻衰旺推斷，次以節氣論之。凡男怕未來之節，近節必重，過節無傷，節前不重者必無妨。

若是久病，當以四時節候論之。且如木⑭鬼忌秋間節氣，火鬼忌冬間節氣，金鬼忌夏間節氣，水鬼忌夏來節氣。遇節不重，過節必安。

《新鍥斷易天機》引例：082		
《卜筮全書》教例：031		
坎宮：雷火豐		
本　　卦		
官鬼庚戌土	▅▅　▅▅	
父母庚申金	▅▅　▅▅	世
妻財庚午火	▅▅▅▅▅	
兄弟己亥水	▅▅▅▅▅	
官鬼己丑土	▅▅　▅▅	應
子孫己卯木	▅▅▅▅▅	

女嫌沐浴，最嫌過去之辰。

女人最忌鬼爻沐浴日得病。

又云：卯日遇火鬼，午日遇金鬼，酉日遇水鬼土鬼，子日遇木鬼，謂之沐浴鬼，遇之難痊，至後反加沉重。

凡決症候輕重，全憑鬼爻推詳。次看節侯相近，可言節侯必重，不重後無傷。設或暴病，占節侯過遠，不可言節侯必重，當以鬼爻衰旺推之。女人極怕過後之節[33]。

不宜丘墓同宮，安可雷風合卦。

丘者，三丘。墓者，五墓。訣云：「春丑夏辰秋即[34]未，三冬逢戌是三丘，卻與五墓對宮取，病人作福也難留」。

以上凶殺，一卦中兩件俱全，占病非吉。不動不剋世尤輕，二殺俱動，病人作福也難留[35]。雷風者，棺槨殺也。《震》為棺，《巽》為槨，《坤》為墓，《艮》為塚，占病若全必死。

既論染災之表裡，須言得病之因由。

凡占病，先斷症候端的，然後議論病因。更能明此一章，誠可謂通神之卜矣[36]。設若斷證未準，其病因依[14]未可輕決。必須察事理之淺深，知寒暑之往來，庶可以無差失。

六獸臨官，當分內外。

但逢鬼臨六神，看在何爻，在內則在家得病，在外則他處招殃。

青龍鬼，是㉗酒色過度，或因財有傷，婦人因喜有疾。青龍鬼空，墮胎得病。

朱雀鬼㉘，口舌慪㉙氣⑮及呪咀。在二爻灶前呪咀，在三爻當門呪咀，或家堂神前呪咀㉚。如朱雀臨金鬼動，敲鍋鐺⑯呪咀。

勾陳鬼，飲食不節，傷饑失飽，脾胃不調。臨木鬼動，因修造動土處得病。

騰蛇鬼，事務縈心，憂愁思慮，或虛驚怪異，因而染病。此爻多是心家受病。

白虎鬼，鬥毆跌蹼，傷筋損骨，或寒酸沖肺。

玄武鬼，色欲過度，傷饑冒雨㉛。

卦若無鬼，其病難醫，症候難決，但以剋殺動者斷之，不動以剋用爻者斷，又以伏鬼斷。若鬼伏父母下，憂心得病，或穿衣服得病，過與不及，冬言衣單，夏言衣重。鬼伏兄弟下，賭博爭財，傷饑失飽。鬼伏子孫下，外情牽惹及欲太過。鬼伏財下，飲食過當。鬼伏殺下，舊病再發，亦難除根，老人卦忌生旺，小兒卦忌休囚。最要病人本命上卦，大吉也。

八宮值鬼，宜別陰陽。

值陰鬼，夜重日輕。陽鬼，夜輕日重。陰陽各依爻上看。

世人有疾病者，亦有賢愚之分。賢者以醫藥㉜為重，愚者以祈禱為先。占者不可不察㉝其情狀，一覽其人，可知高下，庶幾賢愚皆可共語，其道方能流行。

鬼神者，儒家本不言此，今為愚者之占，不得不據理推詳，以為陰功默佑。

木主東嶽天齊聖帝，七十二司，三十六案之神，並自吊傷亡。水是河泊水府，沿江七十二廟之神，並溺水傷亡。土是瘟癀⑰疫癘，中央土府之神，並饑餓絕食傷亡。金是銜刀、五道，飛廉、白虎，金神、七殺，吟呻、三殺，九良星殺，喪殃、喪殺之神，並自刎、被刑、陣亡，一應傷亡。火是南方火部，赤睛朱發鶴神、毛頭毒火之神，並赴湯蹈火傷亡。若二爻鬼為灶神，三爻鬼為香火神，子孫動為福神。依此推之，萬無一失㉔。

卦書云：「木為山林並自吊，水是河泊溺波人，土是瘟癀時疫⑱鬼，金是刀兵殺傷神。六爻死絕無人祀，二家無官草藥神，官在坎中兄弟鬼，鬼居乾位死爹親。震為男子離為女，依此推之定得真」。假如鬼居《乾》象，雖是父之列，亦有男女之分，但憑爻上陰陽斷，萬無一失，依此推之。

伏剋飛爻，藥奏通神之效。

世為病人，應及外卦為醫藥。藥如剋病病即愈，病者剋藥藥無靈。外卦及應生世，藥雖對症作效遲。世動剋藥，若是水鬼，服藥不納。金鬼無氣，久病犯真，服藥無效。木鬼，其病必犯條貫，雖藥亦無益。火鬼旺相，其症必剛，雖藥不能止其熱。土鬼，其病沉㉕重，藥不對症，不能療病。應爻加鬼剋世，則誤用藥損人矣。

子臨應位，醫逢濟世之才。

占病以子孫為醫藥，臨應動剋世，必遇良醫，其病即痊。卦無子孫，服藥無效。世應比和，卦無子孫，宜換㊱醫人。子孫臨應被世剋，雖遇良醫病未能療。外卦及應雖剋世，卦無福德亦難安，可言有藥須當療，但恐良醫未有緣㊲。子孫雖㊳剋世，外爻及應卻㊴不剋，雖有良醫，藥餌不中，終無大害。虎殺若臨子孫動，須防醫者不精詳。

必須參究五行，方可攻醫萬病。

火鬼宜涼劑，水鬼宜溫劑或丸子藥，金鬼宜灸，木鬼宜針，土鬼宜剉散藥⑲。火鬼月建旺，宜大寒之劑，無氣，不過清涼之藥㊵。餘仿此推。

金鬼利南方醫人，木鬼利西方醫人，水鬼利四散醫人，火鬼利北方醫人、土鬼利東方醫人。若前卦水鬼後火鬼，先須四散醫治㊶，終於北方醫人收功。

卦爻安靜，重為濟世之人。

凡占病，六爻安靜為吉，其病可治。一卦中凶殺常多，而吉神㊷常少。吉凶悔吝，皆出乎㊸動，動則成咎。且如六親之中，不過子孫動者吉，六神之中，不過青龍動者吉。餘者未必皆凶，亦不能為福，發動何益於我哉。此乃吉少凶多，不如卦爻安靜，雖有凶殺，終未遭傷。若有吉神當權，自能㊹為福。

土殺俱興，定作黃泉之客。

大殺與災皆是土殺。土殺者，即辰戌丑未是，交相換易，行乎四時之間，占病逢之，多凶少吉。所有諸殺，具列於後。

沐浴殺動大難當，春辰夏未秋戌量，冬去丑位為本殺，爻交須忌病人亡。

又云：浴盆未辰丑戌數，化爻動發難救護，忽然化鬼必須憂，正恐靈魂歸五墓。

虎易按：「又云：浴盆未辰丑戌數，化爻動發難救護，忽然化鬼必須憂，正恐靈魂歸五墓」，與前「凶神橫曆」所列起例不同，讀者注意分辨。

又喪車殺云：春雞夏鼠喪車來，秋兔冬馬更相催，人來占病令他去，討錢火急買棺材。

三丘五墓已具在前。

以上凶殺，各非吉兆，大象不至乎危篤，亦當沉重。

生死稟修於前定，壽夭各盡于天年。

注釋

①尫羸（wāng léi）：亦作“尩羸”。指瘦弱或（身體）虛弱。

②閨（guī）中：特指女子所住的地方。

③瘵（zhài）疾：疫病。亦指癆病。

④氣急：呼吸急促，上氣不接下氣。

⑤虛怯（qiè）：心虛膽怯。

⑥瘦瘠（jí）：身體消瘦。

⑦口眼喎（wāi）斜：口眼因病而歪斜不正。

⑧沉寒痼（gù）冷：病證名。寒邪久伏於里之陰證。又稱內有久寒。多見於素體虛弱，或久病機能衰退的慢性病。

⑨小便淋瀝：排尿次數多而短澀，滴瀝不盡。

⑩吐瀉（xiè）：嘔吐與腹瀉。

⑪脾寒：脾胃虛寒。

⑫瘧疾：病名。是以瘧蚊為媒介而散播的急性傳染病。病原體是瘧原蟲。其症狀有週期性的發冷發熱、大量出汗、頭痛、口渴、全身無力及溶血等。因瘧原蟲之種類不同，及人體抵抗力強弱有別，患者會有隔日或隔二日的症狀發作。

⑬條貫：一個事情的內部結構，條理。

⑭因依：原委、緣由。

⑮慪氣：生悶氣、心懷不滿。

⑯鍋鐺（chēng）：鐵鍋及平底的淺鍋。

⑰癀（huáng）：病。

⑱時疫：流行的傳染病。

⑲剉（cuò）散藥：剉：買。散藥：粉末藥。

校勘記

㈠「國家治亂，莫非風俗紀綱。人壽夭長，豈論尩羸壯盛」，原本脫漏，據《卜筮全書·天玄賦·疾病章》原文補入。

㈡「災」，原本作「更」，疑誤，據《卜筮全書·天玄賦·疾病章》原文改。

㈢「凡占疾病，看來者何人」，原本作「凡占病，看病者何人」，疑誤，據《卜筮全書·天玄賦·疾病章》原文改。

㈣「父占子看子」，原本脫漏，據《卜筮全書·天玄賦·疾病章》原文補入。

㈤「則」，原本脫漏，據《卜筮全書·天玄賦·疾病章》原文補入。

㈥「吉凶依此而斷之」，原本脫漏，據《卜筮全書·天玄賦·疾病章》原文補入。

㈦「病」，原本作「疾」，疑誤，據《卜筮全書·天玄賦·疾病章》原文改。

㈧「旺」，原本脫漏，據《卜筮全書·天玄賦·疾病章》原文補入。

㈨「其病難療」，原本作「則其病難安也」，疑誤，據《卜筮全書·天玄賦·疾病章》原文改。

㈩「瘡」，原本作「膿」，疑誤，據《卜筮全書·天玄賦·疾病章》原文改。

⑪「風氣肝膽」，原本作「瘋氣肝貼」，疑誤，據《卜筮全書·天玄賦·疾病章》原文改。

⑫「亂」，原本作「詭」，疑誤，據《卜筮全書·天玄賦·疾病章》原文改。

㊸「小便」，原本作「腰腎」，疑誤，據《卜筮全書·天玄賦·疾病章》原文改。

㊹「當言勿服藥」，原本作「當言勿門專」，疑誤，據《卜筮全書·天玄賦·疾病章》原文改。

㊺「決」，原本作「失」，疑誤，據《卜筮全書·天玄賦·疾病章》原文改。

㊻「若得子孫旺動，月解興隆，庶可回生」，原本作「若得有救，庶可解脫」，疑誤，據《卜筮全書·天玄賦·疾病章》原文改。

㊼「停」，原本作「屯」，疑誤，據《吉神歌訣例·月解》原文改。

㊽「若值空亡，其病難療」，原本作「空亡難愈」，疑誤，據《卜筮全書·天玄賦·疾病章》原文改。

㊾「兩」，原本作「四」，疑誤，據《卜筮全書·天玄賦·疾病章》原文改。

㊿「只憂父亡」，原本作「止父憂亡」，疑誤，據《卜筮全書·天玄賦·疾病章》原文改。

(51)「《大畜》等六卦」，原本作「以上六卦」，疑誤，據《卜筮全書·天玄賦·疾病章》原文改。

(52)「木」，原本作「水」，疑誤，據《卜筮全書·天玄賦·疾病章》原文改。

(53)「女人極怕過後之節」，原本脫漏，據《卜筮全書·天玄賦·疾病章》原文補入。

(54)「即」，原本作「是」，疑誤，據《凶神歌訣例·三丘五墓殺》原文改。

㉕「病人作福也難留」，原本作「必危」，疑誤，據《卜筮全書·天玄賦·疾病章》原文改。

㉖「誠可謂通神之卜矣」，原本作「可謂通神之占」，疑誤，據《卜筮全書·天玄賦·疾病章》原文改。

㉗「是」，原本作「占病」，疑誤，據《卜筮全書·天玄賦·疾病章》原文改。

㉘「朱雀鬼」，原本作「朱雀鬼空」，疑誤，據《卜筮全書·天玄賦·疾病章》原文改。

㉙「慪」，原本作「歐」，疑誤，據其文意改。

㉚「或家堂神前呪咀」，原本作「或香火堂內呪咀」，疑誤，據《卜筮全書·天玄賦·疾病章》原文改。

㉛「傷饑冒雨」，原本作「傷饑冒暑兩」，疑誤，據《卜筮全書·天玄賦·疾病章》原文改。

㉜「醫藥」，原本作「服藥」，疑誤，據《卜筮全書·天玄賦·疾病章》原文改。

㉝「察」，原本作「知」，疑誤，據《卜筮全書·天玄賦·疾病章》原文改。

㉞「不得不據理推詳，以為陰功默佑。木主東嶽天齊聖帝，七十二司，三十六案之神，並自吊傷亡。水是河泊水府，沿江七十二廟之神，並溺水傷亡。土是瘟瘟疫癘，中央土府之神，並饑餓絕食傷亡。金是銜刀、五道，飛廉、白虎，金神、七殺，吟呻、三殺，九良星殺，喪殃、喪殺之神，並自刎、被刑、陣亡，一應傷亡。火是南方火部，赤睛朱發鶴神、毛頭毒火之神，並赴湯蹈火傷亡。若二爻鬼為灶神，三爻鬼為香火神，子孫動為福神。依此推

之，萬無一失」，原本脫漏，據《卜筮全書‧天玄賦‧疾病章》原文補入。

㉟「沉」，原本作「即」，疑誤，據《卜筮全書‧天玄賦‧疾病章》原文改。

㊱「換」，原本作「更」，疑誤，據《卜筮全書‧天玄賦‧疾病章》原文改。

㊲「子孫臨應被世剋，雖遇良醫病未能療。外卦及應雖剋世，卦無福德亦難安，可言有藥須當療，但恐良醫未有緣」，原本作「外卦及應雖來剋世，卦無福德，病亦難安，可言有藥可療，恐無良醫也」，疑誤，據《卜筮全書‧天玄賦‧疾病章》原文改。

㊳「雖」，原本脫漏，據《卜筮全書‧天玄賦‧疾病章》原文補入。

㊴「卻」，原本脫漏，據《卜筮全書‧天玄賦‧疾病章》原文補入。

㊵「火鬼宜涼劑，水鬼宜溫劑或丸子藥，金鬼宜灸，木鬼宜針，土鬼宜對散藥。火鬼月建旺，宜大寒之劑，無氣，不過清涼之藥」，原本作「火鬼月建旺，宜冷藥，無氣月份，日辰旺，不過涼藥」，疑誤，據《卜筮全書‧天玄賦‧疾病章》原文改。

㊶「治」，原本脫漏，據《卜筮全書‧天玄賦‧疾病章》原文補入。

㊷「神」，原本脫漏，據《卜筮全書‧天玄賦‧疾病章》原文補入。

㊸「乎」，原本作「于」，疑誤，據《卜筮全書‧天玄賦‧疾病章》原文改。

㊹「能」，原本作「然」，疑誤，據《卜筮全書‧天玄賦‧疾病章》原文改。

經驗總論家人占病云

子占父病云

子占親病幾時痊，鬼要興隆父要安，兄動纏綿難脱體，子興財發入黄泉。

父占子孫病云

子病親來問卦因，兄興子旺死還生，鬼搖父動終難保，財動纏綿病轉增㈠。

夫占妻病云

夫問其妻疾病煎㈡，財明子動便安然，鬼爻發動還㈢沉重，父發兄搖定斷弦。

妻占夫病云

妻問夫病未安寧，鬼靜財興可放心，兄子交重恩義絶，父搖難愈病㈣沉沉。

占兄弟病云

兄弟來占疾病纏，父興兄靜自安全㈥，鬼搖財動黃泉客，子動留連數日眠。

占奴婢病云

奴婢淹延①疾病纏，鬼搖疾病更連綿，財安子發無他事，父動兄興不得痊㈦。

注釋

①淹延：指疾病纏綿。

校勘記

㈠「增」，原本作「添」，疑誤，據《卜筮全書·闡奧歌章·疾病章》原文改。
㈡「煎」，原本作「生」，疑誤，據《卜筮全書·闡奧歌章·疾病章》原文改。
㈢「還」，原本作「加」，疑誤，據《卜筮全書·闡奧歌章·疾病章》原文改。
㈣「子」，原本作「弟」字，疑誤，據《卜筮全書·闡奧歌章·疾病章》原文改。
㈤「病」，原本作「疾」字，疑誤，據《卜筮全書·闡奧歌章·疾病章》原文改。

㊅「父興兄靜自安全」，原本作「父興兄靜病回生」，疑誤，據《卜筮全書·闡奧歌章·疾病章》原文改。

㊆「父動兄興不得痊」，原本作「父動兄興不再生」，疑誤，據《卜筮全書·闡奧歌章·疾病章》原文改。

卜筮元龜云

占疾病云㊀

占病先看宅衰旺，

第二㊁爻為宅，又內卦為宅。

次看六神吉凶象，

青龍動臨鬼上，病主禍出家堂先亡，兄弟如臨宅爻則吉㊂。龍入火爻，孕婦傷胎，入水病生㊃。

朱雀動臨鬼上，病出傷亡㊄、道神為禍。

勾陳動臨鬼，犯近宅古墓，犯家先，主㊅病重。入土重，入火婦女災，入金憂白服，入水口㊆瘡。

螣蛇動臨鬼，神佛上有舊願未還，家先有願，異物為怪。

白虎動臨鬼，主(八)喪門弔客，山林碓(九)石。白虎殺入火凶，入水可救。

玄武動臨鬼，神佛上有願，犯家先亡(十)、土地。入土疾病，入木孕婦災。

凡鬼更(十一)看值何爻。子北方，丑寅東北方，卯東方，辰巳東南方，午南方，未申西南方，酉西方，戌亥西北方。

金爻為鬼，犯傷亡鬼，第五爻鬼屬金，佛上有幡花功德之願。

木爻為鬼，犯外道、傷亡(十二)、自縊之鬼。

水爻為鬼，犯江河水傷之(十三)神。

火爻為鬼，犯南方旺神。

土爻為鬼，犯土地或神佛。有土木之厭　，教謝之則吉(十四)。

更看本屬爻有無，

本屬者，占父母，要有父母爻(十五)。不落空亡，不臨凶殺，不臨白虎，更(十六)並凶則凶，並吉則吉。妻財兄弟子孫，並從此推。官鬼落空亡無氣者，則為吉卦也。

諸殺動臨身世上。

諸凶殺圖，用見後(十七)。

注釋

①土木之厭：以迷信的方法，以土木之厭，致災禍於人。

校勘記

㈠「占疾病云」，原本脫漏，據《卜筮元龜·疾病門·占疾病章》及本書標題體例補入。

㈡「二」，原本作「三」，疑誤，據《火珠林·陽宅》「內卦二爻為宅」原文改。

㈢「青龍動臨鬼上，病主禍出家堂先亡，兄弟如臨宅爻則吉」，原本作「青龍動臨鬼，必祖先福庇，兄弟如臨宅亦吉」，疑誤，據《卜筮元龜·疾病門·占疾病章》原文改。

㈣「龍入火爻，孕婦傷胎，入水病生」，原本作「灶入火爻，孕婦傷胎，入水生病」，疑誤，據《卜筮元龜·疾病門·占疾病章》原文改。此內容原本在「道神為禍」後，據其文意及內容歸類，改作在此處。

㈤「朱雀動臨鬼上，病出傷亡」，原本作「朱雀動臨鬼，乃傷亡」，疑誤，據《卜筮元龜·疾病門·占疾病章》原文改。

㈥「主」，原本作「土」，疑誤，據《卜筮元龜·疾病門·占疾病章》原文改。

㈦「口」，原本脫漏，據《卜筮元龜·疾病門·占疾病章》原文補入。

㈧「主」，原本脫漏，據《卜筮元龜·疾病門·占疾病章》原文補入。

⑨「碓」，原本作「怪」，疑誤，據《卜筮元龜・疾病門・占疾病章》原文改。
⑩「亡」，原本脫漏，據《卜筮元龜・疾病門・占疾病章》原文補入。
⑪「更」，原本脫漏，據《卜筮元龜・疾病門・占疾病章》原文補入。
⑫「之」，原本作「地」，疑誤，據《卜筮元龜・疾病門・占疾病章》原文改。
⑬「土爻為鬼，犯土地或神佛。有土木之厭，教謝之則吉」，原本作「土爻為鬼，犯土地與神佛。亦有之分厭，謝之則吉昌也」，疑誤，據《卜筮元龜・疾病門・占疾病章》原文改。
⑭「本屬者，占父母，要有父母爻」，原本作「若占父母，則父母為本屬爻也」，疑誤，據《卜筮元龜・疾病門・占疾病章》原文改。
⑮「用見後」，原本作「注見於後」，疑誤，據《卜筮元龜・疾病門・占疾病章》原文改。

占疾病症候云

凡是鬼爻持世身，亦㊀聞人語便生嗔。

鬼爻持世，兼合疼痛，象坤宮之卦也。鬼是木，木生疼痛。凡察五行變化，以天地兩卦為準，其他皆倣此。

眼目慌忙不能視，狂言亂語失精神。

卦有兩鬼，先曾病來㊁，舊病再發。主驚恐，言語無度。

飲食何能加進啜，四墓持世同上說。

四墓持世，辰戌丑未也。假令《乾》卦金墓丑，丑爻持世者㊂，《姤》卦是也：

是父母持世，合主沉重也㊃。

酉爻為鬼眼遭殃，其字兩丁穿目穴。

酉字取象，兩丁字入目，為患眼也㊄。

水火持世爻更發，其病乍寒並乍熱。

水象寒，火象熱，水火二神或進或退㊅。

土爻腫脹氣還虛，金爻持之傷骨節。

土象㊆腫脹者，取象平地忽起為山也。氣虛，象山能出雲，雲為虛氣。金爻為骨，帶鬼骨病也。

木爻為鬼體酸痛，腦悶氣來心欲結。

木主酸痛，剋卦世亦然也㊇。

卦象鬼爻入墓裡，兼帶休囚並殺氣。

旺相者，老人凶，少者吉。休囚死廢者，老人吉，少壯凶。若入墓者，不論老少壯年，遇者皆死。

《新鍥斷易天機》引例 083		
來源：《卜筮元龜》教例：135		
乾宮：天風姤		
本　　卦		
父母壬戌土	▅▅▅▅▅	
兄弟壬申金	▅▅▅▅▅	
官鬼壬午火	▅▅▅▅▅	應
兄弟辛酉金	▅▅▅▅▅	
子孫辛亥水	▅▅▅▅▅	
父母辛丑土	▅▅　▅▅	世

假令五月得《姤》卦，九四壬午火動，九五壬申金動，化入《艮》土：《艮》六四丙戌土㊈，火墓在戌，名鬼入墓。壬申金為本宮，化為金墓在丑，名本宮入墓，卦入墓者。

虎易按：「壬申金為本宮」，指《乾》宮屬金，《姤》卦壬申金與本宮五行相同。「化為金墓在丑」，指《姤》外卦四、五爻動變為艮，艮後天八卦方位為東北，地支配丑寅，丑為金之墓。

假令五月卦屬火，火化入九月卦，九月建戌，火墓在戌，名卦入墓。五月殺陰在寅㊉，名帶殺入墓，必大凶⑪。帶馬入墓，抱官職而死。

又法：卦爻六位安靜，在本宮墓亦死。假令得⑫乾宮《遯》卦，內見艮，金墓在丑是也。《咸》、《剝》、《小過》、《豫》卦之類是也。又卦世入墓亦死，《升》、《損》之類是也。外象屬金，金墓在丑，丑爻持世是也。他皆倣此。

本宮白虎入墓凶，子不動兮難救矣。

《新鍥斷易天機》引例：084						
來源：《卜筮元龜》教例：136						
時間：五月						
乾宮：天風姤				巽宮：山風蠱（歸魂）		
本　　卦				**變　　卦**		
父母壬戌土	▅▅▅▅▅			妻財丙寅木	▅▅▅▅▅	應
兄弟壬申金	▅▅▅▅▅		○→	子孫丙子水	▅▅　▅▅	
官鬼壬午火	▅▅▅▅▅	應	○→	父母丙戌土	▅▅　▅▅	
兄弟辛酉金	▅▅▅▅▅			兄弟辛酉金	▅▅▅▅▅	世
子孫辛亥水	▅▅▅▅▅			子孫辛亥水	▅▅▅▅▅	
父母辛丑土	▅▅　▅▅	世		父母辛丑土	▅▅　▅▅	

本宮入墓，白虎入墓必死。若鬼不剋身，不入墓，雖無氣亦不死。子爻為救神，旺相動扶卦世不死。無氣入墓無力，不能救之。

又法：父病不欲《乾》化為《艮》，母病不欲《坤》化為《巽》，十病九死。卦陽男病，卦陰女病，親眷仿此推㊀。臨子爻，卜子病，不亦出家。仿此㊁。

校勘記

㊀「亦」，原本作「一」，疑誤，據《卜筮元龜·疾病門·占疾病症候章》原文改。

㊁「卦有兩鬼，先曾病來」，原本作「病有兩鬼，心」，疑誤，據《卜筮元龜·疾病門·占疾病症候章》原文改。

㊂「假令乾卦金墓丑，丑爻持世者」，原本作「假令乾卦五爻持世者，金墓丑」，疑誤，據《卜筮元龜·疾病門·占疾病症候章》原文改。

㊃「是父母持世，合主沉重也」，原本脱漏，據《卜筮元龜·疾病門·占疾病症候章》原文補入。

㊄「兩丁字入目，為患眼也」，原本作「如兩丁入目，主有眼患」，疑誤，據《卜筮元龜·疾病門·占疾病症候章》原文改。

㊅「水火持世爻更發，其病乍寒並乍熱。水象寒，火象熱，水火二神或進或退」，原本脱漏，據《卜筮元龜·疾病門·占疾病症候章》原文補入。

㈦「象」，原本作「云」，疑誤，據《卜筮元龜•疾病門•占疾病症候章》原文改。

㈧「剋卦世亦然也」，原本作「剋世亦然」，疑誤，據《卜筮元龜•疾病門•占疾病症候章》原文改。

㈨「艮六四丙戌土」，原本作「六四丙戌」，疑誤，據《卜筮元龜•疾病門•占疾病症候章》原文改。

㈩「寅」，原本作「子」，疑誤，據《卜筮元龜•日六神內動》殺陰例原文改。

⑪「必大凶」，原本作「逢凶死」，疑誤，據《卜筮元龜•疾病門•占疾病症候章》原文改。

⑫「得」，原本脫漏，據《卜筮元龜•疾病門•占疾病症候章》原文補入。

⑬「親眷仿此推」，原本作「他仿此推」，疑誤，據《卜筮元龜•疾病門•占疾病症候章》原文改。

⑭「臨子爻，卜子病，不亦出家。仿此」，原本作「鬼臨子孫爻，卜子疾，不然在出家矣」，疑誤，據《卜筮元龜•疾病門•占疾病症候章》原文改。

占病在何處云

初足　二腿股　三腹腰　四腹　五心　六頭㊀

爻位法	
爻位	身體
六爻	頭
五爻	心
四爻	腹
三爻	腹腰
二爻	腿股
初爻	足

鬼在初爻兩足傷，二爻雙腿患非常，三爻腰背常輕軟，四爻心腹及肚腸，五爻腎臟多氣脹，六爻頭上患為殃。

此亦言其大略，易道無窮，更以八卦推之。

鬼在乾頭坤患腹，坎耳離云患其目，艮兌既言手口間，震巽豈云非足股㊁。

鬼在乾患頭，在坤患腹，在坎患耳，在離患目，在艮患手㊂，在兌患口，在震患足，在巽患股。鬼爻若動，棄象占爻也㊃。

木爻為鬼體疼痛，水土持之必癰腫，

木云痛，土云腫，水為膿血，火為瘡痍。

剋象若言是金鬼，以類推之牙骨痛。

金主牙骨疼痛。

校勘記

㊀「初足　二腿股　三腹腰　四腹　五心　六頭」，原本脫漏，據《卜筮元龜‧疾病門‧占病在何處章》原文補入。

㊁「鬼在乾頭坤患腹，坎耳離云患其目，艮兌既言手口間，震巽豈云非足股」，原本作「鬼在乾頭坤患腹，坎須患耳離傷目，兌口須憂艮手間，震足猶防巽患股」，疑誤，據《卜筮元龜‧疾病門‧占病在何處章》原文改。

㊂「在艮患手」，原本排在「在震患足」後，按上文順序，改排在此。

㊃「鬼爻若動，棄象占爻也」，原本作「若鬼爻動，尅兩象也」，疑誤，據《卜筮元龜‧疾病門‧占病在何處章》原文改。

占病卦訣云㊀

內戒病云傷五臟，外戒傷害病皮膚，
二世內戒，一世外戒。
骸骨困羸消瘦盡，三世。

棺槨心驚多恐懼㈡。四世。
血脈瘡痍有無慮，五世。
遊魂恍惚不安居，四世。
歸魂精魄暗扶身，三世。
氣息沉靜心懶語。三世歸魂，魂順者吉，顛倒即凶。假令得《歸妹》卦凶，以震為足在上，兌為口在下是也。且如得《師》卦，腹在上，耳在下，亦是顛倒。餘歸魂卦㈢當仿此。

虎易按：此節內容，讀者可參閱「十六變章」的內容。

校勘記

㈠「占病卦訣云」，原本作「占疾病卦例云」，疑誤，據《卜筮元龜·疾病門·占病卦訣章》原文改。

㈡「懼」，原本作「忌」，疑誤，據《卜筮元龜·疾病門·占病卦訣章》原文改。

㈢「卦」，原本脫漏，據《卜筮元龜·疾病門·占病卦訣章》原文補入。

占何處得病云

鬼爻在初堂內病，三爻與二在門庭。

初為堂室，二為中庭，三為門。
四五之爻居道路，或逢風雨損心驚。
在巽遭風，在坎遭雨水，在震遭雷。水爻為鬼剋世爻，亦然也㊀。
鬼爻入坎河海疾，喪門臨象死喪家，
坎在下為河，在上為雨。太歲在戌，喪門在《坎》，太歲在亥，弔客在《兌》也。
福德象來因酒食，本宮五鬼象喧嘩㊁。
假令卜㊂得《噬嗑》卦，以離為福德，鬼從離來是也。假令卜得《无妄》卦㊃，以乾為鬼，鬼從乾象來，是五鬼象㊄。

校勘記

㊀「也」，原本脫漏，據《卜筮元龜•疾病門•占何處得病章》原文補入。
㊁「嘩」，原本作「華」，疑誤，據《卜筮元龜•疾病門•占何處得病章》原文改。
㊂「卜」，原本脫漏，據《卜筮元龜•疾病門•占何處得病章》原文補入。
㊃「假令卜得《无妄》卦」，原本作「又如得《无妄》卦」，疑誤，據《卜筮元龜•疾病門•占何處得病章》原文改。
㊄「是五鬼象」，原本作「最五家鬼」，疑誤，據《卜筮元龜•疾病門•占何處得病章》原文改。

占疾病凶卦云

豐觀需臨㊀節旅賁，明夷蠱夬及同人，不問四時及生旺，十死分明不漫陳。

愚謂：此十一㊁卦占病遇之，未必皆死，大概不為吉兆。至於春《需》、夏《觀》、秋《剝》、冬《旅》，謂之四滅沒卦，皆凶象㊂。

校勘記：

㊀「臨」，原本作「剝」，疑誤，據《卜筮元龜·疾病門·占疾病凶卦章》原文改。

㊁「一」，原本脫漏，據其所列卦的個數補入。

㊂「皆凶象」，原本作「俱凶象也」，疑誤，據《卜筮元龜·疾病門·占疾病凶卦章》原文改。

洞林秘訣云

鬼殺刑剋主災疾，遊魂入墓死亡推，若占親人爻要有，若還無有主傾危。

鬼爻動帶刑殺剋世爻，主有災病。最忌遊魂卦入墓，為死亡也。如水土爻動，變入辰爻等為例。如兌乾變入艮，為卦入墓。以上等例，推之並死也。占父母要有父母爻，占子孫要有子孫爻之類。若無爻現出，必危。

虎刑一殺深為懼，其餘別惡盡堪禳，鬼爻持世須求鬼，若逢服藥進災殃。卦有子孫鬼不犯，便須服藥得安康。

虎刑剋持㊀世者死，其他皆可禳免。鬼爻持世，須用先祀神祇，如先用藥，則增成重病。有子孫相生相合持世，又鬼爻不動，無刑剋，宜服藥有效。

我若剋他先嘔逆，他還剋我瀉為傷。

內剋外，世剋應，主嘔逆。外剋內，應剋世，主泄瀉。相生者乃為順病，或病在內。

忌食鬼爻生肖肉，子孫能解卻無妨。

忌十二生肖鬼爻肉。如丑為鬼，忌吃牛肉之類。又金鬼不宜針，木鬼不宜草木㊁，水鬼不宜湯飲、湯洗之類，火爻為鬼不可灸，土鬼不宜服藥丸之類。又丑爻是子孫，宜吃牛肉。亥爻是子孫，宜吃豬肉之類也。

淳風論云：「子孫興旺，縱甚不必求醫。刑殺交加，雖可尤防後患。本宮有氣盡吉，染病無妨。外鬼來刑，健是虎狼須倒」。

又云：《坎》腎兼腰痛，多為腫毒瘡。《乾》頭連耳眼，《坤》腹面萎黃。《兌》口連唇舌，應看骨節傷。《巽》風為腳手，疾病不離床。《離》主眼睛㊂疾，渾身熱似湯。《艮》形看四體，《震》鼻及胸膛。

又一云：欲識乍寒乍熱，水火相剋皆然。或水鬼變作火鬼，皆能壯熱增寒。要知骨節疼痛，木變金剋卦身。如或主動，則頭痛眼暈。木變則胸悶心煩。離遭亥水，吐嘔無禁。坎有戊寅，殺道不利。

校勘記：

㈠「持」，原本作「時」，疑誤，據其文意改。

㈡「木鬼不宜草木」，原本作「木鬼不宜藥」，疑誤，據《火珠林·占疾病》原文改。

㈢「晴」，原本作「精」，疑誤，據其文意改。

火珠林云

疾病財爻鬼莫連，二爻俱發命危難，同人豐夬成凶對，蠱剝明夷是死緣。殺共鬼身三入墓，人將魂魄入黃泉，藥爻在世難醫療，虎動占身病未痊。卦入墓鄉並喪命，臥于床席病綿綿。

又忌見白虎並，旺相無氣，但以陰陽爻斷之也。若問父母病，有父母爻吉，無父母爻凶。問妻，有財爻吉，無財爻凶。問子孫兄弟亦然。

虎易按：查虛白盧藏清刻《百二漢鏡齋秘書四種》中《火珠林》（輯入心一堂古籍珍本叢刊），原本無此段內容，讀者可參閱原著。

占病何日痊云

占病問於何日痊，又須旺相子扶身，龍蛇動處當輕利，狼虎過傷是重辰。

重象不妨身帶困，爻當必恐氣離身，己身自病何時瘥，福德來臨愈必真。

海底眼云

問患先須得病因㊀，安靜先尋世下神，次看鬼爻藏伏處，更將爻動察其真。用是病人宜有氣，福德醫師喜貼身，子孫發動誤㊁服藥，卦宮旺相病逡巡①。六位無財食不納，兄弟交重氣積頻㊂，鬼多不一原曾病，用發休囚損病人。

虎易按：「子孫發動誤服藥」，《卜筮全書•黄金策•醫藥》曰：「福化忌爻，誤服殺身之惡劑」。其注釋曰：「世人皆疑《海底眼》誤服藥之句，殊不知此說極有理。蓋有動則有變。變出父母，回頭來剋。變出財爻，扶持官鬼。變出兄弟，藥不精潔。變出官殺，藥反助病。子變子，乃用藥太駁雜，不能見效。此所以不若安靜為妙，若變爻或傷世剋用者，必致因藥傷命之禍」。我認為，以上論述極為有理。惟「子變子，乃用藥太駁雜，不能見效」，應該辯證認識。如果子動化退神，是有用藥駁雜，不能見效之疑。但如果子動化進神，應該還是有益的，是否可以表示因為換藥，使得藥力見功。其他如《卜筮全書•黄金策•醫藥》所論，讀者可參考，在實踐中應用體會。

看鬼伏何爻下，以金木水火土分辨論之④。

父母，憂心得，或動土得⑤，或往修造處得。

兄弟，因失饑傷飽，或因口舌氣得。

子孫，牽惹得，或欲事太過得病⑥。

妻財⑦，飲食得，或買物得。

官鬼，出現驚⑧恐怪異，或寺觀廟宇中去得⑨。

土下伏土，瘡腫⑩。火下火，手⑪足疾。金見金，悶亂。木下木，寒熱。水下水，冷⑫疾。金下火，喘滿⑬。陽宮財動主吐，陰宮財動主瀉⑭。

鬼爻現，外表。鬼爻伏裡，裡心腹病。鬼在內或動，下受病，用爻同。鬼在外動，上受病，用爻同⑮。

又云⑯：

問災⑰先問卜何人，父母逢之父母陳，官鬼臨身⑱愁旺相，子孫剋世藥無靈。

財為祿命忌飛剋，印綬交重病困沉，大忌世官乘月建，又嫌墓發剋其身。

鬼在內兮當夜重，官在外兮夜必輕，內外有鬼人昏困，不然舊病再來侵。

代占最怕應疊⑲鬼，官墓持身命亦傾。

注釋

①逡巡（qūnxún）：徘徊不前。此處指病情反復，沒有好轉。

校勘記：

㊀「問患先須得病因」，原本作「凡人問病要知因」，疑誤，據《海底眼•占病患》原文改。

㊁「誤」，原本作「勿」，疑誤，據《海底眼•占病患》原文改。

㊂「頻」，原本作「累」，疑誤，據《海底眼•占病患》原文改。

㊃「看鬼伏何爻下，以金木水火土分辨論之」，原本作「鬼伏何爻下，以五行分下論之」，疑誤，據《海底眼•占病患》原文改。

㊄「父母憂心得，或動土得」，原本作「父母以憂慮得病，或動土」，疑誤，據《海底眼•占病患》原文改。

㊅「或欲事太過得病」，原本作「或欲心太過得」，疑誤，據《海底眼•占病患》原文改。

㊆「妻財」，原本作「或因財」，疑誤，據《海底眼•占病患》原文改。

㊇「驚」，原本作「兵」，疑誤，據《海底眼•占病患》原文改。

㊈「或寺觀廟宇中去得」，原本作「或去寺觀廟宇中得」，疑誤，據《海底眼•占病患》原文改。

⑩「腫」，原本作「膿」，疑誤，據《海底眼•占病患》原文改。
⑪「手」，原本作「膝」，疑誤，據《海底眼•占病患》原文改。
⑫「冷」，原本作「令」，疑誤，據《海底眼•占病患》原文改。
⑬「滿」，原本脫漏，據《海底眼•占病患》原文補入。
⑭「瀉」，原本作「泄」，疑誤，據《海底眼•占病患》原文改。
⑮「鬼爻現，外表。鬼爻伏裡，裡心腹病。鬼在內或動，下受病，用爻同。鬼在外動，上受病，用爻同」，原本作「鬼出現外，兄伏內，心腹病。鬼在內或動，下元受病，用爻同。鬼在外或動，上受病，用爻同」，疑誤，據《海底眼•占病患》原文改。
⑯「又云」，原本脫漏，據《海底眼•占病患》原文補入。
⑰「災」，原本作「實」，疑誤，據《海底眼•占病患》原文改。
⑱「身」，原本作「之」，疑誤，據《海底眼•占病患》原文改。
⑲「疊」，原本作「持」，疑誤，據《海底眼•占病患》原文改。

又占病症云㈠

候症㈡金同木四肢，感寒痰㈢喘氣尪羸，辰戌胃胸生嘔逆，丑連肚腹未傷脾。

火動熱極三焦渴，血心眼目及㊃瘡痍，水主㊄發寒因冷得，泄瀉虛勞耳腎衰。
土動生吐，水動生瀉㊅，木動發寒，火動發熱，金動四肢或滿悶㊆。
木主足，金主頭，土主胸腹，火主手，水主耳腎。
飛伏俱旺相，飛為起因，以伏為受病。
又；世為動爻在內，下受病。應為動爻在外，上受病。間爻動，主㊇胸隔病。
《易鏡》云：如長男受病，宜純《震》之不搖。少女染疾，則㊈《兑》卦之不動。乃為吉也。
又云：初爻動，黃泉客，白虎同殺怕剋㊉世。二爻魂，三爻魄，白虎剋世主血光。勾陳剋世，魂在社司處。朱雀剋身魂泰山，螣蛇剋身魂木下。魂爻動心不安，魄爻動主詭語。日剋魂魄火急，取亦為大限。大凡八純遊魂之卦，皆天行災。鬼在長生一月災，沐浴二十五日災，冠帶半月災，臨官五十日災，帝旺鬼絕日方好。在衰十日一月日災，在病一年二年災，在死四十日恐死，在墓半年留連災，在絕一百日災，在胎十三四日災，在養十日起倒災。
　虎易按：查《海底眼》，原本無「又云」後的內容，讀者可參閱原著。

校勘記：

㊀「又占病症云」，原本作「又占證候云」，疑誤，據《海底眼·占病症》原文改。
㊁「症」，原本作「病」，疑誤，據《海底眼·占病症》原文改。

㊂「痰」，原本作「疾」，疑誤，據《海底眼•占病症》原文改。

㊃「及」，原本作「有」，疑誤，據《海底眼•占病症》原文改。

㊄「主」，原本作「土」，疑誤，據《海底眼•占病症》原文改。

㊅「土動生吐，水動生瀉」，原本作「水動主瀉，土動主吐」，疑誤，據《海底眼•占病症》原文改。

㊆「金動四肢或滿悶」，原本作「金動四肢及煩悶」，疑誤，據《海底眼•占病症》原文改。

㊇「主」，原本脫漏，據《海底眼•占病症》原文補入。

㊈「則」，原本作「宜」，疑誤，據《海底眼•占病症》原文改。

㊉「剋」，據原本脫漏，其文意補入。

又十二位搜神詳訣

長生鬼，出所祀香火，將軍五道遊。小兒設前生父母，五路童子，病宜好。

沐浴鬼，出壇廟土地，木下神，溪河宅殺。小兒病，出漏可童子，傷遊奕神。

冠帶鬼，出佛道舊願，病留連，男輕女重，家有暴死人。不然有產難女人，上堂出師。

小兒病，宜設五道、五鬼、六害、化婆神。

帝旺，出旺鬼、將軍、泰山、五道，半天午酉，單設家先。隨鬼犯土，且如木鬼，犯東方土也。

衰與旺同，口味交加，家神旺，病易易，衰難好。小兒病犯灶君，用設沉河，化蕉僚，化前生父母。

病鬼，南方石雄神，及客亡鬼，用設房殺、家先。小兒病，用設五路童子，傷童郎。死與廢同，鬼出家神，病難好，用設所祀神。小兒病出前生父母，化才童郎。胎絕鬼，出父母並佛道，及用祭家神。旺鬼木下暗死人，上堂求食蛇入宅，如女人客亡為暗。養鬼，半天午酉，家神，及有少亡為禍，宅殺動，用謝吉。又男忌臨官，女忌冠帶，小兒忌衰墓，老人逢旺相凶。又凡病人逢鬼旺日凶，逢鬼衰日漸安。一鬼旺為弔客，財旺動則吉。

又云：木主四肢酸痛，寒熱或去或來。火主病眼，或虛脹及氣煩。土主病脾肺，眼澀，四肢重，心煩。金主病膝膊肋，咳嗽多涕。水主病，背傷，遍身腫，兼且小便尤不利。

虎易按：此節內容雜亂，錯漏較多，因沒有其他資料校正，不做校勘，標點只是根據我個人的理解，不能盡善。讀者可參考其他書籍。

•占香火第二十五

鬼谷辨爻法㊀	
六爻鬼	天神
五爻鬼	社司
四爻鬼	土地
三爻鬼	家先
二爻鬼	灶神
初爻鬼	井神

校勘記

㊀「鬼谷辨爻法」，原本脫漏，據本書體例補入。

天玄賦曰

欲究治家之本，莫過敬鬼為先。卦中三爻，總論天地鬼神。

第三爻管香火堂，土為大主社神王，火屬緋①神並五道，金是蓮社及金剛。

水是四州東海祟，或是玄天鎮北方，木㊀是木雕慈善像㊁，鬼爻帶殺木三郎。

凡占家宅香火之法㊂，專以第三爻為香火。帶吉神則吉，凶神則凶。若福德臨之，則家神興旺㊃。若論鬼祟，不獨第三爻內，但看鬼爻動處，並宜詳審。不因疾病，不必言此。其餘事理不可盡述，學者自宜通變。

其中六獸，可知作福興災。

青龍若臨第三爻上，乃家神有興福之助，人口咸安。

朱雀若臨子孫動，其家有人好善看經。若臨大殺加兄弟動，必主呪咀，人眷不安。

勾陳若加官鬼動，土廟不安，土地為禍。若持剋世爻，人口有時疾，帶殺其害尤重，逢沖禍稍輕。

騰蛇帶鬼殺動，主裡社神祇不安，其家必有破損，卷起神像。要知何神，但依前章細斷。

若白虎加福德動，必有善願未還。或加兄弟，乃他人因我許下未還。

以上六神所臨之處，不可皆言凶。若遇吉神，雖加虎蛇，亦不為害。若遇凶殺，雖加青龍，亦難為吉。此後佈列十二支所臨鬼祟，必須疾病喪亡，方且言此。

凡子爻帶鬼，必是江河岸側鬼。丑爻鬼，有犯當境土地，朝門夜香，不口奏杉。寅鬼，必然褻瀆東嶽，或自吊鬼，木下旺神，獵神。卯爻同此例推斷。辰爻與丑同。巳乃蠶室，或玄壇香火願。午乃香願有欠，或香火不安。未與丑同，或伽藍②、土地。申乃寺觀中有犯，或值殺傷神。酉乃西方佛像，或帶血傷亡。加青龍，必是產亡少婦。戌與丑同。亥是落水鬼。

此一節，不同第三爻內看，六爻皆用細察，吉凶有準。
以六獸推測鬼神，難以言盡，大率吉神宜發動，凶神宜安靜㊄。
單拆須辨陰陽，衰旺可推新舊。
鬼爻是單屬陽，乃天神佛像，或祀典③正神。鬼爻見拆屬陰，必是依草附木，暴死傷亡，投河自縊之鬼㊅。鬼值青龍，必是家先。男女尊卑，並見前注。凡欲知人家神像新舊如何，但依衰旺推究。自長生至帝旺，皆可言新，自衰死至墓絕，必須言舊。但以衰病略舊，墓絕最舊。
要㊆察神前之供器，更詳卦內之鬼爻。鬼位逢金，必主香爐破損㊇。官爻遇木，決㊈然牌位④崩摧。
欲察供器，但看三爻臨鬼。要更分別五行，自然必中。
鬼位逢金，必主神前香爐破損。鬼爻屬木，決主牌位崩摧，或毀壞牌位㊉。鬼爻臨水，香爐堂內必主有漏處。鬼爻屬火，不問神像牌位㊉，但神前供具，必有一件被火燒者。土爻臨鬼，必主塵埃滿案，無人拂拭⑤。
以上皆主香火不安，宜除去，崩者宜修理。若能如是，庶幾六神安穩。
虎易按：原本此後還有「若問家先，內宮看鬼，崇奉百神安妥，自然六畜興隆」及其注釋內容，據《卜筮全書•天玄賦•六畜章》編排體例，改排在「占六畜•天玄賦曰」內。

注釋

①緋（fēi）：紅色。
②伽藍（qiélán）：佛教寺院的通稱。
③祀（sì）典：1、記載祭祀儀禮的典籍。2、祭祀的儀禮。
④牌位：設位致祭所供的神主，及一切作為祭祀對象的木牌。
⑤拂拭（fú shì）：撣去或擦去塵土。

校勘記

㈠「木」，原本作「本」，疑誤，據其文意改。
㈡「像」，原本作「相」，疑誤，據其文意改。
㈢「凡占家宅香火之法」，原本作「凡占家宅」，疑誤，據《卜筮全書・天玄賦・香火章》原文改。
㈣「若福德臨之，則家神興旺」，原本脫漏，據《卜筮全書・天玄賦・香火章》原文補入。
㈤「以六獸推測鬼神，難以言盡，大率吉神宜發動，凶神宜安靜」，原本脫漏，據《卜筮全書・天玄賦・香火章》原文補入。
㈥「鬼爻是單屬陽，乃天神佛像，或祀典正神。鬼爻見拆屬陰，必是依草附木，暴死傷亡，投河自縊之鬼」，原本作「鬼單屬陽，必是天神佛像，或祀典正神。拆屬陰，必是依草附木，暴死亡，投河自縊之鬼」，疑誤，據《卜筮全書·天玄賦·香火章》原文改。

㊆「要」，原本作「若」，疑誤，據《卜筮全書·天玄賦·香火章》原文改。

㊇「必主香爐破損」，原本作「必主香爐損破」，疑誤，據《卜筮全書·天玄賦·香火章》原文改。

㊈「決」，原本作「必」，疑誤，據《卜筮全書·天玄賦·香火章》原文改。

⑩「牌位」，原本作「位牌」，疑誤，據《卜筮全書·天玄賦·香火章》原文改。

●占六畜第二十六

鬼谷辨爻法	
六爻	馬
五爻	牛
四爻	羊
三爻	豬
二爻	犬貓
初爻	雞鴨

天玄賦曰

若問家先，內宮看鬼，崇奉百神安妥，自然六畜興隆。

凡人能敬奉百神，家道必昌，六畜自旺。以下二節，皆言六畜。然六畜之占，其事雖小，亦有妙處，不可輕易。須詢本命上卦，次看持剋吉凶，庶幾分位無差，顏色亦有準矣㊀。

雞鴨原在初爻，遇青龍則四時旺盛。

初爻雞鴨位，帶鬼或㊁空亡，難為雞鴨。加大小耗，必有狐狸黃鼠所傷㊂。帶鬼、穢汙殺，雞棲近廁。若臨青龍，大吉㊃。初爻寅卯木，若當《坎》宮位上最宜上春雞。初爻辰戌土，若在《離》宮位，宜養晚哺雞。初爻帶火鬼，須防蛇竊雞，加玄武動，多損失。初爻帶朱雀，多是哺雄雞。若臨青龍，斷雞鴨必旺。更臨財福，吉無不利。

貓犬端居二位，加白虎則兩件難全。

二爻為貓犬，寅爻傍動剋戌爻，虎傷犬。戌爻剋二爻，犬㊄傷貓。二爻亦龍，寅爻斷。貓爻若加吉殺，必善捕鼠。殺帶鬼，家有惡犬。逢空難為貓犬，旺空有狗無貓，有貓無狗，不能兩全㊅。若兄弟相合，主兩家合養貓。若加青龍，貓犬長進，旺相必多，休囚少。若加白虎發動，必然有傷，更加凶殺，縱旺亦防絕滅。遇財福，貓狗必然旺相。

三四豬羊，怕見殺官兄弟。

三爻為豬，若帶子孫妻財，必旺。帶兄弟，豬不長。帶官逢空，豬有損失。帶子孫胎爻，其家豬有胎。若見申酉二爻動，或剋三爻，豬決有損失。

四爻為羊，帶財福則旺，帶鬼殺則損失，逢空無羊。胎養臨爻則羊母旺，劫殺臨爻則羯羊①多。朱雀臨大殺，在《兑》宮、《乾》宮㊆動，羊生臊口。遇青龍動則吉，白虎動㊇則凶。

五六牛馬，喜逢福德妻財。

五爻為牛，帶子孫，其家有子母牛。帶胎爻，其家牛有胎。凡遇青龍財福則吉，鬼殺白虎則凶。青龍臨爻，多是水牛。勾陳騰蛇，多是黄牛。若五爻帶金鬼，主牛夜啼或有損。水鬼敗肚㊈，木鬼腳痛，火鬼因觸熱，土鬼時氣發瘴。兄弟化兄弟，與人相合，牛只旺相正盛，墓庫老牛，胎養小牛。

六爻為驢馬，帶財福則吉，帶鬼殺則凶⑩。如子日沖午爻，或子孫動沖午爻，主走熱飲水，火動則無妨。此一爻，依牛爻斷之。

最嫌本命逢沖，須忌分宮受剋。

丑爻為牛，寅爻為虎亦作貓爻斷，午爻為馬，未爻為羊，酉爻為雞，戌爻為狗，亥爻為豬。以上六畜之本命，怕逢鬼殺、大小耗相刑相剋，又嫌本命空亡，皆主損折狸傷。

一云：初雞鴨，二貓犬，三豬，四羊，五牛，六馬及驢騾。以上乃分宮也。

　　如本命上卦，當看分宮為主。若吉神動來相生則吉，凶殺動來剋害則凶⑪。更得日辰扶挾②亦吉，若日辰刑沖則凶。能依此斷，萬無一失。

命逢生旺，當別吉凶。

　　生旺若逢⑫本命，本為吉兆，卻看臨財福旺相⑬則吉，臨鬼殺大小耗則凶⑭，反不如不旺。凡吉神扶命旺處，六畜必盛。若加鬼殺，得是休囚，庶幾損折亦輕。凡遇本命旺臨財福，卻加大小殺於其上，此主孳牲③雖盛，損失亦多，得失相半之兆。不可概論，而斷其吉凶⑮。

天玄賦爻位	
六爻	馬驢騾
五爻	牛
四爻	羊
三爻	豬
二爻	貓犬
初爻	雞鴨

爻值刑沖，須分表裡。

分宮若日辰相刑沖，或動爻刑沖，當有吉凶之辨，表裡之分。凡分宮會財福青龍則吉，若逢刑沖則凶。若臨鬼殺白虎，逢刑沖反吉，必主前雖損失，以後必然旺盛。大凡旺處逢沖則損，絕處逢沖則散，空處逢沖則不空。

六獸可知顏色，斟酌相剋相生。

欲知顏色，不過是(十六)豬犬牛馬。凡遇六神所臨，六爻安靜，別無衝破，但言一樣顏色。若動相生相剋，方可言雜色。假如玄武臨用爻，被白虎動來剋，此乃黑白相間(十七)。玄武旺則黑多，白虎衰則白少(十八)。兩爻衰旺相停，黑白相半。且如青龍臨用爻，白虎動來剋，又加勾陳動來生，此乃三色花，黃白黑相間，即玳瑁色。凡剋處多生處少，則衰瘦。其餘生剋，依此推詳。

八宮細論身形，定奪居中居外。

《乾》首、《坤》腹、《離》目、《坎》耳、《兑》口及尾、《艮》前足、《震》後足、《巽》腰(十九)。

凡用爻臨玄武在《乾》象，更無別爻相剋相生，乃是通身黑色。若臨《坤》象，白虎動來生剋，必是黑頭白腹，若遇休囚其白少，若逢生旺通腹白。又如勾陳臨用爻，在《坤》象，被《震》宮或《艮》宮白虎動來相剋，乃黃身白腳。《震》言後腳，《艮》言前腳。

以上略舉一二以為法，其餘分宮仿此推詳。

凡占，須以用爻所臨為本身顏色。若遇別爻沖剋及生扶，方可看其在腳言腳，在腰言腰

⑳。且如《坤》宮白虎剋《坤》宮玄武，不過是黑身，腹有白色。餘皆倣此推之。

以上三節，事雖微瑣，義理弘深，非深明易道者，安能知此哉。

注釋

①羯（jié）羊：已閹割的公羊。

②扶挾（jiā）：夾持，護持。

③孳（zī）牲：繁殖牲畜。

校勘記

㊀「若問家先，內宮看鬼，祟奉百神安妥，自然六畜興隆」及其注釋，原本編排在「天玄賦香火章」末，疑誤，據《卜筮全書·天玄賦·六畜章》編排體例，改排在此處。

㊁「或」，原本脫漏，據《卜筮全書·天玄賦·六畜章》原文補入。

㊂「加大小耗，必有狐狸黃鼠所傷」，原本作「大小耗，主損折，狐狸所傷」，疑誤，據《卜筮全書·天玄賦·六畜章》原文改。

㊃「若臨青龍，大吉」，原本脫漏，據《卜筮全書·天玄賦·六畜章》原文補入。

㊄「犬」，原本作「徇」，疑誤，據《卜筮全書·天玄賦·六畜章》原文改。

㊅「不能兩全」，原本作「不兩全之兆」，疑誤，據《卜筮全書·天玄賦·六畜章》原文改。

㊆「乾宮」，原本脫漏，據《卜筮全書·天玄賦·六畜章》原文補入。

㊇「動」，原本脫漏，據《卜筮全書·天玄賦·六畜章》原文補入。

㊈「肚」，原本作「胎」，疑誤，據《卜筮全書·天玄賦·六畜章》原文改。

㊉「帶鬼殺則凶」，原本作「帶殺鬼則凶」，疑誤，據《卜筮全書·天玄賦·六畜章》原文改。

⑪「凶殺動來剋害則凶」，原本作「鬼殺動來相剋即凶」，疑誤，據《卜筮全書·天玄賦·六畜章》原文改。

⑫「逢」，原本作「扶」，疑誤，據《卜筮全書·天玄賦·六畜章》原文改。

⑬「旺相」，原本脫漏，據《卜筮全書·天玄賦·六畜章》原文補入。

⑭「臨鬼殺大小耗則凶」，原本作「臨鬼殺小耗旺則凶」，疑誤，據《卜筮全書·天玄賦·六畜章》原文改。

⑮「而斷其吉凶」，原本脫漏，據《卜筮全書·天玄賦·六畜章》原文補入。

⑯「是」，原本脫漏，據《卜筮全書·天玄賦·六畜章》原文補入。

⑰「假如玄武臨用爻，被白虎動來剋，此乃黑白相間」，原本脫漏，據《卜筮全書·天玄

賦‧六畜章》原文補入。

㊅「玄武旺則黑多，白虎衰則白少」，原本作「玄武旺則黑處多白處少，衰則白少」，疑誤，據《卜筮全書‧天玄賦‧六畜章》原文改。

㊈「《乾》首、《坤》腹、《離》目、《坎》耳、《兌》口及尾、《艮》前足、《震》後足、《巽》腰」，原本作「《乾》為首，《坤》為腹，《震》為足，《巽》為股，《坎》為耳，《離》為目，《艮》為手，《兌》為口及尾」，疑誤，據《卜筮全書‧天玄賦‧六畜章》原文改。

㊉「凡占，須以用爻所臨為本身顏色。若遇別爻沖剋及生扶，方可看其在腳言腳，在腰言腰」，原本作「若遇別爻逢破生剋，方可看斷其何處受剋。剋腳即言腳是何色，剋腰即言腰間有異色」，疑誤，據《卜筮全書‧天玄賦‧六畜章》原文改。

洞林秘訣云

六畜牛馬生肖奇，為財為鬼便推之，生肖要看那爻動，初爻雞鴨二犬貓。
三豬四羊五牛地，六爻為馬可推之，以遠先推乾震馬，雞居巽卦雉居離。
兌卦為羊艮為狗，坤卦為牛離兼之，坎為豚豕看財鬼，若值無財絕不宜。

先看十二生肖爻，如有生肖爻，即用生肖爻推之。如占牛無丑爻，卻推第五爻。餘仿此。若遠年畜養，即推乾震為馬，坤為牛等。以類推之，餘仿此。有財之卦畜財旺，卦若無財六畜衰，占畜忌逢刀砧①卦，刀居砧上不通醫。離為屠殺歸鐺鑊②，乾坤亦主破分離，更加六神時下看，占畜餘皆倣此推。刀砧：春亥子，夏寅卯，秋巳午，冬申酉。又以金為刀，木為砧。刀在砧上凶，刀在砧下不妨。更可以天賊推之，犯之不吉。戌為狗，亦可以推羊畜。

注釋

①刀砧（zhēn）：刀和砧板。指宰割工具。借指宰殺。

②鐺鑊（chēnghuò）：鐺：烙餅或做菜用的平底淺鍋。鑊：形如大盆，用以煮食物的鐵器。

•占牛馬第二十七

鬼谷辨爻法	
六爻	主人
五爻	人力
四爻	牛馬
三爻	水草
二爻	犁鞍
初爻	欄廄

周公論牛馬歌

但占牛馬泰成殃，
占牛馬遇《泰》卦，定主空亡。
坤腹乾頭是倒㈠裝，
若值《坤》、《乾》二卦，所畜牛馬皆倒㈡裝，無用之物。大抵遇《泰》卦則是。
夬是力強寧畏熱，
若值《夬》卦，牛馬縱遇暑熱，亦主壯健。
若逢益卦怕刀傷。

若㈢卜得《益》卦，主牛馬必被刀斧㈣傷。

離為虛市遭屠殺，

若《離》卦，主虛市，屠家宰殺也㈤。

坎卦重爻入鑊湯，

若值《坎》卦重爻，主有湯鑊之厄。

噬嗑頤需咸入鼎，

若值此五卦，亦主遭烹宰。

怕逢坤艮被分張。

怕㈥《坤》、《艮》二卦，主牛馬各散。如《地山謙㈦》卦是也。

更以刀砧 分上下，

郭璞語云：「《乾》、《兌》屬金為刀，《震》、《巽》屬木為砧，刀在砧上則死，刀在砧下則生」。若值《大過》、《无妄》之類則死，《大壯》、《中孚》之類則生㈧。

若無諸殺始為昌。

最忌刀砧殺。鬼谷例云：「正月起亥，順行十二位是也」。若此殺不上卦，並無氣，方為吉。

注釋

①刀砧（zhēn）：刀和砧板。指宰割工具。借指宰殺。

校勘記

〔一〕〔二〕「倒」，原本作「到」，疑誤，據其文意改。
〔三〕「若」，原本脫漏，據《卜筮全書•六畜章》原文補入。
〔四〕「斧」，原本脫漏，據《卜筮全書•六畜章》原文補入。
〔五〕「也」，原本脫漏，據《卜筮全書•六畜章》原文補入。
〔六〕「怕」，原本作「值」，疑誤，據《卜筮全書•六畜章》原文改。
〔七〕「地山謙」，原本作「謙」，疑誤，據《卜筮全書•六畜章》原文改。
〔八〕「《乾》、《兌》屬金為刀，《震》、《巽》屬木為砧。刀在砧上則死，刀在砧下則生。若值《大過》、《无妄》之類則死，《大壯》、《中孚》之類則生」，原本作「《乾》、《兌》為刀，《震》、《巽》為砧，刀在砧上忌死，刀在砧下不妨。若值《大過》、《无妄》二卦，則忌死，若《大壯》、《中孚》二卦，則無妨也」，疑誤，據《卜筮全書•六畜章》原文改。

經驗云

買牛買馬只求㊀財，大怕兄興鬼發災㊁，若是父搖空費力，子孫發動卻㊂佳哉。

校勘記

㊀「求」，原本作「宜」，疑誤，據《卜筮全書·闡奧歌章·六畜章》原文改。

㊁「災」，原本作「來」，疑誤，據《卜筮全書·闡奧歌章·六畜章》原文改。

㊂「卻」，原本作「是」，疑誤，據《卜筮全書·闡奧歌章·六畜章》原文改。

•占田禾第二十八

鬼谷辨爻法	
六爻	大禾
五爻	早禾
四爻	秧苗
三爻	田段
二爻	種
初爻	耕

袁天綱占田禾法

六爻不可鬼相臨，
六爻無鬼最吉，若鬼臨牛位㊀主牛損。餘仿此。
若值空亡逐一尋，
六爻皆怕空亡，若不空最吉。
金世生蟲火世熟，
若世爻屬金主生蟲，屬火則大熟也。
木與土世主豐登。

若世爻㊁屬木土，則其年十分收成。

若無諸殺相沖剋，

諸殺：即大耗、小耗等凶神是也㊂。鬼谷例云：「正月起申順行是大耗，起未順行是小耗」。若遇動，定主虛耗。

定許㊃其年十倍贏，

若無二殺相沖，可許十倍收成㊄。

若值震離相配合，

若震上離下合為《豐》卦，主有大熟之兆。

自然豐稔①動歡聲。

若震離配合成《豐》卦，主大熟，則農家亦歡樂也。

注釋

①豐稔（rěn）：農作物豐收。

校勘記

㊀「位」，原本脫漏，據《卜筮全書·闡奧歌章·禾苗田地章》原文補入。

㈡「爻」，原本脫漏，據《卜筮全書•闡奧歌章•禾苗田地章》原文補入。

㈢「諸殺：即大耗、小耗等凶神是也」，原本作「殺：即大耗小耗殺」，疑誤，據《卜筮全書•闡奧歌章•禾苗田地章》原文改。

㈣「定許」，原本作「無殺」，疑誤，據《卜筮全書•闡奧歌章•禾苗田地章》原文改。

㈤「可許十倍收成」，原本作「主耕田有十倍之利」，疑誤，據《卜筮全書•闡奧歌章•禾苗田地章》原文改。

天玄賦曰

家有千鍾，皆出田中之玉粒。庫藏百寶，安如㈠筐內之銀絲。

先言農力之勤勞，稻熟豈辜於八月。

凡占農田，以世為田，以應為天。應爻臨水生世，及加青龍玄武生合世爻，乃豐稔之兆。若見㈡應加朱雀，動剋世爻，田禾必損。或世臨勾陳，動剋應爻，必然缺水。若世應相合比和，或看卦中何神發動，水動生剋世吉，火動生剋世凶。

次論育蠶之節令，植桑不負於三春。

內卦為蠶，外卦為養蠶人。內卦生外卦吉，外卦剋內卦凶。內卦生旺蠶必旺，外卦興隆人必多。內卦休囚，蠶必有損。內外相生皆吉，相剋皆凶。凡占須要巳午上卦為吉，巳午發動乃大吉㊂。凡占蠶，《艮》卦《離》卦其年必吉，《坎》卦《兌》卦其年必凶。若逢四五月卦，決然大吉。

剖分內外三爻，總合農桑二事。

凡占農，以初爻為種，二爻為秧，三爻為人力，四爻為牛，五爻為天，六爻為水。

天玄賦爻位	
六爻	水
五爻	天
四爻	牛
三爻	人力
二爻	秧
初爻	種

若占蠶桑，以初爻為種，二為苗，三為人，四為桑，五為箔①，六為繭。

天玄賦爻位	
六爻	繭
五爻	箔
四爻	桑
三爻	人
二爻	苗
初爻	種

以上六爻旺相者吉，休囚庫墓者凶，若逢大殺、大耗、小耗，皆為凶兆㊃。

二卦遭逢鬼殺，可謂全凶。

農田若見鬼在初爻，種不對㊄，或不萌。鬼在二爻，必欠秧，旺則有剩。鬼在三爻，農力不到㊅，若加凶殺，田夫有病。鬼在四爻，欠牛力，或牛有損，空亡無牛。鬼化兄，或兄化鬼㊆，與人合牛，工作不利。鬼在五爻，天意不順。兄在六爻，必缺水。

占蠶鬼在初爻，種不出。在二爻，出後不能旺盛。在三爻，蠶娘有病。在四爻，葉必貴。在五爻，上箔有損。在六爻，財微薄，必無好蠶，亦無好絲。六爻無鬼，田蠶自然興旺。

五行弗遇官爻，方為大吉。

凡遇鬼爻，須看五行所屬，及觀衰旺動靜，方可決斷。

占農田，鬼爻屬金發動、持剋世爻，決主蝗蟲之災。鬼在木爻動，主傷損。水爻動帶鬼，狂霖損稼㊇，或秋雨阻收。鬼在火爻，必主亢旱。鬼在土爻動，裡社②興災。看臨第幾爻，便知禍福。

占蠶，鬼屬水，須防鼠耗。屬木，三眠③必有傷。鬼屬金，四眠多白僵④㊈，其年吃葉多。火鬼，頭黃殼不生。土鬼，蠶沙發熱蒸傷。凡鬼旺重大，休囚輕可。

虎易按：「鬼屬金，四眠多白僵」，《新鍥斷易天機●占春蠶●李淳風論蠶歌》曰：「金鬼二眠傷」，與此有異，讀者可互相參考，在實踐中應用檢驗。

陽陰相半，須加四獸參詳。

田蠶皆宜陰陽相和，水火相半，庶能昌盛。純陰不生，純陽不化⑤㊉，陰陽交和，然後萬物生。凡占得⑪陰陽相半，外陰內陽，內外相生，大吉之兆⑫。

占春蠶，須看六神持剋。蒼屛云：

「青龍旺相入財福，春蠶盈盈滿筐簇⑥，管取竿頭白雪香，會看箱內銀絲足。
朱雀旺相入兄弟，必定桑鏗⑦食不濟⑬，若當離象動凶神，蠶室須防火災至⑭。
勾陳帶鬼多黃死，若遇財爻黃繭多⑮，卦中發動並遲滯，若值凶神可奈何。
騰蛇水鬼害⑯頭蠶，正要烘時卻受寒，縱得絲來筐篚⑧內，明朝絺綌⑨也應難。
白虎若臨財福中，箔中多是白頭公，更逢兄弟交重惡，急急祈求一半空。
玄武若臨咸池動，多是女人帶厭來，急求土地來扶救，庶免春蠶目下災」。

財福俱全，更互六神推究。

田蠶皆以財爻為主，生旺全收，無氣半收，空亡大折⑰。鬼空財旺必稱心，有鬼無財主大損⑱，若遇子孫持世旺，六爻有鬼亦無妨。

古云：有人制殺，鬼重何妨。父化鬼，艱辛無得。父化財，辛勤有收。財化財，必兩倍收。兄化兄，損大半。鬼化財亦吉，財化鬼損耗。若鬼爻空則吉。

興衰得位，方能保其豐穰⑩。動靜有常，庶可明其得失。

凡占先看空亡，次看財鬼衰旺。若鬼旺財衰，荒歉之徵⑲。財旺鬼衰，豐稔可卜。田蠶二卦，相去不遠，其中所主，各有分辨。

占田以世為主，水火不可相勝。水動生世，春有滋育，夏多時雨。水旺剋世，淫淋不止，巨浸飄泊⑳。卦中有水火爻生世，水火既濟，豐登可擬。占蠶以巳午為蠶命，發動旺相，皆大吉之象㉑。若旁爻動來相傷剋，必有損失。如有吉神動來相生，可望全收。

注釋

①箔：養蠶的器具，多用竹製成，像篩子或席子。亦稱「蠶簾」。

②里社：借指鄉里。

③三眠（mián）：蠶不食不動的狀態叫眠，有初眠、二眠、三眠、大眠（四眠）之別。蠶自出生至成蛹，蛻皮三次時，不食不動，呈睡眠狀態，稱為「三眠」。

④白僵（jiāng）：病風而死亡的蠶。

⑤純陰不生，純陽不化：泛指單憑一方面的因素或條件，促成不了事物的生長或出現。《幼學瓊林・夫婦》曰：「孤陰則不生，獨陽則不長，故天地配以陰陽」。

⑥簇（cù）：蠶蔟，供蠶作繭的東西。用稻麥杆等堆聚而成。

⑦桑慳（qiān）：桑葉欠缺。

⑧筐篚（fěi）：盛物竹器。方曰筐，圓曰篚。

⑨絺綌（chī xì）：葛布的統稱。葛之細者曰絺，粗者曰綌。引申為葛服。

⑩豐穰（ráng）：猶豐熟。

校勘記

㈠「如」，原本作「知」，疑誤，據《卜筮全書·天玄賦·田蠶章》原文改。
㈡「見」，原本脫漏，據《卜筮全書·天玄賦·田蠶章》原文補入。
㈢「巳午發動乃大吉，原本作「若發動乃大吉」，疑誤，據《卜筮全書·天玄賦·田蠶章》原文改。
㈣「以上六爻旺相者吉，休囚庫墓者凶，若逢大殺、大耗、小耗，皆為凶兆」，原本作「以上六爻旺相者吉，庫墓中當絕位皆凶兆。若逢大殺，必無吉兆」，疑誤，據《卜筮全書·天玄賦·田蠶章》原文改。
㈤「對」，原本作「出」，疑誤，據《卜筮全書·天玄賦·田蠶章》原文改。
㈥「到」，原本作「副」，疑誤，據《卜筮全書·天玄賦·田蠶章》原文改。
㈦「或兄化鬼」，原本作「倘兄或無鬼」，疑誤，據《卜筮全書·天玄賦·田蠶章》原文改。
㈧「水爻動帶鬼，狂霖損稼」，原本作「不然，青龍在水爻動，須防霖剝穗花，及防水傷」，疑誤，據《卜筮全書·天玄賦·田蠶章》原文改。
㈨「僵」，原本作「死」，疑誤，據《卜筮全書·天玄賦·田蠶章》原文改。
㈩「化」，原本作「成」，疑誤，據《卜筮全書·天玄賦·田蠶章》原文改。
⑪「凡占得」，原本作「若卜得」，疑誤，據《卜筮全書·天玄賦·田蠶章》原文改。
⑫「大吉之兆」，原本作「最吉」，疑誤，據《卜筮全書·天玄賦·田蠶章》原文改。

㊸「必定桑慳食不濟」，原本作「必定桑慳絲少論」，疑誤，據《卜筮全書·天玄賦·田蠶章》原文改。

㊹「若當離象動凶神，蠶室須防火災至」，原本作「若當離象凶神動，蠶室須防有火迍」，疑誤，據《卜筮全書·天玄賦·田蠶章》原文改。

㊺「若遇財爻黃繭多」，原本作「苗遇財爻黃蠶多」，疑誤，據《卜筮全書·天玄賦·田蠶章》原文改。

㊻「害」，原本作「少」，疑誤，據《卜筮全書·天玄賦·田蠶章》原文改。

㊼「空亡大折」，原本作「空亡無收」，疑誤，據《卜筮全書·天玄賦·田蠶章》原文改。

㊽「鬼空財旺必稱心，有鬼無財主大損」，原本作「卦中有鬼無財必無收，鬼空財旺必稱心」，疑誤，據《卜筮全書·天玄賦·田蠶章》原文改。

㊾「荒歉之徵」，原本作「得失難分」，疑誤，據《卜筮全書·天玄賦·田蠶章》原文改。

㊿「水動生世，春有滋育，夏多時雨。水旺剋世，淫淋不止，巨浸飄泊」，原本作「其水得宜。水旺剋世，水多有害」，疑誤，據《卜筮全書·天玄賦·田蠶章》原文改。

㊿「皆大吉之象」，原本作「皆大吉」，疑誤，據《卜筮全書·天玄賦·田蠶章》原文改。

經驗占耕田云

凡人占卦問耕田，子旺財明大有年，兄位交重防損壞，父興㊀誠恐不周全。

校勘記

㊀「興」，原本作「搖」，疑誤，據《卜筮全書·闡奧歌章·禾苗田地章》原文改。

卜筮元龜云

占農田云㊀

世貞行年為田地，應悔為種為荒蕪，世剋應兮倉廩積，外剋內兮倉廩虛。

初爻為田二為種，三為生長四苗秀，五爻為禾主收成，六是田夫主災咎。

初爻鬼剋田瘦瘠①，二爻鬼剋重種植，三爻鬼剋多穢草②，四爻鬼剋費耘力。

五爻鬼剋阻收成，六爻鬼剋憂疾病㊁，金爻為鬼憂旱蝗㊂，火鬼㊃大旱年饑荒。

水鬼水災木鬼耗，帶殺化鬼共分張㊄，卦中兩鬼兩家共，年豐須是鬼空亡。
大抵財爻宜旺相，不值空亡為上吉，六爻刑殺不加臨，年谷豐登倉庫實。

注釋

①瘦瘠（jí）：指土壤貧瘠，不肥沃。
②穢（huì）草：雜草。

校勘記

㊀「占農田云」，原本脫漏，據《卜筮元龜·天時地利門·占農田章》及本書標題體例補入。
㊁「六爻鬼剋憂疾病」，原本作「六爻鬼剋憂病疾」，疑誤，據《卜筮元龜·天時地利門·占農田章》原文改。
㊂「金爻為鬼憂旱蝗」，原本作「金爻為鬼旱蝗多」，疑誤，據《卜筮元龜·天時地利門·占農田章》原文改。
㊃「鬼」，原本作「爻」，疑誤，據《卜筮元龜·天時地利門·占農田章》原文改。
㊄「帶殺化鬼共分張」，原本作「土爻化鬼定分張」，疑誤，據《卜筮元龜·天時地利門·占農田章》原文改。

洞林秘訣云

土卦土爻為稼穡，利坤艮卦兼財得，木旺動來禾損傷，金動旺扶豐萬一。

土為稼穡，利坤艮宮卦，及得土爻為財，木爻無氣為上吉卦。如金卦金爻，金主扶土，土剋水，所以金動者未熟倍收。

坎卦多水離多旱，子孫為苗母田段，土爻為鬼是官田，父母化鬼同此斷。

子孫為苗，受動所剋者，或帶鬼殺，苗稼有傷。卦旺則苗盛，休囚則苗薄。

父母為田段，旺相田肥，休囚田瘦，受剋則多崩陷。

凡土爻為鬼，父母化鬼者，是官田。若只是百姓為田主者，後有人起心爭奪。不然賦稅當被勾追，不㊀可免也。

土宮土卦更逢升，定主連年添產貫。

校勘記

㊀「不」，原本作「方」，疑誤，據其文意改。

海底眼云

農人卜問今年歲㈠，財旺福興收十倍，鬼現神祇願未還，父動有害無生氣。水動多霖火旱枯，木動今春桑葉貴，土動傷蟲更有災㈡，金動切防官訟㈢至。

校勘記

㈠「歲」，原本作「事」，疑誤，據《海底眼•占耕種》原文改。

㈡「土動傷蟲更有災」，原本作「土動蟲傷更有災」，疑誤，據《海底眼•占耕種》原文改。

㈢「訟」，原本作「事」，疑誤，據《海底眼•占耕種》原文改。

•占春蠶第二十九

鬼谷辨爻法	
蘭	六爻
簇	五爻
筐	四爻
葉	三爻
苗	二爻
種	初爻

李淳風論蠶歌

若論春蠶誠有益，
言春蠶去榮人身，故云有益。
凡人問卜嫌官鬼，
卜蠶，最不宜官鬼上卦。
種若逢鬼出須遲，
鬼若臨初爻旺，蠶種難出。
鬼在苗中苗損失。
鬼在二爻，主蠶苗損失不盛。

葉中有鬼貴非常，
鬼若在三爻旺，主其年葉甚貴。
鬼值筐中筐內死，
鬼在四爻旺，主死在養蠶之筐內也。
鬼若臨簇簇中亡，
鬼在五爻旺，主蠶上簇多損亡。
繭若臨鬼絲不出。
鬼若在六爻旺，主蠶抽絲不出。
外卦為蠶內為人，
占蠶當以內卦為人，外卦為蠶。
內能生外得千斤，
若內卦生外卦，主得絲綿千斤。
馬蛇現出絲如雪，
若巳午二爻上卦，主得雪白之絲。
官鬼須防入木金。
鬼谷云：木鬼三眠死，金鬼二眠傷。

虎易按：「金鬼二眠傷」，《新鍥斷易天機•占田禾•天玄賦曰》：「鬼屬金，四眠多白僵」，與此有異，讀者可互相參考，在實踐中應用檢驗。

必財爻無氣，方可言其年有絲也。

財爻無氣方言有，
財爻旺相定成珍，
財爻若旺相，蠶繭貴如珍。

艮離蠱咸多得利，
若值艮離蠱咸四卦，主絲綿多得。

兌坎其年枉費心。
若值坎兌二卦，其年養蠶難成。

月卦生時四五月，
若卜得四月份卦，五月份卦，宜養月蠶。

五行財上討分明。
鬼谷云：金財主白僵，木火財大吉，水財絕不收，土財有半收。筮者遇財上卦，依次斷之。

天玄賦云

詳見田禾門

卜筮元龜云

占蠶桑云㊀

初爻為種二為蠶，三人四葉五為筐㊁，上六之爻絲繭位，鬼爻值著不相當。
鬼值種爻種不出，鬼值蠶苗多耗亡㊂，鬼值人爻蠶母病，鬼值葉爻定欠桑。
鬼值筐爻上箔死，鬼值繭爻絲有妨。
鬼爻值空亡則吉，金木鬼尤不利。外卦剋內欠桑，內剋外葉多有餘㊃。
坤宮土世黃肥死，坎宮水世是災殃，木爻持世初憂災㊄，金宮金爻蠶白僵。
巳午火世為吉，或子孫財爻臨世應吉，空亡不利。
占蠶欲得震巽離，子爻旺相最相宜，
坤艮次㊅吉，乾兌坎凶，震巽離㊆變乾兌亦凶。
乾宮正二月為吉，四五之月非其時。

正、二月屬木，為金宮財，《晉》與《大有》是也：

《新鍥斷易天機》引例：085		
來源：《卜筮元龜》教例：014		
時間：正、二月（寅卯）		
乾宮：火地晉（遊魂）		
本　　卦		
官鬼己巳火	⚊	
父母己未土	⚋	
兄弟己酉金	⚊	世
妻財乙卯木	⚋	
官鬼乙巳火	⚋	
父母乙未土	⚋	應

《新鍥斷易天機》引例：086		
來源：《卜筮元龜》教例：015		
時間：正、二月（寅卯）		
乾宮：火天大有（歸魂）		
本　　卦		
官鬼己巳火	⚊	應
父母己未土	⚋	
兄弟己酉金	⚊	
父母甲辰土	⚊	世
妻財甲寅木	⚊	
子孫甲子水	⚊	

四、五月屬火，為金宮鬼，《乾》與《姤》是也：乾象為蠶巽為簇，離為繭子震桑木，相生旺相倍言之，相剋休囚養無福㈧。

離中虛為繭，震木為桑葉，巽屬竹為簇。乾金乃㈨離宮之財，故知為蠶也，但要旺相相生為吉卦㈩。巽之坎上風雨傷⑪，雷電亦須憂火光，財鬼火炎憂焚灼，鬼變子爻為吉祥。

坎被⑫刑剋憂耗，亦憂大⑬雨。火爻變為鬼，憂火陽⑭。

校勘記

㈠「占蠶桑云」，原本脫漏，據《卜筮元龜・天時地利門・占蠶桑章》及本書標題體例補入。

㈡「筐」，原本作「難」，疑誤，據《卜筮元龜・天時地利門・占蠶桑章》原文改。

㈢「鬼值蠶苗多耗亡」，原本作「鬼值蠶苗耗不

《新鍥斷易天機》引例：088	《新鍥斷易天機》引例：087
來源：《卜筮元龜》教例：017	來源：《卜筮元龜》教例：016
時間：四、五月（巳午）	時間：四、五月（巳午）
乾宮：天風姤 **本　　卦** 父母壬戌土 ▅▅▅ 兄弟壬申金 ▅▅▅ 官鬼壬午火 ▅▅▅ 應 兄弟辛酉金 ▅▅▅ 子孫辛亥水 ▅▅▅ 父母辛丑土 ▅　▅ 世	乾宮：乾為天（六冲） **本　　卦** 父母壬戌土 ▅▅▅ 世 兄弟壬申金 ▅▅▅ 官鬼壬午火 ▅▅▅ 父母甲辰土 ▅▅▅ 應 妻財甲寅木 ▅▅▅ 子孫甲子水 ▅▅▅

昌」，疑誤，據《卜筮元龜·天時地利門·占蠶桑章》原文改。

㊃「鬼爻值空亡則吉，金木鬼尤不利。外卦剋內欠桑，內剋外葉多有餘」，原本作「鬼爻值空亡則吉，水鬼防不利。外卦剋內卦，欠桑葉。內卦剋外卦，葉多有餘」，疑誤，據《卜筮元龜·天時地利門·占蠶桑章》原文改。

㊄「坎宮水世是災殃，木爻持世初憂災」，原本作「坎宮水世必遭殃，水爻持世初憂否」，疑誤，據《卜筮元龜·天時地利門·占蠶桑章》原文改。

㊅「次」，原本作「坎」，疑誤，據《卜筮元龜·天時地利門·占蠶桑章》原文改。

㊆「離」，原本脫漏，據《卜筮元龜·天時地利門·占蠶桑章》原文補入。

㊇「相剋休囚養無福」，原本作「相剋休囚難獲福」，疑誤，據《卜筮元龜·天時地利門·占蠶桑章》原文改。

㊈「乃」，原本作「為」，疑誤，據《卜筮元龜·天時地利門·占蠶桑章》原文改。

㊉「但要旺相相生為吉卦」，原本作「但要旺相利生則吉」，疑誤，據《卜筮元龜·天時地利門·占蠶桑章》原文改。

⑪「巽之坎上風雨傷」，原本作「巽宮地上風雨傷」，疑誤，據《卜筮元龜·天時地利門·占蠶桑章》原文改。

⑫「被」，原本作「受」，疑誤，據《卜筮元龜·天時地利門·占蠶桑章》原文改。

⑬「大」，原本作「天」，疑誤，據《卜筮元龜·天時地利門·占蠶桑章》原文改。

㈣「火爻變為鬼，憂火陽」，原本作「火變為鬼，憂火」，疑誤，據《卜筮元龜・天時地利門・占蠶桑章》原文改。

洞林秘訣云

相生有氣有妻財，經言多得倍收來，卦中不喜鬼爻旺，隨其八卦看蠶災。

八卦鬼者，鬼在乾兌主白僵，鬼在震巽欠桑葉。鬼在坎艮主蠶爛死，又生鼠耗。鬼在坤離，主壞繭空虛。

又云：一種，二苗，三眠，四眠，五眠，六為成繭，看其爻生旺如何。淳風云：「若乃財爻持世旺相，而財不落空，如此十分蠶絲多得」。占坎宮及亥子水象，虛費功夫。火木多，蠶命之神，絲多。水土為黑爛，金主白僵。財居鬼象，佮①似賊偷。玄武臨門，須防鼠耗。

震巽之卦是蠶娘，離為絲欄艮為筐，外卦剋內欠桑葉，內卦剋外卻剩桑。子孫與財並世應，添欄滿室繭盈箱，青龍並在巳午上，木並世應富榮昌。

凡占卦以外卦為蠶，內卦為人，內生外吉，外剋內欠葉，內剋外剩葉。須是有財爻旺相，更得持世，與龍德天喜並者大吉。

注釋

①佮（hé）：合。

火珠林云

斷全同淳風論蠶歌

海底眼云

子爻蠶命宜安靜㈠，財為收斂要扶持，鬼爻父動重還賽㈡，兄弟爻興一半虧。

又云：

子孫木火蠶作繭，申酉扶之盡白僵，亥子二爻㈢眠濕死，如臨四土半遭㈣傷。

巳午爻為蠶命，但子孫旺相有氣，靜者大收。要木火之爻出現，乘土些少。

虎易按：《海底眼·占養蠶》，無以下內容。

又云：

凡占蠶絲一一呈，初種二苗三主人，四為木食五為葉，六為抽繅①如見真。

震為筐箔並桑柘，巽為茅簇及良辰，乾象蠶子離絲綸，坤艮成堆忌死頻。

坎象水爻傷葉濕，兑象白蠶多損失，子爻動者鼠難防，鬼出六爻繰不出。

鬼爻臨繭交成蛾，鬼值養蠶人病多，財爻見木並持世，作繭如銀十倍過。

又云：

初種二苗三養人，四葉五簇六繰真，震筐並葉巽茅簇，乾蠶離繭坤艮死。

坎象濕爛兑白僵，子爻若動鼠來傷，鬼在六爻繰不出，鬼臨繭上出蛾蛹②。

鬼值養蠶人必病，木財持世自榮昌。

木爻持世並財主吉，鬼臨種或是舊種。若坎卦亥子持世，十無九成。玄武臨繭，防鼠耗。兄弟爻凶，劫殺損蠶又虛驚。鬼動在震巽，葉皆蟲損。朱雀騰蛇臨卦吉，震巽卦變乾離無患吉，怕見坎卦。乾為蠶姑，兑為蠶娘，離為繭子，巽為筐。財爻無氣是空亡，身居亥子主蠶亡，卦內無財休要養，寅申巳亥是蠶鄉。斷曰：卜蠶先看蠶祖，祖即是午鄉。午爻持世相生，必定細絲稱意。又看五爻之上，六神之居何位。朱雀定是座神，白虎刀兵作祟，騰蛇女姑腷血，玄武定見僧尼，青龍福神之象，勾陳香油之鬼。約此六神詳斷，亦要相生。六爻中如少午爻，徒費人力也。

又曰：

初爻為種二為苗，三爻為蠶亦為筐，四為桑柘五為簇，六為繭子好推詳。

葉上鬼臨無桑柘，簇上值鬼忌火殃，鬼在內卦蠶娘病，鬼剋定損採桑郎。

又曰：
震巽之卦是蠶鄉，離為繭子巽為筐，坤宮土世黃肥死，坎宮有水黑爛傷。
寅並巳午為蠶命，亥子之爻蠶不昌，兄弟爻驚蠶不損，子孫持世蠶滿箱。
財爻在外不宜養，財爻在內年年強，又將震巽為蠶簇，蠶居簇簇好非常。
卦中無財不用養，財爻無氣必空亡，坤為蠶母坎休養，震巽風雷亦可防。
卦中甲乙離乾好，坤象蠶子亦頭黃。

注釋

①抽繅（sāo）：抽繭出絲。
②蛡（xǔ）：蟲飛。

校勘記

㈠「子爻蠶命宜安靜」，原本作「子爻為蠶宜安靜」，疑誤，據《海底眼•占養蠶》原文改。
㈡「鬼爻父動重還賽」，原本作「鬼爻父動宜祈禱」，疑誤，據《海底眼•占養蠶》原文改。
㈢「爻」，原本作「辰」，疑誤，據《海底眼•占養蠶》原文改。
㈣「遭」，原本作「成」，疑誤，據《海底眼•占養蠶》原文改。

•占漁獵第三十

鬼谷辨爻法	
六爻	虎豹
五爻	豺狼
四爻	兔豕
三爻	魚蝦
二爻	龜鱉
初爻	漁獵

太公論漁獵歌

外卦為物內為人，
凡占漁獵，以外卦為物，內卦為人斷之。
內能剋外得千斤，
若值內卦剋外卦，主獲千斤之物也。
物若剋人無所得，
若外卦剋內卦，枉勞心力，斷無所得也。
財爻旺相最為亨。
如財爻旺相及兩重財，大吉之兆也。

金宜獲獸魚宜水，魚者得二水爻，獸者得二金爻，伏宜張捕。財鬼爻興定稱心，若值財鬼二爻俱發，厚有所得。若逢相剋那能有，若子孫剋本身，鬼剋弟，財剋父是也。殺鬼交重厚獲金。鬼谷論天罡殺云：「正月寅，二月卯，三月辰，四月巳，只此四位行十二月」。若遇動，多獲金資。

洞林秘訣云

內卦世爻旺相剋他，外卦休囚，世爻剋應爻，六神又得青龍勾陳，吉辰臨財㊀爻動，又無空亡，主多財，得漁財物也。

詩云：

內卦世爻升旺相，剋他外卦應爻衰，六神更得吉神助，動時多獲不空歸。

反此不如在家去，縱行無獸可尋追，如應剋世，內又無財爻，縱去無獸物可得。

惡殺臨財居旺動，剋世主有獸傷危。世爻受財爻帶旺殺動來剋，則不可行，行即招獸傷。

震棒巽弓離作網，大須艮出卦爻奇，何者剋財先得地，先將勝者用為宜。

財巽得雞艮為狗，震財狐兔兌羊雞，坤財豬猿並駱豕，乾財豹獸及豬兒。

行兵出獵頗同類，行時須占得其時。先剋財者，宜用於前。

又云：

求魚若得火為財，火財魚多滿擔回，金土爻並木財者，縱得無多載月來。

二爻發動必無魚，殺與財爻並不虛，卦中多水徒多隻，恐怕刀砧以斷諸。

又云：

射獵卦中看有無，先看大殺及傳符，殺若多時求便得，殺空亡至暗無歸。

金爻剋世箭傷人，金爻剋應為物身，卦有二金最為好，金剋財爻物定山。

世居外卦財歸內，獵射須如便稱心，世爻空亡只不得，

虎易按：按詩歌體例，此處疑缺漏一句。

財居外卦世居內，徒勞心力恐憂無，卦中金爻居木上，為刀砧肉滿盤心。

如看卦中有金木，旺相諸肉滿砧看，財並世應空亡位，若並空亡徒自勞。

校勘記

㊀「財」，原本作「則」，疑誤，據其文意改。

•占覓人第三十一

鬼谷辨爻法	
六爻	人身
五爻	人家
四爻	道路
三爻	行李
二爻	自身
初爻	足

郭璞占尋人歌

欲覓他人外卦推，

人在外，故欲覓人以外卦推之。

卦陰相遇卦陽遲，

卦值純陰，則主相遇。卦值純陽，縱相遇亦主遲。

陰化為陽身欲出，

若陰卦化為陽卦，主身出，不主相見。

陽化為陰外始歸。

若陽卦化為陰卦，主其人在外始歸。

世若剋應人難覓，
若世應相剋，主尋人難見。
外內相生得見伊，
若內外二卦相生，主尋人必見。
朱雀若還居外動，
若朱雀在外卦動，主唇吻之非。
逢人更惹是和非。
非惟有口舌，更主惹官非之事。

•占情性第三十二

鬼谷辨爻法	
六爻	實情
五爻	歡情
四爻	面情
三爻	禮情
二爻	口情
初爻	非情

洞林秘訣云

先識卦名後識性，知人心地真要徑，廉貞性急猛無私，愛與人爭相鬥競。

六情者，在我，世爻推。若問他人心性，應爻推。問子孫心性，就子孫爻推。問官人心性，就鬼爻推。問兄弟心性，就兄弟爻推。問父母心性，就父母爻推。問妻心性，就財爻推。要在臨時消息，便知一切人用心。且如寅午爻，號曰廉貞，主心性急猛，愛與人爭，雖無毒，但是屬火之心性也。

寬大巳酉飲食多，平常喜美與人和。

巳酉為寬大者，主飲食宴美，凡事寬厚，與上下人情和睦。旺相臨青龍者，癡酒人也。

委屈貪狼申子位，口甜心苦兩爻訛。

申子為貪狼者，心中委曲，貪得不止，口甜不爭，心多不自滿足。

陰賊奸謀亥卯宮，千思萬想礙心中。

亥卯為陰賊者，奸謀有毒，好淫亂，詭詐犯禮，不可同處也。

公正無私居丑戌，篤實衷腸行凜烈。

丑戌為公正者，主有信敦篤，無詐偽，最為耿直之人。

奸邪辰未兩宮招，心中無極撰蹊蹺①。

辰未為奸邪者，辰主心中婉轉，未主心非口是用計。

看君心下占何事，決定心中常合此。

占平生，即知人平生用心。占時下，即知人時下用心。

注釋

①蹊蹺（qī qiao）：奇怪，可疑。

卜筮元龜云

已見前身命門

•占夢寐第三十三

洞林秘訣云

遊魂伏鬼亂懵懂①㈠，及有騰蛇虛怪夢，伏神天喜並子孫，即是禎祥②喜慶聞。

遊魂與伏神為鬼及騰蛇，皆主顛倒夢。伏神並子孫，或帶天喜兼諸吉神者，是吉夢，後應喜事。

鬼爻持世應爻怪，夢見凶星宜警誡，伏神看得甚來由，吉兆皆從八卦求。

更加刑殺不為祥，剋傷有害堪祈禳，

鬼若持世為怪爻，隨夢應怪物。如四季月得《艮》卦：丙寅木鬼持世，是怪爻為虎，伏神丁未土為羊，寅未交加，艮卦為山，必夢山虎狼羊狸等。又艮為狗，其後必有狗貓為怪。餘仿此。

鬼爻不值卦無氣，或加空亡閑夢寐。

本宮伏鬼夢宗親，卻無災福害與利，

世爻伏爻不值鬼怪，又無鬼爻動，亦無刑剋，則閒雜野

《新鍥斷易天機》引例：089

來源：《洞林秘訣》教例：008

時間：四季月（辰戌丑未）

艮宮：艮為山（六沖）

伏神	本卦		
兄弟丁未土	官鬼丙寅木	▅▅▅▅▅	世
	妻財丙子水	▅▅ ▅▅	
	兄弟丙戌土	▅▅ ▅▅	
	子孫丙申金	▅▅▅▅▅	應
	父母丙午火	▅▅ ▅▅	
	兄弟丙辰土	▅▅ ▅▅	

夢。如本宮鬼爻伏神來去者，主夢見先祖宗親，卻無災福及利害。

如《乾》宮卦，有壬午爻為伏神者則是，《剝》、《觀》之類也：

餘皆倣此。

喜神卦旺夢中驚，君當發跡在前程。

喜神龍德青龍驛馬臨世爻飛伏爻，又得子孫爻動，相合相生相扶，卦宮內外旺相，定有驚人之夢，主應前程發跡。

《新鍥斷易天機》引例：090			
來源：《洞林秘訣》教例：009			
	乾宮：山地剝		
伏　神	本　　卦		
	妻財丙寅木	▅▅▅	
	子孫丙子水	▅　▅	世
官鬼壬午火	父母丙戌土	▅　▅	
	妻財乙卯木	▅　▅	
	官鬼乙巳火	▅　▅	應
	父母乙未土	▅　▅	

《新鍥斷易天機》引例：091			
來源：《洞林秘訣》教例：010			
	乾宮：風地觀		
伏　神	本　　卦		
	妻財辛卯木	▅▅▅	
	官鬼辛巳火	▅▅▅	
官鬼壬午火	父母辛未土	▅　▅	世
	妻財乙卯木	▅　▅	
	官鬼乙巳火	▅　▅	
	父母乙未土	▅　▅	應

注釋

①懵懂（měng dǒng）：糊塗、心裡不明白。頭腦不清楚，或不能明辨事物。

②禎（zhēn）祥：吉兆。

校勘記

㊀「懂」，原本作「董」，疑誤，據其文意改。

•占鬼神第三十四

鬼谷辨爻法			
六爻	公婆	天神	化婆
五爻	父母	佛願	社司
四爻	叔伯	土殺	水傷
三爻	兄弟	家先	床婆
二爻	夫妻	土地	前生父母
初爻	小口	灶君	五路童子

孫臏考鬼歌

欲識卦中出何祟，

鬼祟本處幽冥，無形無跡，非有玄妙之法，安能逐一識之。

木主山林並自縊，

若鬼爻屬木，則是山司木下自縊鬼。

水為河北溺波神，
鬼爻屬水，則是投河落水之鬼也。
火是灶君燒火鬼。
鬼爻屬火，則是灶君並燒火鬼。
金爻旺相乃傷亡，
金爻旺，乃傷亡為禍。
土主瘟黃並疫痢，
鬼爻屬土，乃瘟疫鬼。
六爻之鬼是家堂，
一世卦，鬼持世，乃是家堂鬼為禍。
更論勾陳陰與陽。
袁天罡云：「勾陳若居陽，大伯及七郎，小叔在門下，五哥不上堂。三鬼同為禍，注云：三鬼乃木七鬼也。君室無透引，注云：木十為禍也。五鬼共商量。注云：五鬼乃五傷也。稱是落水鬼，或在外州亡，急須為懺悔，免得血才傷。勾陳若居陰，大姑及三娘，小姐門下叫，五姑無衣裳。遭難繫頸死，或在產難亡。年年為禍殃，且是損蠶桑。書符來不得，須用經懺悔」。
又淳風云：「大凡欲問家堂鬼位次，但看卦上父母爻屬何位，以五行金木水火土斷之。

如父母爻見木火土水，則是一五七之位。見金，二四八之位。見木，三六九之位」。此訣屢試屢效，筮者不可不知。

二世土殺相侵犯，
二世卦，鬼持世上，乃土殺相犯。
二神相並好商量，
二神，乃社壇也。
三世橋道鬼為禍，
三世卦，鬼持世，乃橋道中之鬼。
若非橋道是籬牆。
籬牆，乃園中花木精為禍。
四世卦中求五道，
四世卦，鬼持世，乃五道為禍。
又兼佛寶與師王，
不獨五道，更有師王神佛之災。
六世山神與禍患，
六世卦，鬼持世，乃山神為害。

天堂星殺亦為殃。
非惟山神為害，更有星宿降災。
巳午南方赤色鬼，
鬼臨巳午，則是南方火鬼。
申酉西方白鬼狂，
鬼臨申酉，則是西方白色鬼也。
亥子北方鬼黑色，
鬼臨亥子，乃北方黑面鬼。
卯寅青鬼在東方。
鬼臨寅卯，乃東方青鬼。
惟有中央之鬼異，
中央為四方之中，其鬼所以尊而異。
其形長大色金妝，
中央鬼，乃寺觀中金妝鬼。
若還有鬼但禳謝，
病遇鬼旺者，必須禳謝，彼此福利。

不必書符病自康。
鬼如有靈，既受禳謝退遠矣，又何必書符治療也。
此是淳風密秘訣，
此以前未嘗刊行，故云秘訣。
更須仔細與推詳。
推詳貴精，不可枉言鬼神。

卜筮元龜云

占禍祟云㊀

外來剋內病難療，他宮之鬼剋為憂。
療者㊁，治也。外剋內，祟㊂難治也。它宮官鬼者㊃，假令坤宮《泰》卦㊄：
見甲寅木。
《臨》：
見㊅《兌》㊆卦丁卯木是也。

《新鍥斷易天機》引例：092		
來源：《卜筮元龜》教例：137		
坤宮：地天泰（六合）		
本卦		
子孫癸酉金	▅▅　▅▅	應
妻財癸亥水	▅▅　▅▅	
兄弟癸丑土	▅▅　▅▅	
兄弟甲辰土	▅▅▅▅▅	世
官鬼甲寅木	▅▅▅▅▅	
妻財甲子水	▅▅▅▅▅	

《新鍥斷易天機》引例：093		
來源：《卜筮元龜》教例：138		
坤宮：地澤臨		
本卦		
子孫癸酉金	▅▅　▅▅	
妻財癸亥水	▅▅　▅▅	應
兄弟癸丑土	▅▅　▅▅	
兄弟丁丑土	▅▅　▅▅	
官鬼丁卯木	▅▅▅▅▅	世
父母丁巳火	▅▅▅▅▅	

虎易按：「它宮官鬼者」，假令坤宮官鬼為乙卯木，但坤宮只有《坤》、《比》兩卦官鬼為乙卯木，是本宮官鬼。而《泰》、《大壯》、《夬》、《需》四卦，官鬼為甲寅木，《復》卦官鬼為庚寅木，《臨》卦官鬼為丁卯木，此六個卦的官鬼，都不是本宮官鬼。其他各宮，均仿此推之。

鬼在象云何色目，乾是文人兼白頭。

內剋外無祟㈧，鬼旺相為暴病，鬼無氣為久病，死墓為長病。衰鬼難除，旺鬼易消㈨。

校勘記

㈠「占禍祟云」，原本脫漏，據《卜筮元龜・疾病門・占禍祟章》及本書標題體例補入。
㈡「者」，原本脫漏，據《卜筮元龜・疾病門・占禍祟章》原文補入。
㈢「祟」，原本作「病」，疑誤，據《卜筮元龜・疾病門・占禍祟章》原文改。
㈣「它宮官鬼者」，原本作「他宮鬼者」，疑誤，據《卜筮元龜・疾病門・占禍祟章》原文改。
㈤「《泰》卦」，原本脫漏，據其卦理及文意補入。
㈥「見」，原本脫漏，據其卦理及文意補入。
㈦「兌」，原本脫漏，據《卜筮元龜・疾病門・占禍祟章》原文補入。
㈧「祟」，原本作「事」，疑誤，據《卜筮元龜・疾病門・占禍祟章》原文改。
㈨「消」，原本作「除」，疑誤，據《卜筮元龜・疾病門・占禍祟章》原文改。

占鬼不動祟㊀何神鬼云

金居木上㊁何鬼作，必是曾經斫①樹神。

《乾》為刀劍，《兌》為斧鑿，《无妄》、《大過》、《隨》、《姤》之類是也。鬼在秋，秋屬金，金剋木故也。

假令《隨》卦：

此是人承祀之鬼。《隨》七月卦是金㊂，六二庚寅木，寅中有生火剋金㊃，故知㊄火為福德，故知是人承祀之鬼也。

木居其上是何神，竹木為堆應犯土。

震為木，為長男，鬼是此人犯也。巽為竹，為長女，是此女犯也㊅。若《觀》、《豫》、《漸》、《小過》之類是也。巽又為繩索，或言是自縊鬼。此可信不誣矣。

火金之爻化火金，鬥傷之鬼因㊆刀兵。

卦中有火金爻化火金者，其家決㊇然有因刀劍死之鬼為患。

騰蛇忽然臨水木，產死西南有自經②。

《新鍥斷易天機》引例：094
來源：《卜筮元龜》教例：139
震宮：澤雷隨（歸魂）
本　　卦
妻財丁未土 ▅▅ ▅▅ 應
官鬼丁酉金 ▅▅▅▅▅
父母丁亥水 ▅▅▅▅▅
妻財庚辰土 ▅▅ ▅▅ 世
兄弟庚寅木 ▅▅ ▅▅
父母庚子水 ▅▅▅▅▅

其家有產死鬼，或㊈西南方有自經之鬼也。

坎兌支得離兌象，定知呪咀多冤枉。

騰蛇、玄武臨鬼是也。

支為坤艮蛇虎傷，支巽自縊同影響。

坎兌支巽者，定有自縊鬼如影之附形，響之應聲也。

注釋

①斫（zhuó）：用刀、斧等砍劈。

②自經：上吊自殺。

校勘記

㊀「祟」，原本作「果」，疑誤，據《卜筮元龜•疾病門•占鬼不動祟何神鬼章》原文改。

㊁「上」，原本作「土」，疑誤，據《卜筮元龜•疾病門•占鬼不動祟何神鬼章》原文改。

㊂「金」，原本作「今」，疑誤，據《卜筮元龜•疾病門•占鬼不動祟何神鬼章》原文改。

㊃「寅中有生火剋金」，原本作「寅申有生爻剋」，疑誤，據《卜筮元龜•疾病門•占鬼不動祟何神鬼章》原文改。

㊄「知」，原本作「加」，疑誤，據《卜筮元龜・疾病門・占鬼不動祟何神鬼章》原文改。

㊅「是此女犯也」，原本作「是此人犯」，疑誤，據《卜筮元龜・疾病門・占鬼不動祟何神鬼章》原文改。

㊆「因」，原本作「囚」，疑誤，據其文意改。

㊇「決」，原本作「火」，疑誤，據《卜筮元龜・疾病門・占鬼不動祟何神鬼章》原文改。

㊈「或」，原本脫漏，據《卜筮元龜・疾病門・占鬼不動祟何神鬼章》原文補入。

占祈禱云

祈禱鬼爻化為子，子爻持身㈠福無已。

鬼化為福德大吉。亦云《乾》、《姤》二卦：

是鬼雖不變本宮福德神，大吉之象。

鬼成父母祠大神，變作餘爻並小耳。

《新鍥斷易天機》引例：095		
來源：《卜筮元龜》教例：140		
乾宮：乾為天（六沖）		
本	**卦**	
父母壬戌土	▅▅▅▅▅	世
兄弟壬申金	▅▅▅▅▅	
官鬼壬午火	▅▅▅▅▅	
父母甲辰土	▅▅▅▅▅	應
妻財甲寅木	▅▅▅▅▅	
子孫甲子水	▅▅▅▅▅	

《新鍥斷易天機》引例：096		
來源：《卜筮元龜》教例：141		
乾宮：天風姤		
本	**卦**	
父母壬戌土	▅▅▅▅▅	
兄弟壬申金	▅▅▅▅▅	
官鬼壬午火	▅▅▅▅▅	應
兄弟辛酉金	▅▅▅▅▅	
子孫辛亥水	▅▅▅▅▅	
父母辛丑土	▅▅　▅▅	世

假令《需》卦二爻：

金㈡以火為神①，火本宮父母也。大神，名山大川為大神。

卦不相生福無會，不見鬼爻神不在。

上下相剋，神祈㈢無福。卦無鬼爻，神當出遊，鬼遇空亦然。世應相剋者半福也。

鬼爻旺相扶身世，二象相生歆享②位。

上下相生，祀神有福。又以應為鬼神，應落空亡，亦無福。有鬼及象，與世應相生吉。《咸》、《恒》之卦是也。

卦一鬼爻為一神，二爻二鬼再相陳。

卦有二鬼祀二㈣神，或一神兩度祀。鬼在巽象，神在東南。艮在東北是也。

日月上來逕入卦，當向㈤外來遊野神。

卦中無鬼，雖㈥日月上帶鬼，名遊野之神，無福祐。

《新鍥斷易天機》引例：097			
來源：《卜筮元龜》教例：142			
	坤宮：水天需（遊魂）		
伏神	本　　卦		
	妻財戊子水	▅▅　▅▅	
	兄弟戊戌土	▅▅▅▅▅	
	子孫戊申金	▅▅　▅▅	世
	兄弟甲辰土	▅▅▅▅▅	
父母乙巳火	官鬼甲寅木	▅▅▅▅▅	
	妻財甲子水	▅▅▅▅▅	應

注釋

①金以火為神：世爻戌申金，被本宮父母乙巳火克，按「克我者為官鬼」的體例，進行六親轉換，父母乙巳火就成為世爻戌申金之官鬼了。鬼神為一體兩面，此處稱為神。

②歆享（xīn xiǎng）：神靈享受供物。舊指鬼神享受祭品、香火。

校勘記

㊀「身」，原本作「世」，疑誤，據《卜筮元龜·疾病門·占祈禱章》原文改。

㊁「金」，原本作「今」，疑誤，據《卜筮元龜·疾病門·占祈禱章》原文改。

㊂「祈」，原本作「祇」，疑誤，據《卜筮元龜·疾病門·占祈禱章》原文改。

㊃「二」，原本脫漏，據《卜筮元龜·疾病門·占祈禱章》原文補入。

㊄「向」，原本作「享」，疑誤，據《卜筮元龜·疾病門·占祈禱章》原文改。

㊅「雖」，原本作「惟」，疑誤，據《卜筮元龜·疾病門·占祈禱章》原文改。

洞林秘訣云

太歲為鬼是旺神，爻是真君以上聖，上爻廟貌社中尊，五爻路撞㊀山鬼竟。

太歲為鬼是天神，或是真君。五爻是山神，皆因路頭冒犯。依前所出方位，震東、離南、坤西、坎北四方為例。

四爻以下尋常鬼，殺陰並臨是精魅，伏神中來亦是精，可用師巫驅掃治。

三四門戶爻傷亡，二爻為鬼是土地，鬼在初爻祀灶神，皆可送謝求福利。

金主刀傷水溺死，火是遭燒木自縊，火又是家先

土鬼動時有土殺，師巫退之方遂意。

四爻以下，是尋常鬼。五行為鬼，皆可送紙禳災，惟有土爻鬼動，須用師巫謝土殺為上。

青龍家先臨鬼輕，旬中朱雀將軍定，勾陳塚墓有崩摧，騰蛇邦國因冒佞。

白虎祀佛所事神，玄武家先陰人正，

白虎入土凶，兼青龍動即死。白虎在流年三殺上，見重災。此以六神出鬼，如玄武臨鬼，以家先陰人斷之為例。

乾父坤母震長男，坎為中男離是女。

兌為少女艮少男，巽為長女依次㊁取，臨機應變熟加減，鬼神情狀皆如睹。

占父病，得純乾安靜最吉，母得坤靜為例。又看入卦鬼在何卦，依次斷之。

又云：占病亦不可伏剋飛爻，及伏為鬼，主病留連不安，起復倒也。

又云：鬼旺福衰日病進，福旺鬼衰日病退。或鬼福二爻俱旺，主病進退。

校勘記

㈠「撞」，原本作「橦」，疑誤，據其文意改。
㈡「次」，原本作「坎」，疑誤，據其文意改。

火珠林云

有祟交重見鬼爻，其爻入水是河神，土中獨被瘟黃鬼，金內偏連殺傷人。木從自縊來為祟，炎陽五道起災迍，六爻安靜休祠祀，三象無官莫藥蘋。鬼在坎中求母次，鬼居乾內禮爹親，震為男子離為女，依次推之即得真。

虎易按：查虛白盧藏清刻《百二漢鏡齋秘書四種》中《火珠林》（輯入心一堂古籍珍本叢刊），原本無此段內容，讀者可參閱原著。

六爻各有定體表		
上爻	公婆	祖先
五爻	父母	口願
四爻	叔伯	土神
三爻	弟兄	門戶
二爻	夫妻	土地
初爻	小口	司命

海底眼云

伏下交重主禍隨，遊魂絕命夢中知，金木二爻為橫惡，火癆帶血土瘟時。
坎象臨官求落水，乾坎㊀艮震是男兒，要知內外何人作，廟動家親更莫疑。
旺相為神，休囚為鬼。動爻剋世剋日，亦可取祟㊁。
易鏡云「察㊂禍推其鬼處，還將身配㊃六親，相剋相生，便見禍之端的」。
父動剋日求祖先，或因修造不安然，財興剋印陰私惱，或因買物禍來纏㊄。
子孫剋日兒女作，或是妖邪畜類傳，兄動剋日沖無主，路死傷亡作禍先。
官來剋日招邪祟，或是神明口願牽，更將日干分老幼，仔細推詳勿亂言。

虎易按：原本無「六爻各有定體」表，據《海底眼•占祟》，補入此表。

校勘記

㊀「坎」，原本作「坤」，疑誤，據《海底眼•占祟》原文改。
㊁「祟」，原本作「鬼」，疑誤，據《海底眼•占祟》原文改。
㊂「察」，原本作「密」，疑誤，據《海底眼•占祟》原文改。
㊃「配」，原本脫漏，據《海底眼•占祟》原文補入。
㊄「或因買物禍來纏」，原本作「或因買物事勾連」，疑誤，據《海底眼•占祟》原文改。

•占怪異第三十五

鬼谷辨爻法	
馬怪	六爻
牛怪	五爻
羊怪	四爻
豬怪	三爻
犬怪	二爻
雞怪	初爻

邵康節占怪歌

怪爻季是兩頭居，

若季月占怪，則是初爻六爻，雞馬為妖也。

仲月還須二五如，

若仲月占怪，則是二爻五爻，犬牛為怪也。

孟月二宜穿兩腹，

若孟月占怪，則是三爻四爻，豬羊為怪也。

動為妖怪靜無諸。

看何爻動，其動者即為怪也，靜則無慮。

事。

殺神上卦災應中，

鬼谷論光影殺例云：「戌未辰丑四位，行輪一周，其法正月起戌順行」。遇動，主有怪

官鬼臨身禍不虛，

若值官鬼臨身，其怪必定為禍。

外卦若還無氣吉，

外卦若無氣，主大吉。

更逢震巽怪消除。

若還得震巽二卦，其怪自除，不用憂慮也。

虎易按：此歌訣與《卜筮全書•天玄賦•家宅章》內容有異，《卜筮全書•天玄賦•家宅章》曰：「怪爻季是兩頭居，仲月逢之二五隨，三四怪爻當孟月，動成駭怪靜無之。殺神在世災應實，鬼殺傷身禍不虛，更被官爻持世上，怕逢衰病患難除」。供讀者參考。

卜筮元龜云

占怪夢云㈠

欲得貞悔兩相親，鬼爻為怪不佼①㈡身，龍蛇取其辰巳占，野獸當言寅卯推。親為相生也，如無相生，內剋外亦吉，世剋應亦然。

假令㈢《坎》：用戊辰土為怪，當言龍，亦云蛇。九五戊戌土為怪，當言狗，亦云貓。如戊辰爻中見水，或云鼠㈣。

假令《兌》：

《新鍥斷易天機》引例：098
來源：《卜筮元龜》教例：**098**
占事：占怪夢？
坎宮：坎為水（六沖）
本　　卦
兄弟戊子水 ▅▅ ▅▅ 世
官鬼戊戌土 ▅▅▅▅▅
父母戊申金 ▅▅ ▅▅
妻財戊午火 ▅▅ ▅▅ 應
官鬼戊辰土 ▅▅▅▅▅
子孫戊寅木 ▅▅ ▅▅

《新鍥斷易天機》引例：099
來源：《卜筮元龜》教例：**099**
占事：占怪夢？
兌宮：兌為澤（六沖）
本　　卦
父母丁未土 ▅▅ ▅▅ 世
兄弟丁酉金 ▅▅▅▅▅
子孫丁亥水 ▅▅▅▅▅
父母丁丑土 ▅▅ ▅▅ 應
妻財丁卯木 ▅▅▅▅▅
官鬼丁巳火 ▅▅▅▅▅

丁巳火為蛇怪，亦云鳥。

《艮》鬼寅，寅為虎。《坤》鬼卯，卯為兔：

《艮》㊄卦象屬山，山為野處㊅。

夫易者，萬象咸備。如《巽》云雉鳥，亦類為繩直、如蛇，何以辨之。《巽》在上，上跡空虛則飛鳥。《巽》在下，近地為蛇也。仿此。

若太歲與鬼並，天地為怪。太歲在爻下鬼並，魍魎②為怪。若是遊魂歸魂中怪，卦中有一身一人，兩身兩人見。如日月剋身，別人也㊆。

鬼與殺並被傷損㊇，空亡消破妖除盡。

鬼與殺並，或被殺剋，或帶殺入墓，或被日月衝破及空亡，其怪無也㊈。

鬼動怪從何處見，若是東南必居巽㊉。

鬼在巽，東南來。在坎，北方人，而鬼兩色⑪。在二中庭，在三為門，四為戶向外。在初為堂內，在父母象衣服中也。

《新鍥斷易天機》引例：101		
來源：《卜筮元龜》教例：**101**		
占事：占怪夢？		
坤宮：坤為地（六沖）		
本	**卦**	
子孫癸酉金	▅▅　▅▅	世
妻財癸亥水	▅▅　▅▅	
兄弟癸丑土	▅▅　▅▅	
官鬼乙卯木	▅▅　▅▅	應
父母乙巳火	▅▅　▅▅	
兄弟乙未土	▅▅　▅▅	

《新鍥斷易天機》引例：100		
來源：《卜筮元龜》教例：**100**		
占事：占怪夢？		
艮宮：艮為山（六沖）		
本	**卦**	
官鬼丙寅木	▅▅▅▅▅	世
妻財丙子水	▅▅　▅▅	
兄弟丙戌土	▅▅　▅▅	
子孫丙申金	▅▅▅▅▅	應
父母丙午火	▅▅　▅▅	
兄弟丙辰土	▅▅　▅▅	

怪夢本從何處出，但曉財爻是其實。
《鼎》之《恒》卦之類是也[12]：

《新鍥斷易天機》引例：102					
來源：《卜筮元龜》教例：102					
占事：占怪夢？					
離宮：火風鼎			震宮：雷風恒		
本　　卦			**變　　卦**		
兄弟己巳火	━━━		○→ 子孫庚戌土	━ ━	應
子孫己未土	━ ━	應	妻財庚申金	━ ━	
妻財己酉金	━━━		兄弟庚午火	━━━	
妻財辛酉金	━━━		妻財辛酉金	━━━	世
官鬼辛亥水	━━━	世	官鬼辛亥水	━━━	
子孫辛丑土	━ ━		子孫辛丑土	━ ━	

財爻是土土生金，金鬼居之土中出。

假令《恒》之《解》卦：

以辛丑財⑬，變坎，寅剋為鬼，財爻從空而降。

又法：鬼爻是父母，堂內怪。鬼爻是妻財，廚內怪⑭。

虎易按：「財爻從空而降」，此句不知何意。「鬼爻是父母，堂內怪。鬼爻是妻財，廚內怪」，按「《恒》之《解》卦」例，大約是指變卦的爻，剋主卦的爻即為鬼，如此例變爻兄弟，剋主卦妻財，則鬼爻是兄弟。以上兩段文字，意思是不很清楚的，提請讀者注意分辨。

注釋

①佼（jiǎo）：撓、擾。

②魍魎（wǎngliǎng）：亦作罔兩。山川中的木石精怪。

《新鍥斷易天機》引例：103						
來源：《卜筮元龜》教例：103						
占事：占怪夢？						
震宮：雷風恒				震宮：雷水解		
本　　卦				**變　　卦**		
妻財庚戌土	▅▅　▅▅	應		妻財庚戌土	▅▅　▅▅	
官鬼庚申金	▅▅　▅▅			官鬼庚申金	▅▅　▅▅	應
子孫庚午火	▅▅▅▅▅			子孫庚午火	▅▅▅▅▅	
官鬼辛酉金	▅▅▅▅▅	世	○→	子孫戊午火	▅▅　▅▅	
父母辛亥水	▅▅▅▅▅			妻財戊辰土	▅▅▅▅▅	世
妻財辛丑土	▅▅　▅▅			兄弟戊寅木	▅▅　▅▅	

校勘記

㊀「占怪夢云」，原本脫漏，據《卜筮元龜·怪異門·占怪夢章》及本書標題體例補入。

㊁「佼」，原本作「傷」，疑誤，據《卜筮元龜·怪異門·占怪夢章》原文改。

㊂「令」，原本作「如」，疑誤，據《卜筮元龜·怪異門·占怪夢章》原文改。

㊃「如戊辰爻中見水，或云鼠」，原本在「丁巳火為蛇怪，亦云鳥」後，按內容歸類，編排在此處。

㊄「艮」，原本作「兑」，疑誤，據其卦理及文意改。

㊅「處」，原本作「獸」，疑誤，據《卜筮元龜·怪異門·占怪夢章》原文改。

㊆「如《巽》云雉鳥，亦類為繩直、如蛇，何以辨之。《巽》在上，上跡空虛則飛鳥。《巽》在下，近地為蛇也。仿此。若太歲與鬼並，天地為怪。太歲在爻下鬼並，魑魅為怪。若是遊魂歸魂中怪，卦中有一身一人，兩身兩人見。如日月剋身，別人也」，原本作「如巽云雞鳥，亦類為繩直，如此，何以辨之。巽在上卦跡空虛，巽在下近地為蛇也。又若太歲與鬼並，天地為怪。太歲在爻下鬼並，魑魅為怪。若是遊魂歸魂中卦，卦中有一身一人，兩身兩人見。如日月見身，乃別人也」，疑誤，據《卜筮元龜·怪異門·占怪夢章》原文改。

㊇「鬼與殺並被傷損」，原本作「鬼與殺並損傷臨」，疑誤，據《卜筮元龜·怪異門·占怪夢章》原文改。

㊈「或帶殺入墓，或被日月衝破及空亡，其怪無也」，原本作「或帶入墓，或被日月衝破及空亡，其怪自退避也」，疑誤，據《卜筮元龜•怪異門•占怪夢章》原文改。

㊉「若是東南必居巽」，原本作「若居東南必屬巽」，疑誤，據《卜筮元龜•怪異門•占怪夢章》原文改。

㊀「鬼在巽，東南來。在坎，北方人，而鬼兩色」，原本作「鬼在巽，東南木。在坎，坎水鬼，兩色」，疑誤，據《卜筮元龜•怪異門•占怪夢章》原文改。

㊁「《鼎》之《恒》卦之類是也」，原本作「《鼎》、《恒》卦是也」，疑誤，據《卜筮元龜•怪異門•占怪夢章》原文改。

㊂「假令《恒》之《解》卦，以辛丑財」，原本作「且如《恒》卦，以辛丑土財」，疑誤，據《卜筮元龜•怪異門•占怪夢章》原文改。

㊃「鬼爻是父母，堂內怪。鬼爻是妻財，廚內怪」，原本作「鬼爻見父母，堂內怪。見妻財，廚內怪」，疑誤，據《卜筮元龜•怪異門•占怪夢章》原文改。

占怪有何吉凶云

喪門扶鬼來剋世，必主凶殃難以制。

假令十月、二月、六月，卜得《大過》卦：丁未土為喪門，未破丑為弔客，俱剋世爻水。又外剋內，合有疾也㊀。

凡太歲下神一年事，月下神一月事。世丁亥㊁。

朱雀扶官準㊂此言，官事殺刑憂大計。

朱雀火神，若扶鬼剋世，遭火或口舌。

內外相生世應比，皆為吉慶定無疑。剋悔終云無禍祟，傷貞應㊃是有凶期。

外剋內有凶，內剋外無凶，內外相生喜。若卦退度，或鬼旺卦後，終無矣。若進度卦，鬼在卦前，終有之矣㊄。

若知喜㊅慶是何神，子爻剋鬼來扶身。

子爻扶父母，父母㊆有喜。子爻扶妻財，妻有喜。皆以月卦取子爻，日月上有亦吉。

子與青龍並吉慶，白虎憂是遠行人。

《新鍥斷易天機》引例：104		
來源：《卜筮元龜》教例：104		
時間：假令十月、二月、六月		
占事：占怪吉凶？		
震宮：澤風大過（遊魂）		
本　　卦		
妻財丁未土	▅▅　▅▅	
官鬼丁酉金	▅▅▅▅▅	
父母丁亥水	▅▅▅▅▅	世
官鬼辛酉金	▅▅▅▅▅	
父母辛亥水	▅▅▅▅▅	
妻財辛丑土	▅▅　▅▅	應

青龍有子㈧來扶世，有官職酒食之事。白虎與子並持世者，行人至，或得消息。餘仿此。

校勘記

㈠「假令十月、二月、六月，卜得《大過》卦：丁未土為喪門，未破丑為弔客，俱剋世爻水。又外剋內，合有疾也」，原本作「假令十月、二月、六月，為喪門，未辰且為弔客，俱剋世爻」，疑誤，據《卜筮元龜·怪異門·占怪有何吉凶章》原文改。

㈡「世丁亥」，原本脫漏，據《卜筮元龜·怪異門·占怪有何吉凶章》原文補入。

㈢「準」，原本作「推」，疑誤，據《卜筮元龜·怪異門·占怪有何吉凶章》原文改。

㈣「應」，原本作「定」，疑誤，據《卜筮元龜·怪異門·占怪有何吉凶章》原文改。

㈤「鬼在卦前，終有之矣」，原本作「鬼在怪前，終有之」，疑誤，據《卜筮元龜·怪異門·占怪有何吉凶章》原文改。

㈥「喜」，原本作「吉」，疑誤，據《卜筮元龜·怪異門·占怪有何吉凶章》原文改。

㈦「母」，原本脫漏，據《卜筮元龜·怪異門·占怪有何吉凶章》原文補入。

㈧「子」，原本作「氣」，疑誤，據《卜筮元龜·怪異門·占怪有何吉凶章》原文改。

洞林秘訣云

邵康節占怪歌，不復重出。

且《洞林》趙某占《節》之《坎》云：

坎宮火世家不精，居人子位財爻並，此非庶兒即家生，身年十二桃根名。猴孫赤蛇共相攖①，若其不戒懼水溺。

若坎為水，丁巳火為財，在初爻水旺，變為戊寅木，木為子孫，木在水上，怪異為名。七月陰殺在寅，寅刑巳，巳刑申，申刑寅。七月怪爻在戊申，為猴孫。初爻丁巳火，月鬼合，寅為三，寅刑帶殺陰，戊寅木子孫，在水底下。

後問之，果然。趙某有子庶生，名桃根，年十二歲，七月七日與群兒戲，見大蛇繞猴孫，眾兒驚走，惟桃根遂駭，墮井中而死。水變三刑帶殺之驗，如此。

又丞相亦占坎卦，二五土鬼，數五也。

《新鍥斷易天機》引例：105

來源：《洞林秘訣》占例：003

時間：申月

坎宮：水澤節（六合）				坎宮：坎為水（六沖）		
本　　卦				**變　　卦**		
兄弟戊子水	▅▅　▅▅			兄弟戊子水	▅▅　▅▅	世
官鬼戊戌土	▅▅▅▅▅			官鬼戊戌土	▅▅▅▅▅	
父母戊申金	▅▅　▅▅	應		父母戊申金	▅▅　▅▅	
官鬼丁丑土	▅▅　▅▅			妻財戊午火	▅▅　▅▅	應
子孫丁卯木	▅▅▅▅▅			官鬼戊辰土	▅▅▅▅▅	
妻財丁巳火	▅▅▅▅▅	世	○→	子孫戊寅木	▅▅　▅▅	

《洞林》有王丞相占得《坎》卦云：

仲月二五，怪爻土鬼，土數五。陰卦有五種怪異：一鼠作雞聲，二血污衣，三鼠截人發，四有物如象形，五狗上床入被中。將後七八日，臥床前而死。果驗。

《新鍥斷易天機》引例：106		
來源：《洞林秘訣》占例：004		
時間：仲月		
坎宮：坎為水（六沖）		
本　卦		
兄弟戊子水	▅▅　▅▅	世
官鬼戊戌土	▅▅▅▅▅	
父母戊申金	▅▅　▅▅	
妻財戊午火	▅▅　▅▅	應
官鬼戊辰土	▅▅▅▅▅	
子孫戊寅木	▅▅　▅▅	

從茲以後考卦爻，無有一次不驗者。

凡看怪爻動變三刑，或鬼爻持世，至期總有怪異，無有一次不驗者。

忽然旺相刑沖鬼，雖則不動亦怪矣。

怪爻旺相，值鬼刑沖，雖安靜亦主怪異。子為鼠，丑為牛，巳為蛇之類。古人皆用蛇爻，今人占，亦宜用。

虎易按：「古人皆用蛇爻」，大約指用神臨騰蛇之爻。

注釋

①攖（yīng）：擾亂，干擾。纏繞。

‧占呪咀第三十六

鬼谷辨爻法	
六爻	天神
五爻	獄府
四爻	城隍
三爻	社司
二爻	將軍
初爻	灶神

管輅論呪咀輕重歌

應為敵手世為身，
占呪咀，當以應為敵手，世為自身。

世應相刑定不貞，
若世應爻相刑，主不吉。

值鬼休囚徒呪咀，
若鬼休囚，任呪咀，決無慮。

若居殺位主憂驚。
殺，即負結殺。鬼谷例云：「亥亥丑丑卯卯巳巳未未酉酉，自正月起亥，每一月行一位也」。

外如剋內遭人呪，
外卦若剋內，主被人呪咀。
內剋外兮自呪人，
內卦剋外卦，必自己呪咀他人。
內外皆凶俱主死，
若內外卦值凶神刑剋，主彼此喪亡。
吉凶相半一邊傾。
所謂一邊傾者，當分內外斷之。

•占祈禳第三十七

洞林秘訣云

禱神祈福要官爻，更宜生旺合相交，若無鬼爻神不在，虛勞拜懇口叨叨。

發跡父母祀上聖，如變列位小神遭，

占祈禱，要有官鬼爻，無官鬼爻則神遊不在，求禱不應。官鬼爻變父母爻者，宜求上聖天神，真君王公尊神。官鬼爻如變兄弟子孫妻財者，即宜求小堂殿之神靈，極有福利也。

及忌身爻剋官鬼，陰間嗔責不從依。

若得子孫同喜助，禳災求福應無違，求晴見火爻修吉，祈雨見水必淋漓。

世剋鬼爻，有求不應。世爻不剋官爻，而得子孫天喜相助者，有求皆應。祈晴用火爻得地，及朱雀爻有氣即晴。祈雨用水爻得地，及玄武爻有氣即雨。

卜筮元龜云

詳見鬼神門

•占學問第三十八

洞林秘訣云

坤離二卦為文章，進德修業乾自強，其餘好戲不好學，或然愚魯腹虛荒。《坤》、《離》為文章，《乾》為自強不息，能進德修業。其餘卦，不主學問。

求師爻將父母詳，坤離乾出最為良，餘卦亦是尋常輩，若無父母枉匆忙。

時間朱雀亦文章，亦宜得地旺為強。

父母為師長，無父母爻即無師。若父母在《乾》、《坤》、《離》三卦內出者，主近名師。其餘卦出者，則是尋常等師。時下朱雀，亦是文學，可論之，須因得地為吉兆。

父母化鬼即登第，吉神並助亦同詳，靜利專經為舉業，變福利主雜文章。

福，即子孫也。父母化鬼，不久登科第，或得青龍、龍德、天喜、驛馬扶官爻、父母爻，亦同詳矣。凡六爻靜者，更看《乾》、《坤》、《離》卦有父母爻臨，即主專經及第。有動變雜爻者，即利詩賦諸雜文章為業。

•占醫藥第三十九

鬼谷辨爻法	
六爻	醫師
五爻	辛藥
四爻	苦藥
三爻	甘藥
二爻	酸藥
初爻	針藥

孫真人論醫歌

夫病欲醫須卦靜，
已病，卦若安靜，方宜下藥。
爻須旺相子扶身，
若子孫持世動，在初爻，宜用針藥。他仿此。
應爻及外為醫者，
應爻及外卦，乃為醫者。
內卦身爻是病人。
世爻及內卦為病人。

醫來㊀剋病人方愈，

外卦若剋內，主用藥有效，其病立愈。

病若剋醫藥不靈，

內卦剋外卦，主藥無效驗。

鬼爻持世人難保，

鬼爻若持世，主人命難保。

吉曜加臨大利貞㊁。

吉殺，乃天醫殺也。鬼谷例云：正月起丑，順行十二位是。占病遇此殺動，醫者必得萬全。

校勘記

㊀「來」，原本作「能」疑誤，據《卜筮全書·闡奧歌章·醫藥章》原文改。

㊁「吉曜加臨大利貞」，原本作「吉殺加臨獲萬全」，疑誤，據《卜筮元龜·怪異門·占怪有何吉凶章》原文改。

卜筮元龜云

占醫藥云㊀

欲占醫人善惡詳，無過貞悔可斟量。

貞悔者㊁，內外也。內為病人，外為藥。卦得旺相相生，醫病斷根本㊂。如內外相生，世應相剋，則病根不斷。病由兩處㊃，《節》卦是也：

虎易按：「如內外相生，世應相剋」，《節》卦內兌金生外坎水，但世爻巳火剋應爻申金。「病由兩處」，指三爻官鬼丁丑土，五爻官鬼戊戌土。

子爻在土宜丸散，若是水爻宜服湯。子爻是木青丸藥，金火兩爻宜灸灼。

諸卦以木爻為藥，亦為醫人。父母臨水及變兄弟者，眾味和合成藥。無氣為生藥，旺相為熟藥。子爻為金，宜針㊄。是火，宜灸。假令鬼為病處，鬼㊅及金，金㊆為骨，故宜灸。他皆倣此。

子爻旺相好醫人，無氣殺沖還惡矣。

《新鍥斷易天機》引例：107		
來源：《卜筮元龜》教例：143		
坎宮：水澤節（六合）		
本　　卦		
兄弟戊子水	▅▅　▅▅	
官鬼戊戌土	▅▅▅▅▅	
父母戊申金	▅▅　▅▅	應
官鬼丁丑土	▅▅　▅▅	
子孫丁卯木	▅▅▅▅▅	
妻財丁巳火	▅▅▅▅▅	世

假令正月、二月，卜得純《坎》之《節》：

正月陰[八]殺在寅，《坎》卦初六戊寅木殺並，二月初九丁巳火為殺陰並[九]。或戊申金動破[十]，初六爻旺相，藥力強。無氣力弱，帶殺損人。

卦無子爻何以遂，旺相相生藥無祟，內外不和服藥凶，更遇殺沖須早忌[十一]。

若內外相剋，藥帶殺，其藥大凶。相生亦瘥，相剋難瘥。子爻是水，宜北方醫。它仿此[十二]。

校勘記

[一]「占醫藥云」，原本脫漏，據《卜筮元龜・疾病門・占醫藥章》及本書標題體例補入。

[二]「者」，原本作「即」，疑誤，據《卜筮元龜・疾病門・占醫藥章》原文改。

[三]「本」，原本脫漏，據《卜筮元龜・疾病門・占醫藥章》原文補入。

《新鍥斷易天機》引例：108

來源：《卜筮元龜》教例：**144**

時間：正月、二月

坎宮：坎為水（六沖）			坎宮：水澤節（六合）		
本　卦			**變　卦**		
兄弟戊子水	▅▅ ▅▅	世	兄弟戊子水	▅▅ ▅▅	
官鬼戊戌土	▅▅▅▅▅		官鬼戊戌土	▅▅▅▅▅	
父母戊申金	▅▅ ▅▅		父母戊申金	▅▅ ▅▅	應
妻財戊午火	▅▅ ▅▅	應	官鬼丁丑土	▅▅ ▅▅	
官鬼戊辰土	▅▅▅▅▅		子孫丁卯木	▅▅▅▅▅	
子孫戊寅木	▅▅ ▅▅	╳→	妻財丁巳火	▅▅▅▅▅	世

㊃「病由兩處」，原本作「病由爻動」，疑誤，據《卜筮元龜・疾病門・占醫藥章》原文改。

㊄「針」，原本作「卦」，疑誤，據《卜筮元龜・疾病門・占醫藥章》原文改。

㊅「鬼」，原本脫漏，據《卜筮元龜・疾病門・占醫藥章》原文補入。

㊆「金」，原本作「上」疑誤，據《卜筮元龜・疾病門・占醫藥章》原文改。

㊇「陰」，原本脫漏，據《吉神歌訣例・陰殺》體例補入。

㊈「二月初九丁巳火為殺陰並」，原本作「初九丁巳火為殺並」，疑誤，據「殺陰」體例及文意改。

㊉「或戊申金動破」，原本作「又且如戊申金動破」，疑誤，據《卜筮元龜・疾病門・占醫藥章》原文改。

⑪「忌」，原本作「懼」，疑誤，據《卜筮元龜・疾病門・占醫藥章》原文改。

⑫「相生亦瘥，相剋難瘥。子爻是水，宜北方醫。它仿此」，原本作「相生亦效，若值相剋，雖瘥亦忌。如子爻是水，宜北方醫人也」，疑誤，據《卜筮元龜・疾病門・占醫藥章》原文改。

洞林秘訣云

卦中子孫爻為藥，天醫相助如扁鵲，卦爻若旺伏無鬼，疾得除根治安樂。

若見醫應爻是病，求醫病用世爻作，病不剋藥總堪醫，藥色五行自斟酌。

無子孫爻為無藥，主醫無效。隨年月日時四直有者，亦可醫矣。得伏神無鬼，不持世，又有藥爻，病皆去根。藥爻旺相應速，休廢應遲。藥色以木青、火紅、水黑、土黃之類，臨時自去取之。

鬼爻持世不肯食，或不過喉便吐卻，縱然吃了病尤加，先宜祀神後服藥。

病伏為鬼不除根，時暫收功得大略，

鬼爻臨病，先用祀神，然後服藥方效。如病爻下伏鬼爻，病不斷根，大略暫時得痊，後去吃毒物再發也。

更加生剋殺神推，病撰所宜盡醫者。

但得有子孫爻，病不入墓，隨五行相生相剋，推卦其所宜，皆可醫也。

又云：天醫爻，物色內治藥者妙。

•占出家第四十

洞林秘訣云

金木旺相值時升，定有推慈真惡毒，震巽寅卯道家仙，乾兌酉申釋門局。休囚且是作福人，旺相時升離塵俗，餘宮不必說修行，縱作道裴心委曲。或然爻位得公王，未免塵凡相繫束，占作逍遙物外人，定用孚忠升義篤。

升者，須用升陽時得少陽爻，升陰時得少陰爻為升則吉。

道教宜陽爻得地，《復》、《臨》、《大壯》、《謙》之類，周易中，言君子得位之卦，皆是也，為例。及得木宮木世之類，深宜學道。

修行利金宮金卦金世之例為上吉，及得世應爻皆得少陰爻，世應爻或得少陽，即主能棄凡情，不被世華留誘。如世應陰陽相應，及值休囚，又心情邪曲，皆乾道未免心頭諂曲。

如欲修道教，又值陰爻得地，小人道長之卦，亦不必言學道。

最利久長，勞而不為怨，即大成也。

•占修煉第四十一

洞林秘訣云

吉人之辭寡者稀，燥人之辭妄多矣，誣善之人其辭遊，駕虛為實偽邪流。成性存存道義門，純陽上升朝三尊，

如《謙》卦，內艮為篤實，為守靜，外坤為眾為順。此卦內能守靜，外能順眾，謙謙剋己，可謂吉人之辭寡也。餘皆倣此推之。

又如《隨》卦，外兌，內震為動，口無擇言，無所擇忌，隨邪多口，致招是非不一。隨人之善尤恐有事，隨人之惡後必有疾。此謂燥人之辭多也。

又如《解》卦，外震為動，內坎為險，而動六三爻是陰，陰為小人負擔之謂也。三爻本陽位，陽為君子，轎乘之謂也。六三負擔之小人，出用轎乘，此乃詭裝之極也。此謂誣善之人，無道偽裝者哉。

震巽寅卯陰陽正，順得真陽是真人。

假如四月卜得巽，靜當上詔作天仙，

京房脫生云：「升陽在卯木為仙人」。以真人要升陽者，欲得陽氣上升，登于純陽也。

若還得升陽，同木卦卻無氣，亦是初也神仙之人。或得旺相，遇木而逢是水者，但可作仙鬼之類也。

如四月得《巽》：

屬木，世爻為神仙，又值升陽，而更得陽爻。巽為風，本是飛㈠升之卦，而陽氣升之至極，純陽當為天仙者矣。

如逢他卦雖如此，陰陽纔①失便低言。

如值少陰爻為世者，便要低言，地仙水仙之類。

乾坤申酉靜中靜，如來寂滅釋門傳，纔有陰陽相應合，斯人心便不精專。

如得《乾》、《坤》申酉爻為世，世屬少陰爻，少陰爻為應。俱不帶世應爻，陰陽相應，而卦旺相者，當傳釋教，寂滅佛事。

縱逢公正誠心重，小器庸夫作福緣，

纔有世爻一陰一陽相應，便主心地不寧，永為俗物，縱逢爻位公正，未免小根小器，饒皆求他生福果之人，定不為佛。

《新鍥斷易天機》引例：109		
來源：《洞林秘訣》教例：011		
時間：四月		
巽宮：巽為風（六沖）		
本　　卦		
兄弟辛卯木	▅▅▅▅▅	世
子孫辛巳火	▅▅▅▅▅	
妻財辛未土	▅▅　▅▅	
官鬼辛酉金	▅▅▅▅▅	應
父母辛亥水	▅▅▅▅▅	
妻財辛丑土	▅▅　▅▅	

所以《豫》卦：

《新鍥斷易天機》引例：110		
來源：《洞林秘訣》教例：012		
震宮：雷地豫（六合）		
本　　卦		
妻財庚戌土	▅▅　▅▅	
官鬼庚申金	▅▅　▅▅	
子孫庚午火	▅▅▅▅▅	應
兄弟乙卯木	▅▅　▅▅	
子孫乙巳火	▅▅　▅▅	
妻財乙未土	▅▅　▅▅	世

令陰爻得六五，亦少陰爻，俱不犯陰陽相應。緣《豫》悅為樂，而能守靜，介於在焉，其為知幾乎。

幾者動之微，吉之先見者也，物來能明，事至能析，知微知幾，冥冥之中，有不動而敬者焉。

除此兩真皆是假，狐精妖怪自瞞人。

除前兩真是釋教、道教中真道人，其餘皆假道也。

空亡無氣多裝計，可授前賢驗正篇。

《洞林》有慶元規家，有新事師趙道瑞，良情信事之者，皆崇皈焉。先歲數日，忽不食，生蘭，蘭有陵化之狀，至正月沐浴修飾，忽然而去，不知所之。元規合呂亂，占其人真假，卜筮之得《需》之《復》云云：

《新鍥斷易天機》引例：111						
來源：《洞林秘訣》占例：005						
占事：占其人真假？						
坤宮：水天需（遊魂）				坤宮：地雷復（六合）		
本　　卦				**變　　卦**		
妻財戊子水	▅▅　▅▅			子孫癸酉金	▅▅　▅▅	
兄弟戊戌土	▅▅▅▅▅		○→	妻財癸亥水	▅▅　▅▅	
子孫戊申金	▅▅　▅▅	世		兄弟癸丑土	▅▅　▅▅	應
兄弟甲辰土	▅▅▅▅▅		○→	兄弟庚辰土	▅▅　▅▅	
官鬼甲寅木	▅▅▅▅▅		○→	官鬼庚寅木	▅▅　▅▅	
妻財甲子水	▅▅▅▅▅	應		妻財庚子水	▅▅▅▅▅	世

注釋

①纔（cái）：方，始。

校勘記

㊀「飛」，原本作「戒」，疑誤，據其文意改。

新鍥纂集諸家全書大成斷易天機六卷終

校注參考文獻資料

《易經》
《易隱》
《尚書》
《論語》
《孟子》
《莊子》
《史記》
《漢書》
《晉書》
《南史》
《宋史》
《明史》
《論衡》
《說苑》

《爾雅》
《釋名》
《火珠林》
《後漢書》
《三國誌》
《舊唐書》
《新唐書》
《戰國策》
《淮南子》
《搜神記》
《納音說》
《列女傳》
《西遊記》
《京氏易傳》
《卜筮元龜》
《周易尚占》

《卜筮全書》
《易林補遺》
《增刪卜易》
《梅花易數》
《周易本義》
《易學啟蒙》
《五行大義》
《淵海子平》
《北堂書鈔》
《世說新語》
《黃帝內經》
《脈因證治》
《夢溪筆談》
《太平廣記》
《續玄怪錄》
《二十四孝》

《幼學瓊林》
《說文解字》
《周易王韓注》
《御定星曆考原》
《皇極策數祖數》
《大易斷例卜筮元龜》
《增注周易神應六親百章海底眼》
《鼎鍥卜筮啟蒙便讀通玄斷易大全》
《鼎鍥卜筮鬼谷源流斷易天機大全》

占筮類			
1	擲地金聲搜精秘訣	心一堂編	沈氏研易樓藏稀見易占秘鈔本
2	卜易拆字秘傳百日通	心一堂編	
3	易占陽宅六十四卦秘斷	心一堂編	火珠林占陽宅風水秘鈔本
星命類			
4	斗數宣微	【民國】王裁珊	民初最重要斗數著述之一；未刪改本
5	斗數觀測錄	【民國】王裁珊	失傳民初斗數重要著作
6	《地星會源》《斗數綱要》合刊	心一堂編	失傳的第三種飛星斗數
7	《斗數秘鈔》《紫微斗數之捷徑》合刊	心一堂編	珍稀「紫微斗數」舊鈔秘本
8	斗數演例	心一堂編	
9	紫微斗數全書（清初刻原本）	題【宋】陳希夷	斗數全書本來面目；有別於錯誤極多的坊本
10－12	鐵板神數（清刻足本）——附秘鈔密碼表	題【宋】邵雍	無錯漏原版秘鈔密碼表　首次公開！
13－15	蠢子數纏度	題【宋】邵雍	蠢子數連密碼表打破數百年秘傳　首次公開！
16－19	皇極數	題【宋】邵雍	清鈔孤本附起例及完整密碼表研究神數必讀！
20－21	邵夫子先天神數	題【宋】邵雍	附手鈔密碼表研究神數必讀！
22	八刻分經定數（密碼表）	題【宋】邵雍	皇極數另一版本；附手鈔密碼表
23	新命理探原	【民國】袁樹珊	子平命理必讀教科書！
24－25	袁氏命譜	【民國】袁樹珊	
26	韋氏命學講義	【民國】韋千里	民初二大命理家南袁北韋
27	千里命稿	【民國】韋千里	
28	精選命理約言	【民國】韋千里	北韋之命理經典
29	滴天髓闡微——附李雨田命理初學捷徑	【民國】袁樹珊、李雨田	命理經典未刪改足本
30	段氏白話命學綱要	【民國】段方	民初命理經典最淺白易懂
31	命理用神精華	【民國】王心田	學命理者之寶鏡

32	命學探驪集	【民國】張巢雲	發前人所未發 稀見民初子平命理著作
33	澹園命談	【民國】高澹園	
34	算命一讀通——鴻福齊天	【民國】不空居士、覺先居士合纂	
35	子平玄理	【民國】施惕君	
36	星命風水秘傳百日通	心一堂編	
37	命理大四字金前定	題【晉】鬼谷子王詡	源自元代算命術
38	命理斷語義理源深	心一堂編	稀見清代批命斷語及活套
39－40	文武星案	【明】陸位	失傳四百年《張果星宗》姊妹篇 千多星盤命例　研究命學必備
相術類			
41	新相人學講義	【民國】楊叔和	失傳民初白話文相術書
42	手相學淺說	【民國】黃龍	民初中西結合手相學經典
43	大清相法	心一堂編	重現失傳經典相書
44	相法易知	心一堂編	
45	相法秘傳百日通	心一堂編	
堪輿類			
46	靈城精義箋	【清】沈竹礽	沈氏玄空遺珍 玄空風水必讀
47	地理辨正抉要	【清】沈竹礽	
48	《玄空古義四種通釋》《地理疑義答問》合刊	沈瓞民	
49	《沈氏玄空吹虀室雜存》《玄空捷訣》合刊	【民國】申聽禪	
50	漢鏡齋堪輿小識	【民國】查國珍、沈瓞民	
51	堪輿一覽	【清】孫竹田	失傳已久的無常派玄空經典
52	章仲山挨星秘訣（修定版）	【清】章仲山	章仲山無常派玄空珍秘 門內秘本首次公開
53	臨穴指南	【清】章仲山	
54	章仲山宅案附無常派玄空秘要	心一堂編	沈竹礽等大師尋覓一生末得之珍本！
55	地理辨正補	【清】朱小鶴	玄空六派蘇州派代表作
56	陽宅覺元氏新書	【清】元祝垚	簡易・有效・神驗之玄空陽宅法
57	地學鐵骨秘　附　吳師青藏命理大易數	【民國】吳師青	釋玄空廣東派地學之秘
58－61	四秘全書十二種（清刻原本）	【清】尹一勺	玄空湘楚派經典本來面目 有別於錯誤極多的坊本

62	地理辨正補註 附 元空秘旨 天元五歌 玄空精髓 心法秘訣等數種合刊	【民國】胡仲言	貫通易理、巒頭、三元、三合、天星、中醫
63	地理辨正自解	【清】李思白	公開玄空家「分率尺、工部尺、量天尺」之秘
64	許氏地理辨正釋義	【民國】許錦灝	民國易學名家黃元炳力薦
65	地理辨正天玉經內傳要訣圖解	【清】程懷榮	秘訣一語道破，圖文并茂
66	謝氏地理書	【民國】謝復	玄空體用兼備、深入淺出
67	論山水元運易理斷驗、三元氣運說附紫白訣等五種合刊	【宋】吳景鸞等	失傳古本《玄空秘旨》《紫白訣》
68	星卦奧義圖訣	【清】施安仁	三元玄空門內秘笈 清鈔孤本 過去均為必須守秘不能公開秘密 與今天流行飛星法不同
69	三元地學秘傳	【清】何文源	
70	三元玄空挨星四十八局圖說	心一堂編	
71	三元挨星秘訣仙傳	心一堂編	
72	三元地理正傳	心一堂編	
73	三元天心正運	心一堂編	
74	元空紫白陽宅秘旨	心一堂編	
75	玄空挨星秘圖 附 堪輿指迷	心一堂編	
76	姚氏地理辨正圖說 附 地理九星并挨星真訣全圖 秘傳河圖精義等數種合刊	【清】姚文田等	
77	元空法鑑批點本——附 法鑑口授訣要、秘傳玄空三鑑奧義匯鈔 合刊	【清】曾懷玉等	蓮池心法 玄空六法 門內秘鈔本首次公開
78	元空法鑑心法	【清】曾懷玉等	
79	曾懷玉增批蔣徒傳天玉經補註【新修訂版原（彩）色本】	【清】項木林、曾懷玉	
80	地理學新義	【民國】俞仁宇撰	
81	地理辨正揭隱（足本） 附連城派秘鈔口訣	【民國】王邀達	揭開連城派風水之秘
82	趙連城傳地理秘訣附雪庵和尚字字金	【明】趙連城	
83	趙連城秘傳楊公地理真訣	【明】趙連城	
84	地理法門全書	仗溪子、芝罘子	巒頭風水，內容簡核、深入淺出
85	地理方外別傳	【清】熙齋上人	巒頭形勢、「望氣」「鑑神」
86	地理輯要	【清】余鵬	集地理經典之精要
87	地理秘珍	【清】錫九氏	巒頭、三合天星，圖文并茂
88	《羅經舉要》附《附三合天機秘訣》	【清】賈長吉	清鈔孤本羅經、三合訣法圖解
89-90	嚴陵張九儀增釋地理琢玉斧巒	【清】張九儀	清初三合風水名家張九儀經典清刻原本！

91	地學形勢摘要	心一堂編	形家秘鈔珍本
92	《平洋地理入門》《巒頭圖解》合刊	【清】盧崇台	平洋水法、形家秘本
93	《鑒水極玄經》《秘授水法》合刊	【唐】司馬頭陀、【清】鮑湘襟	千古之秘，不可妄傳匪人
94	平洋地理闡秘	心一堂編	雲間三元平洋形法秘鈔珍本
95	地經圖說	【清】余九皋	形勢理氣、精繪圖文
96	司馬頭陀地鉗	【唐】司馬頭陀	流傳極稀《地鉗》
97	欽天監地理醒世切要辨論	【清】欽天監	公開清代皇室御用風水真本
三式類			
98-99	大六壬尋源二種	【清】張純照	六壬入門、占課指南
100	六壬教科六壬鑰	【民國】蔣問天	由淺入深，首尾悉備
101	壬課總訣	心一堂編	
102	六壬秘斷	心一堂編	過去術家不外傳的珍稀六壬術秘鈔本
103	大六壬類闡	心一堂編	
104	六壬秘笈——韋千里占卜講義	【民國】韋千里	六壬入門必備
105	壬學述古	【民國】曹仁麟	依法占之，「無不神驗」
106	奇門揭要	心一堂編	集「法奇門」、「術奇門」精要
107	奇門行軍要略	【清】劉文瀾	條理清晰、簡明易用
108	奇門大宗直旨	劉毗	天下孤本　首次公開　虛白盧藏本《秘藏遁甲天機》　奇門不傳之秘　應驗如神
109	奇門三奇干支神應	馮繼明	
110	奇門仙機	題【漢】張子房	
111	奇門心法秘纂	題【漢】韓信（淮陰侯）	
112	奇門廬中闡秘	題【三國】諸葛武候註	
選擇類			
113-114	儀度六壬選日要訣	【清】張九儀	清初三合風水名家張九儀擇日秘傳
115	天元選擇辨正	【清】一園主人	釋蔣大鴻天元選擇法
其他類			
116	述卜筮星相學	【民國】袁樹珊	民初二大命理家南袁北韋　南袁之術數經典
117-120	中國歷代卜人傳	【民國】袁樹珊	

占筮類			
121	卜易指南(二種)	【清】張孝宜	民國經典，補《增刪卜易》之不足
122	未來先知秘術——文王神課	【民國】張了凡	內容淺白、言簡意賅、條理分明
星命類			
123	人的運氣	汪季高(雙桐館主)	五六十年香港報章專欄結集！
124	命理尋源	【民國】徐樂吾	民國三大子平命理家徐樂吾必讀經典！
125	訂正滴天髓徵義		
126	滴天髓補註 附 子平一得		
127	窮通寶鑑評註 附 增補月談賦 四書子平		
128	古今名人命鑑	馮一、心一堂術數古籍整理編校小組 整理	明刊孤本 首次公開！
129-130	紫微斗數捷覽(明刊孤本)[原(彩)色本] 附 點校本 (上)(下)		
131	命學金聲	【民國】黃雲樵	民國名人八字、六壬奇門推命
132	命數叢譚	【民國】張雲溪	子平斗數共通、百多民國名人命例
133	定命錄	【民國】張一蟠	民國名人八十三命例詳細生平
134	《子平命術要訣》《知命篇》合刊	【民國】鄒文耀、【民國】胡仲言 撰	《子平命術要訣》科學命理；《知命篇》易理皇極、命理地理、奇門六壬互通
135	科學方式命理學	閻德潤博士	匯通八字、中醫、科學原理！
136	八字提要	韋千里	民國三大子平命理家韋千里必讀經典！
137	子平實驗錄	【民國】孟耐園	作者四十多年經驗 占卜奇靈 名震全國！
138	民國偉人星命錄	【民國】囂囂子	幾乎包括所民初總統及國務總理八字！
139	千里命鈔	韋千里	失傳民初三大命理家-韋千里 代表作
140	斗數命理新篇	張開卷	現代流行的「紫微斗數」內容及形式上深受本書影響
141	哲理電氣命數學——子平部	【民國】彭仕勛	命局按三等九級格局、不同術數互通借用
142	《人鑑——命理存驗·命理擷要》(原版足本)附《林庚白家傳》	【民國】林庚白	傳統子平學修正及革新、大量名人名例
143	《命學苑苑刊——新命》(第一集)附《名造評案》《名造類編》等	【民國】林庚白、張一蟠等撰	史上首個以「唯物史觀」來革新子平命學結集
相術類			
144	中西相人探原	【民國】袁樹珊	按人生百歲，所行部位，分類詳載
145	新相術	【美國】孛拉克福原著、【民國】沈有乾編譯	通過觀察人的面相身形、色澤舉止等，得知性情、能力、習慣、優缺點等
146	骨相學	【民國】風萍生編著	結合醫學中生理及心理學，影響近代西、日、中相術深遠
147	人心觀破術 附運命與天稟	【日本】管原如庵、加藤孤雁原著，【民國】唐真如譯	觀破人心、運命與天稟的奧妙

178	《星氣(卦)通義(蔣大鴻秘本四十八局圖并打劫法)》《天驚秘訣》合刊	題【清】蔣大鴻 著	江西興國真傳三元風水秘本
179	蔣大鴻嫡傳天心相宅秘訣全圖附陽宅指南等秘書五種	【清】蔣大鴻編訂、【清】汪云吾、劉樂山註	蔣大鴻徒張仲馨秘傳陽宅風水「教科書」！
180	家傳三元地理秘書十三種		真天宮之秘 千金不易之寶
181	章仲山門內秘傳《堪輿奇書》附《天心正運》	【清】章仲山傳、【清】華湛恩	直洩無常派章仲山玄空風水不傳之秘
182	《挨星金口訣》、《王元極增批補圖七十二葬法訂本》合刊	[民國]王元極	秘中秘——玄空挨星真訣公開！字字千金！
183-184	《家傳三元古今名墓圖集附謝氏水鉗》《蔣氏三元名墓圖集》合刊(上)(下)	(清)孫景堂，劉樂山，張稼夫	蔣大鴻嫡傳風水宅案、幕講師、蔣大鴻、姜垚等名家多個實例，破禁公開！
185-186	《山洋指迷》足本兩種 附《尋龍歌》(上)(下)	【明】周景一	風水巒頭形家必讀《山洋指迷》足本！
187-196	蔣大鴻嫡傳水龍經注解 附 虛白廬藏珍本水龍經四種(1-10)	【清】蔣大鴻編訂、【清】楊臥雲、汪云吾、劉樂山註	蔣大鴻嫡傳一脈授徒秘笈 希世之寶 千年以來，師師相授之秘旨，破禁公開！完整了解蔣氏嫡派真傳一脈三元理、法、訣！附已知最古《水龍經》鈔本等五種稀見《水龍經》
197	批注地理辨正直解	【清】章仲山	無常派玄空必讀經典未刪改本！
198	《天元五歌闡義》附《元空秘旨》(清刻原本)		
199	心眼指要(清刻原本)		
200	華氏天心正運	【清】華湛恩	
201-202	批注地理辨正再辨直解合編(上)(下)	【清】蔣大鴻原著、【清】姚銘三再註、【清】章仲山直解	失傳姚銘三玄空經典重現人間！名家：沈竹礽、王元極推薦！
203	章仲山注《玄機賦》《元空秘旨》附《口訣中秘訣》《因象求義》等九種合刊	【清】章仲山	近三百年來首次公開！ 章仲山無常派玄空秘密，和盤托出！章仲山注《玄機賦》及章仲山原傳之口訣及筆記
204	章仲山門內真傳《三元九運挨星篇》《運用篇》《挨星定局篇》《口訣篇》等合刊	【清】章仲山、柯遠峰等	
205	章仲山門內真傳《大玄空秘圖訣》《天驚訣》《飛星要訣》《九星斷略》《得益錄》等合刊	【清】章仲山、冬園子等	
206	撼龍經真義	吳師青註	近代香港名家吳師青必讀經典
207	章仲山嫡傳《翻卦挨星圖》《秘鈔元空秘旨》附《秘鈔天元五歌闡義》	【清】章仲山傳、【清】王介如輯撰	透露章仲山家傳玄空嫡傳學習次弟及關鍵不傳之秘
208	章仲山嫡傳秘鈔《秘圖》《節錄心眼指要》合刊		
209	《談氏三元地理大玄空實驗》附《談養吾秘稿奇門占驗》	【民國】談養吾撰	史上首次公開「無常派」下卦起星等挨星秘密之書
210	《談氏三元地理濟世淺言》附《打開一條生路》		了解談氏入世的易學卦德爻象思想
211-215	《地理辨正集註》附《六法金鎖秘》《巒頭指迷真詮》《作法雜綴》等(1-5)	【清】尋緣居士	集《地理辨正》一百零八家註解大成精華 匯巒頭及蔣氏、六法、無常、湘楚等秘本 史上最大篇幅的《地理辨正》註解
216	三元大玄空地理二宅實驗(足本修正版)	【民國】尤惜陰(演本法師)、榮柏雲撰	三元玄空無常派必讀經典足本修正版

217	蔣徒呂相烈傳《幕講度針》附《元空秘斷》《陰陽法竅》《挨星作用》	【清】呂相烈	蔣大鴻門人呂相烈三元秘本 三百年來首次破禁公開！
218	挨星撮要（蔣徒呂相烈傳）		
219－221	《沈氏玄空挨星圖》《沈註章仲山宅斷未定稿》《沈氏玄空學（四卷原本）》合刊（上中下）	【清】沈竹礽 等	揭開沈氏玄空挨星五行吉凶斷的變化及不同用法 章仲山宅斷未刪本、沈氏玄空學原本佚文、玄空挨星圖稿鈔本 大公開！
222	地理穿透真傳（虛白廬藏清初刻原本）	【清】張九儀	三合天星家宗師張九儀畢生地學精華結集
223－224	地理元合會通二種（上）（下）	【清】姚炳奎	分發兩家（三元、三合）之秘，會通其用 詳解注羅盤（蔣盤、賴盤）；義理、斷驗俱精
其他類			
225	天運占星學 附 商業周期、股市粹言	吳師青	天星預測股市，神準經典
226	易元會運	馬翰如	《皇極經世》配卦以推演世運與國運
三式類			
227	大六壬指南（清初木刻五卷足本）		六壬學占驗課案必讀經典海內善本
228－229	甲遁真授秘集（批注本）（上）（下）	【清】薛鳳祚	明清皇家欽天監秘傳奇門遁甲 奇門、易經、皇極經世結合經典
230	奇門詮正	【民國】曹仁麟	簡易、明白、實用，無師自通！
231	大六壬探源	【民國】袁樹珊	民初三大命理家袁樹研究六壬四十餘年代表作
232	遁甲釋要	【民國】徐昂	推衍遁甲、易學、洛書九宮大義！
233	《六壬卦課》《河洛數釋》《演玄》合刊		疏理六壬、河洛數、太玄隱義！
234	六壬指南（【民國】黃企喬）	【民國】黃企喬	失傳經典 大量實例
選擇類			
235	王元極校補天元選擇辨正	原【清】謝少暉輯、【民國】王元極校補	三元地理天星選日必讀
236	王元極選擇辨真全書 附 秘鈔風水選擇訣	【民國】王元極	王元極天昌館選擇之要旨
237	蔣大鴻嫡傳天星選擇秘書注解三種	【清】蔣大鴻編訂、【清】楊臥雲、汪云吾、劉樂山註	蔣大鴻陰陽二宅天星擇日日課案例！
238	增補選吉探源	【民國】袁樹珊	按表檢查，按圖索驥：簡易、實用！
239	《八風考略》《九宮撰略》《九宮考辨》合刊	沈瓞民	會通沈氏玄空飛星立極、配卦深義
其他類			
240	《中國原子哲學》附《易世》《易命》	馬翰如	國運、世運的推演及預言

心一堂術數古籍整理叢刊

全本校註增刪卜易	【清】野鶴老人	李凡丁（鼎升）校註
紫微斗數捷覽（明刊孤本）附點校本	傳【宋】陳希夷	馮一、心一堂術數古籍整理小組點校
紫微斗數全書古訣辨正	傳【宋】陳希夷	潘國森辨正
應天歌（修訂版）附格物至言	【宋】郭程撰　傳	莊圓整理
壬竅	【清】無無野人小蘇郎逸	劉浩君校訂
奇門祕覈（臺藏本）	【元】佚名	李鏘濤、鄭同校訂
臨穴指南選註	【清】章仲山　原著	梁國誠選註
皇極經世真詮—國運與世運	【宋】邵雍　原著	李光浦

心一堂當代術數文庫

增刪卜易之六爻古今分析	愚人
命理學教材（第一級）	段子昱
命理學教材　之　五行論命口訣	段子昱
斗數詳批蔣介石	潘國森
潘國森斗數教程（一）：入門篇	潘國森
紫微斗數登堂心得：三星秘訣篇——潘國森斗數教程（二）	潘國森
紫微斗數不再玄	犂民
玄空風水心得（增訂版）（附流年催旺化煞秘訣）	李泗達
玄空風水心得（二）——沈氏玄空學研究心得（修訂版）附流年飛星佈局	李泗達
廖氏家傳玄命風水學（一）——基礎篇及玄關地命篇	廖民生
廖氏家傳玄命風水學（二）——玄空斗秘篇	廖民生
廖氏家傳玄命風水學（三）——楊公鎮山訣篇附斷驗及調風水	廖民生
廖氏家傳玄命風水學（四）——秘訣篇：些子訣、兩元挨星、擇吉等	廖民生
《象數易——六爻透視：入門及推斷》修訂版	愚人
《象數易——六爻透視　財股兩望》	愚人
《象數易——六爻透視：病在何方》	愚人
《象數易——六爻透視：自身揭秘》	愚人
命卜隨筆	林子傑
香港特首命格臆解——斗數子平合參再探	潘國森
玄空風水心得（三）——玄空基礎探微	李泗達

心一堂易學經典文庫　已出版及即將出版書目

宋本焦氏易林（上）（下）	【漢】焦贛
周易易解（原版）（上）（下）	【清】沈竹礽
《周易示兒錄》附《周易說餘》	【清】沈竹礽
三易新論（上）（中）（下）	沈瓞民
《周易孟氏學》《周易孟氏學遺補》《孟氏易傳授考》	沈瓞民
京氏易八卷（清《木犀軒叢書》刊本）	【漢】京房
京氏易傳古本五種	【漢】京房
京氏易傳箋註	【民國】徐昂
推易始末	【清】毛奇齡
刪訂來氏象數圖說	【清】張恩霨
周易卦變解八宮說	【清】吳灌先
易觸	【清】賀子翼
易義淺述	何遯翁